本书为教育部人文社会科学研究一般项目"公司治理的非正式制度依赖与变迁研究"（批准号：11YJA820061）和中国法学会部级法学研究课题"公司治理的民族文化基因研究"〔批准号：CLS（2011）D39〕的结项成果

中南民族大学法学文库

孙光焰公司治理系列之四

公司治理的非正式制度依赖与变迁研究

孙光焰等 ◎ 著

中国社会科学出版社

图书在版编目(CIP)数据

公司治理的非正式制度依赖与变迁研究 / 孙光焰等著 . —北京：中国
社会科学出版社，2017.11

ISBN 978-7-5203-1706-1

Ⅰ.①公…　Ⅱ.①孙…　Ⅲ.①企业管理制度-研究　Ⅳ.①F272.9

中国版本图书馆 CIP 数据核字（2017）第 314221 号

出 版 人	赵剑英	
责任编辑	任　明　刁佳慧	
责任校对	王　龙	
责任印制	李寡寡	

出　　版	中国社会科学出版社	
社　　址	北京鼓楼西大街甲 158 号	
邮　　编	100720	
网　　址	http：//www.csspw.cn	
发 行 部	010-84083685	
门 市 部	010-84029450	
经　　销	新华书店及其他书店	

印刷装订	北京君升印刷有限公司
版　　次	2017 年 11 月第 1 版
印　　次	2017 年 11 月第 1 次印刷

开　　本	710×1000　1/16
印　　张	18
插　　页	2
字　　数	271 千字
定　　价	85.00 元

凡购买中国社会科学出版社图书，如有质量问题请与本社营销中心联系调换
电话：010-84083683

谨以本书献给恩师漆多俊教授八十华诞

内容简介

　　本书通过比较新制度经济学和演化经济学关于公司治理制度生成与变迁的逻辑分析框架，认为公司治理制度不仅仅是主流经济学所主张和设计的一系列单纯正式制度的集合，而且应包括非主流经济学所关注的非正式制度的一些合理内核。完善的公司治理制度和有效的公司治理运行机制应当是公司治理的正式制度与非正式制度的有机契合。只有充分有效地发挥公司治理的正式制度与非正式制度各自独特的价值与功能，才能更好地根治长期以来反复困扰公司治理的一些痼疾。基于这一认识，本书第一次系统、全面、正式地将公司治理的非正式制度纳入公司治理的制度研究分析框架之中，这无疑具有不可低估的理论价值和现实意义。本书主要运用比较研究和实证研究的方法，重点探讨了构成非正式制度的核心要素的民族文化、商业伦理、意识形态中的政治价值以及企业文化等对公司治理模式、公司治理制度运行及公司治理制度变迁的影响。重点解构了西方经济学企业理论的研究范式的核心要素，分析了企业理论研究范式的价值观（核心观念）、方法论、基础假设和辅助假设的演变逻辑。分别从主流经济学的股东价值中心主义和非主流经济学的企业家能动中心主义分析了公司治理制度价值的基点。认为市场的不确定性导致企业家与股东的分离及其冲突是不可避免的，而由信息的非对称性所引发的逆向选择和道德风险问题是公司治理中委托代理问题产生的根源，合约特别是法律的不完备性为非正式制度发挥作用提供了广阔的空间。当前还鲜有人从跨民族文化等非正式制度的角度探讨公司治理与非正式制度的相关性问题，本书在此方面作出了一个初步的尝试。

内容提要

　　本书以西方主流和非主流经济学企业理论中有关制度分析研究范式的理论观点为起点，通过比较新制度经济学和演化经济学关于公司治理制度生成与变迁的逻辑分析框架，认为公司治理制度不仅仅是主流经济学所主张和设计的一系列单纯正式制度的集合，而且应包括非主流经济学所关注的非正式制度的一些合理内核。完善的公司治理制度和有效的公司治理运行机制应当是公司治理的正式制度与非正式制度的有机契合。并认为只有充分有效地发挥公司治理的正式制度与非正式制度各自独特的价值与功能，才能更好地根治长期以来反复困扰公司治理的一些痼疾。基于这一认识，本书主要运用比较研究和实证研究的方法，重点探讨了构成非正式制度的核心要素的民族文化、商业伦理、意识形态中的政治价值以及企业文化等对公司治理模式、公司治理制度运行及公司治理制度变迁的影响。本书由六个部分构成。

　　第一部分主要运用制度学说的观点和方法深入研究了企业制度的起源、存在价值及企业的市场边界和公司治理制度生成与变迁的理论。探讨了西方主流和非主流经济学企业理论的发展演变过程，分析了西方主流经济学以"分工"为核心的古典经济学的企业理论、以"边际成本和边际收益"为核心的新古典经济学的企业理论和以"交易成本"为核心的新制度经济学的企业理论等不同历史时期西方主流经济学企业理论的内在关联，以及西方非主流经济学以企业家为核心的新奥地利经济学派的企业理论和以知识能力为核心的演化经济学的企业理论。重点剖析了西方主流和非主流经济学企业理论研究范式演变的历史逻辑。从纷繁芜杂、多彩炫目的学说中梳理提炼出西方主流经济学以生产为核心的古典经济学厂商理论的研究范式、以利润最大化为核心的新古典经济学企业最优决策理论的研究范式和以交易成本为核心的新制度经济学企业理论的研究范式的观点，并勾画出了这些研究范式的体系构成和运动逻辑。解构了以演化经济学为主要代表的西方非主流经济学企业理论的研究范式的核心要素，以及演化经济学企业理论研究范式的价值观（核心观念）、方法论、基础假设和辅助假设。探讨了演化逻辑的企业理论范式面临的挑战和方向。分别从主流经济学的股东价值中心主义和非主流经济学的企业家能动中心主义分析了公司治理制度价值的基点，指出股东价值论是主流经济学公司治理理论的基石。分析了基于企业同质性假设和异质性假设两种观点的公司治理制度设计构建的两种对立的方法论。比较了新制度经济学和演化经济学关于公司治理制度变迁的逻辑分析框架。

第二部分主要研究了公司治理正式制度对非正式制度的依赖性。通过对制度类型的不同界分的分析，认为关于制度类型最具有价值的分类就是正式制度和非正式制度的类分。着重分析了正式制度对非正式制度依赖的根源，认为市场的不确定性导致企业家与股东的分离及其冲突是不可避免的。由信息的非对称性所引发的逆向选择和道德风险问题是公司治理中委托代理问题产生的根源，而现有的各种正式制度却无法从根本上解决这一公司治理痼疾。加上合约特别是法律的不完备性使得无论如何配置公司剩余控制权都始终会存在"敲竹杠""磨洋工"等问题。作为正式制度的原始来源、重要补充、实现基础、有效实施保障及其变迁和移植成功前提的非正式制度，可以有效弥补正式制度的不足。而制度系统自身的复杂性导致了制度均衡的依存性和制度变迁的路径性依赖。

第三部分主要研究了公司治理的民族文化根源性的问题。民族文化如何影响公司治理是本部分研究的重点。本部分主要从制度与文化的视角展开，通过分析发现在制度与文化的关系中，文化对于制度具有积极的导向意义。民族文化影响着公司治理主体的行为选择，并且民族文化还深刻影响公司治理变迁的路径依赖性。也就是说，在民族文化与公司治理的关系中，民族文化乃公司治理之源，民族文化左右着公司治理的选择和变迁。通过运用实证分析的研究方法，对当今世界上两大典型公司治理模式进行了全方位、多角度的比较，发现两种模式之所以形成如此之大的差异，文化因素的影响至关重要。英美国家注重保护个人利益，奉行个人主义思想，遵循平等自由理念，有着悠远的清教主义传统，具有强烈的冒险和务实精神，决定了其公司治理中侧重于保护投资者利益，股权结构高度分散，股东类型以社会公众为主，内部治理以外部董事为主，外部治理并购盛行，强调物质激励，注重短期利益；而德日国家则侧重于保护集体利益，奉行集体主义思想，强调集体的力量，具有强烈的团结合作精神，有着较长的专制统治和家族传统，反映在公司治理中就是德日的公司注重保护利益相关者的利益，股权结构高度集中，股东类型以银行和实业公司为主，内部治理以内部董事为主，外部治理机制缺乏，强调公司的稳定，以精神激励为主，注重长期利益。我国民族文化注重集体主义精神，重伦理孝道，推崇天人合一、重义轻利的思想，坚持以人为本的理念，决定了我国公司治理中股权结构的高度集中，股东类型以国家、银行和法人为主，公司治理注重长期利益，同时也决定了内部治理中内部董事的重要作用，外部治理中注重公司稳定，激励机制上强调精神激励。认为可以通过民族文化的自我变迁来克服我国传统文化中轻产权、唯上论、"一言堂"和老好人的思想，从而完善我国公司的治理。

第四部分主要研究了中国传统商业伦理的变迁与公司治理变迁的互动。公司成为当今企业的主流制度，自从传入中国以来就不断进行着本土化的过程。公司治理在本土化的过程中不可避免地受到中国传统文化的影响，而其中最为重要的一部分就是商业伦理。中国具有几千年的商业历史和深厚的商业文化，商业伦理蕴含其中。本部分通过对中国传统商业伦理的产生、变化和发展的剖析，着重分析了对当今公司治理具有重要影响意义的中国传统商业伦理准则。以中国传统商业伦理发展的历史为线索，展示出中国传统商业伦理中不同因素对公司治理的作用。诚信、公平、仁义成为公司治理中必不可少的伦理准则；勤俭节约也积极地促进着公司治理；"和为贵"的精神一方面有利于公司治理，另一方面也不可避免地削弱了公司治理的效果。针对当前公司治理的突出问题，结合其违反商业伦理的方面，提出通过充分发挥商业伦理机制的积极作用，从而从本源上有效解决公司治理的突出问题。

第五部分主要研究了中国公司治理中的政治性因素。公司的治理不只包括公司的内部治理，同样还应考虑公司的外部因素。政治性因素是公司治理重要的外部因素。在中国，公司治理中的政治性因素有多种表现形式，如公有制、国家股、国有企业、公司管理层的各种政治身份、职工党员、企业中的党组织活动等，其中高管的党代会代表身份是影响公司治理的重要政治性因素之一。本部分以实证的方法重点探讨来自国有企业和民营企业中的十八大党代表在公司中的职位对所在公司治理的影响。通过对来自国有企业和民营企业中的十八大党代表的情况和其所在公司的股权结构、董事会以及激励机制的分析，勾勒出十八大代表所在的国有企业和民营企业的公司治理现状。通过运用具体数据分析可知，公司的高管当选为十八大代表即成为了公司中的一个重大的政治因素，并对公司治理发挥着重要的影响。国有公司高管成为政府和企业的桥梁，发挥自身的才能为国有资产保值增值。民营企业的企业家则是利用自己的政治身份，得到政府财政等多个方面的支持，为公司的治理及其发展带来了良好的政治社会环境。通过研究发现，国资委作为出资人出现"所有者缺位"和对国企高管监管困难的问题，以及国企高管过于行政化的现象，由此提出重新定位国资委角色，转变国企高管角色的政策建议。通过对当选十八大代表所在的国有企业、公司的高管的激励机制进行分析，可以直观地看到国有公司的高管激励机制中政治激励相当强烈。国有公司存在薪酬披露机制不完善、法律约束机制不完备的问题，建议由职工代表大会和监事会共同决定国有公司高管的薪酬。党组织是公司中重要的政治性因素，并在公司治理中发挥着政治功能。通过对国有企业和民营企业党组织工作情况的分析，得出了党组织参与公司治理极具必要性的结论。当选为十八大代表的民营企业家为非公经济中的佼佼者，其所在公司的治理相对完善，但民营企业"家族化"现象比较严重，同时作为民营企业，难免会受到政府干预。

第六部分主要研究了中国公司企业文化与公司治理。信息技术发展及其广泛应用使得互联网公司迅速发展，互联网企业的文化最具有时代特色。本部分从公司治理的角度出发，选取了国内六家大型互联网公司作为样本，回顾了我国互联网公司的发展历程及企业文化特点。通过对它们的企业文化和公司治理状况进行对比分析，发现：目前互联网公司中普遍存在多次融资现象，公司创立者的股权不断被稀释，危及其对公司的控制权；员工流动率居高不下，团队合作精神欠佳；互联网公司员工普遍年轻，个人价值取向与企业文化及管理运行机制需要较长时间磨合。这些问题在一定程度上制约了互联网公司的健康发展。为此建议采用利益相关者共同治理的模式以及员工持股、董事及管理层持股的方式，确保公司创立者对公司的控制权，通过将企业文化与公司的董事会治理、经理层治理及公司员工的考核机制结合起来，使员工从内心对公司产生认同感，从而提高互联网公司的治理水平。

目　　录

第一章

公司治理的制度学说

　　企业是经济学上重要的研究对象之一。企业理论是经济学不可或缺的理论组成部分之一。经济学上的企业理论，主要研究企业的起源和企业的本质、企业如何组织、企业的规模变动、企业的边界、企业的产权及其结构、公司治理、企业的生命周期以及企业制度的历史演变等基本问题。对这些问题如何回答并展开研究是经济学关于企业问题研究的基本框架，有关这几个部分的理论研究就构成了经济学上的企业理论体系。不同的经济学学派几乎都在企业理论方面有重要论述。[①]

第一节　企业起源、存在价值及边界的理论解释

　　众所周知，企业是一种久已存在的经济组织形式，然而长期以来，经济学一直只是把它看作是一种有一定的行为特征，即谋求产出最大化或利润最大化的经济单元，而不去探究它为什么具有这样的行为特征。直到20世纪30年代，科斯（Coase）以其开创性的研究，才撬开了这个"黑箱"，促使人们把经济的最小分析单位下放到组成企业的个人这一级，从而也对现代企业理论的发展和形成产生了重要而直接的影响。但深入考察企业组织的内部结构，依然步履维艰。直至20世纪70年代以后，企业理论才迅速发展，蔚为壮观，最终形成体系。[②]

---

① 黄少安：《企业理论的几个基本问题》，《社会科学战线》2012年第1期。

② 薛鹏：《企业理论的起源和发展：一个时间演绎视角》，《湖北经济学院学报》2007年第6期。

　　为什么企业能存在？企业的边界在哪儿？这些看似简单的问题，已经令经济学家们头痛地争论了几十年。当我们回顾企业理论的历史发展过程，会发现企业犹如一个深不可测的"黑箱"，各派学术观点众说纷纭，以至于张五常在《企业的合约性质》一文中说："我们不知道企业究竟是什么。"① 在当代，企业的资本构成正在发生质的变化。在一些企业中，特别是在知识型企业中，有形的物质资本的比重在不断下降，无形的人力资本、智力资本的比重越来越大，并在企业中起主导作用。

　　回顾近现代企业理论的发展进程，我们可以发现经济学中企业理论的发展，经历了新古典经济学、新制度经济学以及演化经济学三个阶段。企业理论的这三个发展阶段，表现为一个由注重"有形"资源，重点研究企业生产属性，进而发展为注重"无形"资源，重点研究企业交易属性，最后达到把企业中"有形"资源与"无形"资源相结合起来，分析考察企业的内生成长的趋势，这些研究似乎越来越接近现实经济生活中企业的本质。②

一　西方主流经济学的企业理论

　　以现代的观点来看，企业是生产商品、提供服务或劳务以获取利润的营利性组织。早期的企业主要是生产商品以用作交换而非自用的经济组织。"真正的企业是在商品经济比较发达的资本主义初期出现的，当时企业存在的初级形式是工场手工业。"③ 之所以称其为真正的企业，是因为在此之前曾经出现过不是严格意义上但却类似于企业的一些组织。比如出现在原始社会、奴隶社会和封建社会里的部落、私有生产者和庄园，只是人类早期的生产组织，但不是企业，最多可视为企业的前身，即使是奴隶社会末期出现的手工作坊、农业或畜牧业专用生产组织等都虽也具有生产性，并已比较接近于企业，但仍不能称这些组织为企业，因为作为企业，除了具备生产性外，还必须具有交换、盈利（直接为他

---

　　① ［美］张五常：《企业的合约性质》，载［美］张五常《经济解释——张五常经济论文选》，易宪容、张卫东译，商务印书馆 2000 年版，第 149 页。

　　② 徐鸣：《现代企业理论的演变：从生产属性、交易属性到内生成长》，《当代财经》2011 年第 11 期。

　　③ 杨立岩、王新丽：《现代企业理论评析》，《学术月刊》2003 年第 4 期。

人生产）等条件，而不仅仅是为了生存直接满足自身的需要。而这些特性的出现，则是在封建社会末期和资本主义社会初期。①

（一）古典经济学的企业理论：以"分工"为核心

企业出现后，就开始有人对其进行研究，进而产生了相关理论。

首先研究企业理论的是古典经济学家，由于当时的企业理论是以工厂为对象，所以可以称其为"工厂"理论。这一时期集大成的经济学家、古典经济学的杰出代表亚当·斯密在其1776年出版的《国富论》一书中论证了分工对工厂的决定作用。他认为，因分工创造的生产力是工厂存在的原因，而工厂的规模则受市场范围的限制。②

虽然古典经济学鼻祖亚当·斯密在《国富论》中没有直接论述企业理论，但他以"别针工厂"的例子说明了分工协作能促进工厂生产效率的提高，从而暗示了企业为什么存在与发展的原因。斯密认为将人们组织在一起进行专业化的分工协作，至少通过以下三个方面促进了劳动生产率的提高：第一，分工使劳动者的技巧因业专而日进，熟练程度不断提高；第二，分工节省了工人转换工作岗位所损失的时间；第三，分工促进了技术的发明与运用，这将使一人可能从事许多人的工作从而提高劳动生产率。③ 那么，既然分工协作导致企业不断地发展，那么企业的规模是不是会一直扩大下去呢？斯密认为企业的规模不会持续地扩大，它将受地区消费结构以及市场范围的限制，为此他专门在《国富论》中写了"论分工受市场范围的限制"一章。他指出，当市场规模很小时，分工会导致分工的企业生产出来的产品无法进行交换，进而影响效益的提高。④ 所以，斯密在讨论分工的同时，也描述了分工的协调机制——市场，"看不见的手"的自发力量使每个人都为自己利益最大化行动的同时又使人们的交互行为达到和谐。

斯密关于分工提高生产率、分工受市场范围的限制的洞察是具有非

---

① 杨立岩、王新丽：《现代企业理论评析》，《学术月刊》2003年第4期；薛鹏：《企业理论的起源和发展：一个时间演绎视角》，《湖北经济学院学报》2007年第6期。

② 同上。

③ ［英］亚当·斯密：《国富论》，唐日松等译，华夏出版社2005年版，第7—9页。

④ 同上书，第16—18页。

常重要的经济学意义的思想，其被后人称为"斯密定理"。概括来说就是：分工是经济增长的源泉，分工水平由市场大小决定，市场大小由运输效率决定，资本是各间接生产部门发展分工的工具。斯密虽然有了分工能提高生产率，分工受市场范围的限制的观点，但缺乏关于企业发展的专门论述，他没有回答企业的出现和分工的发展究竟谁是先导的问题。①

尽管斯密认为企业起源与分工有关，且企业规模受市场和行业影响，但斯密所信赖的是小规模的、业主经营（个人业主或合伙）并负无限责任的"厂商"。斯密甚至非常怀疑股份公司，尤其怀疑经理是否有适当的激励以努力追求所有者的最大收益。

所以，我们可以将斯密的企业理论看成为一种分工理论，这就是说，是分工导致并决定了在企业内组织生产比在企业外组织生产有更高的效率，从而说明了企业存在的价值，并且分工的深度和广度决定着企业的边界。

（二）新古典经济学的企业理论：以"边际成本和边际收益"为核心的均衡分析

新古典经济学继承了斯密所开创的经济学的研究传统，并将企业理论发展成为新古典主义微观经济学的核心。杨小凯认为，新古典主义微观经济学的企业理论自古诺以来已有上百年历史，但如果我们将企业理论严格定义为一门解释企业为什么会出现，企业内部组织的经济学意义的学问，则新古典主义的企业理论不是企业理论，而只是生产理论。②

以马歇尔为代表的新古典企业理论，以人的完全理性和市场完全竞争为前提假设，把企业看作一个"黑箱"，从"黑箱"的一端投入土地、资本与劳力等生产要素，从"黑箱"的另一端输出产品。在这种前提下，企业被定义为：将若干投入转化为产出的生产经营性组织。企业被视为单纯的生产者厂商，实现利润最大化是它的唯一目标。为了实现

---

① 徐鸣：《现代企业理论的演变：从生产属性、交易属性到内生成长》，《当代财经》2011 年第 11 期。

② 杨小凯：《企业理论的新发展》，《经济研究》1994 年第 7 期。

这个目标，理性的生产者在能够获得市场的完全信息的前提下，根据技术、市场需求和竞争环境等约束条件有效地组织生产，从而实现利润最大化。在这种条件下，企业的生产函数被定义为：在技术水平不变的情况下，厂商在一定时期内使用可能的生产要素组合与所能生产的最大产量之间的关系。这样企业的内部运行就犹如一个"黑箱"，从而使企业唯一的功能是根据边际替代原则对生产要素进行最优组合，实现最大的产量或最低的生产成本。为了实现利润最大化，企业必须在边际成本等于边际收益的点上作出生产决策，从而实现企业资源的最优配置。一个企业的效率是随规模而变化的，在其他条件一定的情况下，总会存在——当且仅当边际收益等于边际成本时——能够使企业的效率最高的规模，即最佳规模。

通过对生产函数的讨论可以发现，它们似乎是任何人都能操纵的机器：从一端放进猪肉另一端生产出香肠。然而，实际上几乎所有的生产均由专业组织完成，即由小的、中等的和巨型的企业来完成的。为什么生产通常发生在企业中，而不是在我们的地下室里进行呢？

新古典经济学认为，企业的存在有许多的理由，但是，其中一些最重要的理由有三，即在于利用大规模生产的经济性、筹集资金和组织生产。

第一，在企业里组织生产能实现大规模生产的经济性。有效率的生产需要专业化的机器、厂房、装配线和劳动分工。研究表明，汽车的有效率生产要求至少达到每年30万辆的生产量。我们几乎不能指望工人会自发地组织起来，准确而又按正确的程序完成每一项任务。相反，我们需要企业来协调生产过程，购买或租用土地、资本、劳动和原料。如果不需要专业化和劳动分工，那么，我们每个人都能在自己的后院里生产出我们需要的电能、数字式手表和激光唱盘。显然，我们不能完成这些工艺，因此，效率通常要求在企业里进行大规模生产。

第二，企业能够为大规模生产筹集到资金。开发一架新商用飞机需要超过10亿美元的花费，研究和开发一个新的计算机微处理器例如英特尔的奔腾芯片，需要花费得更多。这些资金从哪里来？在19世纪，企业往往由富裕的喜欢冒险的个人提供资金。但是，这种传奇色彩的时代已经一去不复返了。今天，在一个私有企业的经济中，生产所需要的资金大部分来自于公司利润或从金融市场的借款。实际上，如果公司不能每年为新项目筹集数十亿美元的资金，那么，私有企业高效率的生产活动是不堪设想的。

第三，企业能够管理生产过程。经理是组织生产、引入新思想或新产品或新的生产方法、为企业决策的人，同时也是对企业的成功或失败负责的人。生产毕竟不能自行组织起来，必须有人监督新厂房的建造，与工会进行谈判，购买原料和保障供应。如果你想购买一个棒球队的经营权，你必须租借一个体育场，雇用棒球运动员，与人们谈判以取得让步；雇用招待员，与工会相处，出售门票。所有这些生产要素都安排就绪之后，还得有人监督日常活动，以保证有效率地和诚实地完成工作。

综上，新古典经济学认为，生产在企业里进行的原因在于效率通常要求大规模的生产、筹集巨额资金以及对正在进行的活动实行细致的管理与监督。①

新古典企业理论是与古典企业理论一脉相承的。它主要立足于企业的"有形"资源因素的组织和协调，重视企业外部因素的影响，重点研究企业的生产属性。其中，企业作为一个生产函数和一元决策者。

新古典经济学坚持价格决定论，认为在市场上自由进行交易的个人为了得到自己的最大利益，必然会使市场处于"出清"状态。同时还认为他们的预期是理性的，即可逐渐准确地预测经济变化在将来的数值。把企业当作既定存在的，进而研究其利润最大化的问题。所以，可以把新古典经济学派的企业理论称为"利润最大化企业目标论"。②

（三）新制度经济学的企业理论：以"交易成本"为核心

20 世纪 30 年代，企业理论实现了历史性突破。1937 年 11 月，27 岁的英国青年罗纳德·哈里·科斯（Ronald Harry Coase），在英国《经济学》杂志新系列第 4 卷（Economia，1921 年创刊，由伦敦经济学院主

---

① ［美］保罗·萨缪尔森、威廉·诺德豪斯：《经济学》（第十六版），萧琛等译，华夏出版社 1999 年版，第 87 页。

② 唐志强、周秀兰：《一个企业理论的研究综述——从亚当·斯密到新兴古典经济学》，《北方经贸》2013 年第 3 期。

办，现为季刊）上发表了《企业的性质》（1933 年完稿）的论文。从而开始逐步打开了企业这个"黑箱"，促使人们对企业理论，即为什么会出现企业以及企业内产权结构的经济学意义这两个问题，进行更深入的探索，开创了现代企业理论的先河。

当时，引起科斯思考这一问题的原因是，他在经济学教科书和课堂中学到的厂商理论，同在实际生活中所观察到的厂商的情形非常不吻合。疑问在于，在古典经济学里面，理想竞争中的市场交易永远是最优的，同时厂商是非常小的。可是科斯发现：如果市场交易是最优的，那为什么要把那么多的交易活动移到企业内部？[①]于是科斯提出了"在市场上的交易成本与企业内部的交易成本是不一样的"这一著名设想。市场上的交易成本有可能过高，而放到企业内部则可能会下降。企业形成的原因，是为了减少市场交易费用，而把交易转移到企业内部。科斯的结论是：企业会扩大到如此程度，使得在企业内部再进行交易的费用等于同样的交易在市场上完成的费用。[②]

科斯独辟蹊径以演绎推理的方法讨论了企业存在的原因和企业规模的界限问题，开创性地提出"交易成本"这一概念（广义的交易成本常被经济学家们用来指称"经济世界中的摩擦力"），创立了科斯产权理论即"科斯定理"。[③] 科斯认为市场经济中出现企业的根本原因是，

---

① 当时，科斯在伦敦经济学院做学生，暑期到美国通用汽车公司打工。他发现通用汽车公司的规模远大于工程的需要，用技术的原因是不能解释的，同经济学的理论是冲突的。为什么把生产许多不同牌子汽车的工厂放在一个公司里？为什么生产一辆汽车所需的无数零部件不由市场来交易而是放在企业内部生产、交易呢？显然这与古典经济学理论相冲突。由此，他提出了著名的问题：什么是企业？什么是企业的边界？这个问题的核心就是对古典经济学和新古典经济学的挑战。参见 ［美］罗纳德·哈里·科斯《"企业的性质"的由来》，载 ［美］罗纳德·哈里·科斯《企业、市场与法律》，盛洪、陈郁译校，格致出版社、上海三联书店、上海人民出版社 1990 年版，第 174—194 页。

② R. H. Coase, "The Nature of the Firm", *Economics*, New Series, Vol. 4, No. 16, November 1937；薛鹏：《企业理论的起源和发展：一个时间演绎视角》，《湖北经济学院学报》2007 年第 6 期。

③ 吴易风：《产权理论：马克思和科斯的比较》，《中国社会科学》2007 年第 2 期；闵玉婷：《马克思产权理论与科斯产权理论比较研究》，硕士学位论文，扬州大学，2012 年。

运用价格机制是有成本的，企业的存在就是为了节省交易成本，而边际组织费用等于边际交易成本是确立企业规模的原则。科斯把企业内部的行政指令运作而花费的成本看作是"内部交易成本"，把企业在市场上购买和出售服务或产品过程中所发生的采购和营销费用看作是"外部交易成本"，这两种成本相等时即可确定企业边界（enterprise boundary）和市场边界（market boundary）。①

然而，科斯1937年发表的论文并没有引起应有的关注。直到20世纪70年代以后，一些经济学家对古典经济学和新古典经济学基于与现实不相符合的理想假定——完全理性和充分信息的批评，并对新古典经济学的假设前提进行日趋现实化的改进和引入新的分析工具，才极大地促进了现代企业理论的发展，从而使新制度经济学的企业理论成了现代西方主流的企业理论。

新制度经济学企业理论的后继者相继创立了新制度经济学企业理论的重要分支，这些分支理论主要包括交易费用经济学（创立者为威廉姆森）、企业的产权理论（创立者为哈特）、企业的激励理论（创立者为霍姆斯特罗姆和米格罗姆）等。②

威廉姆森和克莱茵等对企业理论进行了开创性的研究，泰格勒、格罗斯曼、哈特和莫尔等也对该理论作了进一步发展，他们将企业看成是连续生产过程不完全合约所导致的纵向一体化实体，认为企业之所以会出现，是因为当合约不可能完全时，纵向一体化能够消除或至少减少资产专业性所产生的机会主义问题。③

新制度经济学从资源配置方式的角度来研究企业的起源，他们把企业看作是一种与市场不同的资源配置方式，并具有比市场配置资源的方式更高的效率，因而企业这一组织形式有其存在的必要性。从资源配置

---

① 陈勇敢：《对科斯〈企业的性质〉再思考》，《现代企业教育》2010年第8期；朱安远、朱婧姝：《享年次高的诺贝尔奖得主——新制度经济学大师罗纳德·科斯》，《中国市场》2014年第34期。

② 唐志强、周秀兰：《一个企业理论的研究综述——从亚当·斯密到新兴古典经济学》，《北方经贸》2013年第3期。

③ 张维迎：《西方企业理论的演进与最新发展》，《经济研究》1994年第11期。

的角度来说明为什么要有企业的原因，科斯强调资源配置的方式不是唯一的，而有多种方式。事实上，人们在经济活动中也是采用多种方式来进行资源配置的。把企业这一组织形式也看作是一种资源配置方式，使人们对资源配置方式的认识视野更加开阔。市场是一种资源配置方式，它对资源进行配置主要是通过价格机制来实现的。企业是另一种资源配置方式，是通过企业内部的权威和行政决策来实现资源配置。因此，企业就其性质来说，是取代市场对资源进行配置的一种经济组织。但这并不是说企业可完全取代市场，企业可以与市场并存。采用企业方式还是市场方式，关键要看哪一种方式更能节省交易费用，在不同的条件下，它们的交易费用是不同的。采用企业这一形式来组织生产，其特点在于它的生产有组织性、有计划性，而有组织、有计划的生产可以节省交易费用。完全用市场这一无组织、无计划的方式来组织生产是有缺陷的。要解决经济运行过程中的各种问题，提高经济运行效率，只研究市场问题还不够，还必须研究企业制度，原因在于企业制度对提高经济活动效率有直接影响。①

科斯提出的交易成本理论不仅促使了现代企业理论的形成，在企业理论发展的过程中也得到进一步的应用与发展，成为解释现实企业行为的良好工具，并成为现代企业理论研究的核心。②

二　西方非主流经济学的企业理论

（一）新奥地利经济学派的企业理论：以企业家为核心

和传统奥地利经济学在企业理论方面的缺失不同，现代奥地利经济学对主流经济学的企业理论存在不满。他们认为，以科斯、威廉姆森为代表的主流企业理论忽视了对市场过程的分析，忽视了知识的分散性、意会性和私人性特征，忽视了企业成本的主观性特征和企业演进中的沟通成本以及不能准确定义企业家精神等。③

---

① 顾钰民：《马克思经济学与西方新制度经济学的企业理论比较》，《经济纵横》2009 年第 6 期。

② 沈满洪、张兵兵：《交易费用理论综述》，《浙江大学学报》（人文社会科学版）2013 年第 2 期。

③ Israel M. Kirzner, *Competition and Entrepreneurship*, Chicago: University of Chicago Press, 1973, pp. 18-95.

　　与新制度经济学的企业理论相比，现代奥地利经济学基于本学派的传统发展了动态主观主义的企业理论，该理论的贡献主要侧重在动态分析、非均衡分析和重视主观能动性等。20世纪90年代以来，柯兹纳（Kirzner）[①]、约安尼德斯（Ioannides）、索特（Sautet）、托尼·于（Tony Yu）[②]、威特（Witt）等现代奥地利经济学派分别从企业的创立、企业中的计划与协调、企业的边界、企业家理论和资本品的互补性五个方面阐述了自己学派的企业理论观点。

　　他们认为，企业的产生首先是企业家主观远见的产物，是企业家对利润机会成功策划的结果；制度的出现能减少由经济主体制定决策的不确定性所导致的负面影响；在自由的市场经济条件下，作为人为秩序的企业通过引入一些自发秩序元素，可以较好地解决或缓解知识分散的问题；在企业边界研究上，他们从经济核算和中央政府核算影响企业组织、沟通成本高低决定企业是否进行纵向合并两个方面进行了论述；在企业内部，资本品的互补性是以专用性为基础的，两者同时出现并彼此不可分割，专用性是指每一种资本品都有其特定功能，而互补性则是指在某一具体生产过程中，具有不同功能的资本品在生产的不同阶段相互配合、补充，完成生产活动；由于资本品是跨期使用的，因此企业家在上期选择的最优资本组合会随着时间的推移和环境的变化不再最优等。

　　而企业家理论则是现代奥地利经济学在企业理论方面取得的最显著成就。[③] 他们认为，企业是企业家实现其主观想象的产物，企业的运行离不开企业家精神的执行。他们对有关企业家定义的著名解释是"敏锐"或"发现"，而非承担不确定性。关于企业家是否就是资本家这个

---

　　① Israel M. Kirzner, *Competition and Entrepreneurship*, Chicago: University of Chicago Press, 1973, pp. 18-95.

　　② Tony Fu-lai Yu, "Entrepreneurial Alertness and Discovery", *Review of Austrian Economics*, Vol. 14, Issue 1, March 2001.

　　③ 有一些学者将奥地利学派的企业家理论归于演化经济学的企业理论体系之中或持类似看法。见刘辉锋《演化经济学中的企业理论述评》，《国外社会科学》2005年第5期；薛鹏《企业理论的起源和发展：一个时间演绎视角》，《湖北经济学院学报》2007年第6期；贾根良《理解演化经济学》，《中国社会科学》2004年第2期。

问题，奥地利经济学派并未达成共识。有人如柯兹纳认为，企业家精神与耗费资源以及资源的所有权无关，也有大部分经济学家认为，企业家一定是资本家。在企业家利润上，柯兹纳认为，利润是企业家行为的动机，利润是对企业家对利润机会超级敏感性的奖励等。①

（二）演化经济学的企业理论：以知识能力为核心

演化经济学也是从 20 世纪 90 年代以来开始关注和研究企业理论的。其代表人物有朗格（Langlois）、福斯（Foss）、多西（Dosi）、蒂斯（Teece）、理查德·R. 纳尔逊（Richard R. Nelson）、悉尼·G. 温特（Sidney G. Winter）和霍奇逊（Hodgson）等。演化经济学的主要研究对象是系统的历时转变，它认为"社会经济演化的完整分析框架是由三种机制所构成的：遗传、变异和选择，但其解释必须考虑人类经济活动的特定方面，其远比生物演化复杂"②。

演化经济学的企业理论建立在动态的、不断演化的知识和能力集合体的基础上，该理论认为企业是一个拥有资源和能力的一体化的、持久性的组织。③ 演化经济学把企业看作是一个认知与学习的组织。企业中的个人和团队之间主要不是一种契约关系，更多的是一种互动学习和沟通关系。组织学习是一个试错和积累的过程，学习的结果会被嵌入到组织的记忆中和组织的日常实践中。组织中的学习不只是分享信息，它要依赖于一种公司文化。在共同的实践中，公司文化提供了方法、情境、价值观和学习的语言，使得个人能够在一个很长的时期相互锁定，进而推动群体和个人能力的演化。④

演化经济学主要从企业组织的能力来解释企业的存在、边界和性质。在演化理论中，企业是一个拥有资源和能力的一体化的、持久性的组织。企业的持久性意味着它不只是在核心成员之间构建了一个暂时的契约或合同，还纳入了一些可能长期存在的结构和惯例，个人间关系在

---

① 薛鹏：《企业理论的起源和发展：一个时间演绎视角》，《湖北经济学院学报》2007 年第 6 期。

② 同上。

③ 聂正安、姜向阳：《演化论逻辑的企业理论述评》，《广东商学院学报》2007 年第 2 期。

④ 刘辉锋：《演化经济学中的企业理论述评》，《国外社会科学》2005 年第 5 期。

企业中比在交易或市场中更趋紧密和持久，它有利于信息传播和实践知识的产生。因此，企业的存在可以由它能够维持和增强团队及个人能力进行解释。福斯认为："企业之所以存在是因为它们能比市场更有效地协调集体学习过程。"① 虽然市场也是一个重要的学习过程，但市场中的学习类型不同于企业中一体化的、团体的、基于生产的学习。所以，企业的存在并不是由于它们在某些环境下能比市场更有效地协调激励，企业的效率优势关键在于其内部个人间关系的相对程度和长期性，以及组织内部的学习和能力的积累。②

对于企业的边界，多西指出："企业的边界不仅要按照交易成本来理解，还要按照学习、路径依赖、技术机会、选择和互补性资产来理解。"③ 在动态的、非均衡的情况下，企业的边界可能是变动的和不固定的，路径依赖在决定垂直一体化和企业边界结构方面具有重要作用，必须通过企业演变的历史过程来理解其现在的边界。

福斯对企业边界问题给出了一种解释。他认为，企业决定制造而不是购买，"其原因必定是，在实际操作上，我们的一体化企业不可能准确地向供应商（至少是以合理的成本）传达有关购买的信息。市场（其他企业）中缺乏'接收者能力'"。由于缺少具有适当规范、价值观和目标的共同企业文化，经济主体的实践和认知结构之间存在不可调和的差异，所以交易中就会缺乏沟通能力，"只有一体化企业准确地知道它想要什么，相关知识被强有力地'装入'了企业中，落在了企业能力上"。④

---

① Nicolai J. Foss, "The Theory of the Firm: the Austrians as Precursors and Critics of Contemporary Theory", *The Review of Austrian Economics*, Vol. 7, Issue 1, March 1994; Nicolai J. Foss, "Austrian Insights and the Theory of the Firm", in P. J. Boettke and Steven Horwitz, *Advances in Austrian Economics*, Bingley: Emerald Group Publishing Limited, Vol. 4, 1997.

② 刘辉锋：《演化经济学中的企业理论述评》，《国外社会科学》2005 年第 5 期。

③ Richard W. England (ed.), *Evolutionary Concepts in Contemporary Economics*, Ann Arbor: University of Michigan Press, 1994, p. 231.

④ Nicolai J. Foss, "Theories of the Firm: Contractual and Competence Perspectives", *Journal of Evolutionary Economics*, Vol. 3, Issue 2, June 1993; 刘辉锋：《演化经济学中的企业理论述评》，《国外社会科学》2005 年第 5 期。

纳尔逊和温特建立了一个完整的经济变迁的演化理论，并试图解释在变化的市场环境中企业是如何行动的。演化是一个渐进的变化和发展过程，其实质是企业内部活动和外部环境共同作用的一个状态变量。其他一些企业理论要么过于注重企业内部行为变量的作用，要么把企业外部环境看作企业生死存亡的决定因素，而不能把内外因素有机地结合起来解释企业的性质和作用。演化逻辑的企业理论正是很好地把握了这一内外因素共同作用的状态变量，并认为这个变量只能由演化的机理来决定并做出解释。纳尔逊和温特认为，企业行为最好被理解为惯例性行为（惯例表示企业组织演化中所形成的生产性知识和能力），并把企业行为由一种规则支配行动的观念提升为演化理论的"首要原则"。这种惯例是有刚性和惰性的，如果遵循惯例能产生满意结果，则不会改变惯例。一旦产生不能令人满意的结果，就会引发对更好惯例的搜寻。企业的存在和边界便是最大化其生产性知识和能力。企业演化过程实质上是打破路径依赖和企业适应性调整的统一，是惯例和"调整"共同作用的结果。

由于知识和能力的隐含性，难以在市场上的企业之间进行交易，组织是有效利用这些不可言传知识和能力的方式。从这个意义上说，企业边界的决定是与隐性知识和能力形式存在的"惯例"的演进密不可分的。①

演化经济学和新制度经济学的企业理论的主要区别体现在对企业边界的解释上。新制度经济学将企业抽象为以企业家的行政命令为特征的资源配置方式，从资源配置的角度考察，企业是价格的替代物。基于这一分析，新制度经济学认为，企业利用价格机制配置资源是有成本的，即交易成本。在资源数量既定的前提下，是采用价格机制配置资源还是采用企业配置资源，取决于交易费用和企业内部管理费用的比较，交易费用低于企业内部的管理费用时采用市场配置，管理费用低于市场交易费用时则采用企业配置。企业的规模大小，即企业的边界是由利用市场

---

① 聂正安、姜向阳：《演化论逻辑的企业理论述评》，《广东商学院学报》2007 年第2 期。

机制的边际交易费用等于利用企业配置资源的边际管理成本所决定的。①

演化经济学的企业理论揭示了企业在市场竞争过程中组织、配置和创造资源的能动作用，使理论研究可以在非确定信息和有限理性的条件下，把不确定性、初始条件的差异性和路径依赖等理念引入企业竞争行为分析中，从而可更好地理解和分析现实中的企业的演化规律。

与演化经济学自身的发展类似，它的企业理论目前尚未形成比较一致的体系，其中涵盖了企业资源基础论和（动态）能力论等既相互交叉又各有侧重的不同分支。尽管如此，演化经济学中的企业理论对企业异质性和动态演化过程的解释力远远超过了契约理论，并且拓展了企业研究的范围。②

第二节　企业理论研究范式演变的历史逻辑

一　西方主流经济学的研究范式及其体系构成

从科学哲学的观点看，任何科学的发展都会呈现出"范式→常规科学→危机→革命→新范式"这样一种逻辑演进模式。这一模式的核心就是范式的形成与转换。科学哲学的这一范式理论对当代西方经济学理论的发展，产生了广泛而深远的影响，为考察和评价西方经济学发展史提供了一个全新并颇具说服力的视角。

科学哲学的"范式"理论（即库恩的"范式论"③和拉卡托斯的

---

① 王立宏：《演化经济理论与契约理论对企业边界的分析》，《黑龙江社会科学》2008年第3期。

② 刘辉锋：《演化经济学中的企业理论述评》，《国外社会科学》2005年第5期；薛鹏：《企业理论的起源和发展：一个时间演绎视角》，《湖北经济学院学报》2007年第6期。

③ "范式"概念源自希腊文，意指语言学的词根或词源，后来引申为某种思想形态的源头或母体。库恩在1962年发表的《科学革命的结构》中，提出了科学发展的范式理论。即把科学视为由一定的"科学共同体"，按照一套共有的"范式"所进行的专业活动。库恩所说的"范式"，系指在某一学科内被人们所共同接受、使用并作为思想交流的一整套概念体系和分析方法。参见［美］T. S. 库恩《科学革命的结构》，李宝恒、纪树立译，上海科学技术出版社1980年版；马涛《西方经济学的范式结构及其演变》，《中国社会科学》2014年第10期。

"科学研究纲领"①），已成为西方主流经济学家们广泛使用的概念。凯恩斯认为，经济学研究应注重"研究纲领，这些纲领反映着人们考察宏观经济的许多可能的方式"②。弗里德曼也强调，他"对于科学哲学和合理有效的方法论的研究领域都很有兴趣"③。

　　从系统论的角度看，范式是一个有层次结构的系统，可以分为价值观（基本观念）、方法论（分析规则）、基础假设和辅助性假设四个层面。从细胞组织构成来看，价值观是"核心"，方法论和基础假设则居于"外围"，辅助性假设则处于最边缘的地带。按照拉卡托斯的"科学研究纲领"，可以将范式结构分为"硬核"和"保护带"两个部分。"硬核"（hard core）是范式中比较稳定的部分，包括前面所谓的"核心"与"外围"层面；辅助性假设则是"保护带"（protective belt）。"硬核"是一种学说区别于另一种学说最本质的判断，而"保护带"则是一种学说不断演变发展的催化剂与黏合剂。作为"保护带"的辅助性假设，具有可进行调整的弹性。若其中既有的理论假说被新的经验检验时，"保护带"可以向外延伸；当遭到"反常"案例的反驳时，可以向内收缩。"保护带"直接承受着经验检验的压力，以可调整的弹性来完成保护"硬核"的任务，最后通过不断调整、吸收并内化新的辅助性假设来发展和完善自身学说。

　　根据上述分析，经济学范式结构也可分为不同的层次。核心层次由经济学观念的基本判断构成，反映特定历史时期的经济学知识体系的价

---

①　拉卡托斯强调说，研究纲领就是一个"范式"。他的"科学研究框架"理论的创新之处在于，发展了库恩的科学革命和范式不断交替的科学发展观，认为科学是由概念和命题组成的一个有机整体和系统，它不仅有坚硬性和刚性（如"硬核"），也有韧性、弹性、适应性。科学研究纲领在遇到反常事实和理论对手的竞争时，并不是马上被推翻、被淘汰、被放弃，而是通过辅助性假设的调整、增设来消解反常，战胜对手，达到自我修复和进化发展。参见［英］伊·拉卡托斯《科学研究纲领方法论》，兰征译，上海译文出版社1986年版；马涛《西方经济学的范式结构及其演变》，《中国社会科学》2014年第10期。

②　［英］布赖恩·斯诺登、霍华德·文、彼得·温纳齐克：《现代宏观经济学指南——各思想流派比较研究引论》，苏剑等译，商务印书馆1998年版，第78页。

③　［英］布赖恩·斯诺登、霍华德·文：《与经济学大师对话：阐释现代宏观经济学》，王曙光、来有为等译，北京大学出版社2000年版，第160页。

值观念。例如，西方主流经济学的"理性经济人"观念和历史制度学派的"制度文化人"观念，就分别构成了西方经济学内部主流和非主流学派在这一层面的主要区别。外围层次则反映了经济学理论的逻辑空间，由核心层次演绎出的经济学方法论和基础假设的命题组成。例如，古典与新古典经济学倡导的理性演绎的均衡分析法和历史学派倡导的历史归纳的分析法，新古典经济学的"效用价值论"和历史学派的"生产力"理论，分别构成了西方经济学主流与非主流在范式外围层面上的主要区别。凯恩斯学派的"需求决定供给"的"有效需求不足原理"与古典学派的"供给会自动创造需求"的"萨伊定律"，分别构成了西方主流经济学内部在不同历史时期的范式外围层面的主要区别。在经济学范式的结构层次中，核心决定着外围的逻辑空间，并构成不同经济学派思想体系演绎的前提。

而作为"保护带"的辅助性假设的不断调整则不断促进经济学自身的发展与完善。如西方主流经济学的经济主体面临的市场，从具有"完全竞争"性的假说，向"不完全竞争"的调整，其面临的世界从具有"无摩擦"性的假说，向"有摩擦"世界（"交易成本"）的调整，经济主体从拥有"完全信息"的假说，向拥有"有限信息"的调整。这些调整使西方主流经济学的理论假设与现实更加贴近。又如关于经济发展不确定性的研究，西方主流经济学家先是用完全信息假说，将其转化为确定性，被证伪后，理性预期学派则将不确定条件下的经济决策，转化为通过一定概率进行选择的确定性决策，以这一新的"保护带"来捍卫其理性"硬核"。再如信息经济学提出了"信息成本"概念，以信息不对称作为其新的假设前提，其中隐含着只要经济主体愿意付出足够的信息成本，就可以获得完全信息的假设前提，从而把基于不确定性的人的认知能力的不足，转化为信息成本的约束，以保卫其理论"硬核"。[①]

埃格特森认为，依据拉卡托斯的"科学研究纲领"，关于范式结构"硬核"和"保护带"两分法的理论，作为"硬核"的部分是范式中比较稳定的部分，是不变的。而作为"保护带"的辅助性假设则具有可进

---

① 马涛：《西方经济学的范式结构及其演变》，《中国社会科学》2014年第10期。

行调整的弹性，是可变的。对一个范式的修正是重新调整它的保护带。而对于原有范式硬核的改变则意味着形成了一种新的范式。①

企业理论要回答的核心问题包括以下四个方面：企业为什么存在；企业的边界与市场的边界是如何决定的；企业中协调的本质是什么；企业的组织结构意义，即层级和决策权分配的意义是什么。②

围绕企业理论要回答的这四个方面的核心问题，具体问题如下。学者们运用了什么样的"科学研究纲领"展开研究？哪些是企业理论"科学研究纲领"范式结构的"硬核"？哪些又是其"保护带"？学者们的研究具体采用了什么样的方法论？运用了什么样的分析工具？引入了什么样的前提假设？放宽了什么样的约束条件？它们是否构成对原有范式结构"硬核"的改变？或者是在没有改变原有范式结构"硬核"的前提下只是对原有范式结构的"保护带"进行了重新调整，放宽了其弹性？如果是前者，则意味着一种全新研究范式的产生和出现；如果是后者，则只是构成对原有研究范式的修正，是原有范式的一种自我调整和发展。

我国理论界对企业理论的研究范式有不同划分方法。例如，卢荻先生把现代企业理论划分为三种范式：以阿尔钦和德姆塞茨与詹森、梅克林为代表的市场范式；以科斯和威廉姆森为代表的层级范式以及皮欧勒和萨布尔的以灵活专业化和相近理论为代表的网络范式。而张维迎先生则把企业理论分为三个分支：企业的契约理论，企业的企业家理论，企业的管理者理论，也有人把企业理论划分为新古典主义（包括新制度主义）和马克思主义两种范式，还有人认为从方法论归属的角度来讲，企业理论的研究可划分为三大"范式"，即以科斯为代表的新制度经济学的企业理论、以凡勃伦为代表的演化经济学的企业理论和以马克思为代表的马克思主义经济学的企业理论。这三种企业理论都以对人的经济行

① ［冰岛］思拉恩·埃格特森：《经济行为与制度》，吴经邦等译，商务印书馆 2004 年版，第 11 页。

② 简兆权、刘益：《企业理论的演进与最新前沿》，《西安交通大学学报》（社会科学版）2000 年第 1 期。

为特征的认识作为理论研究的出发点，同时，也正是由于他们对人的经济行为认识的方法论不同，从而形成了三种企业理论的研究范式。当然，根据不同的研究目的，对企业理论范式的划分方法不一样也无可厚非。[①]

二　西方主流经济学企业理论的研究范式

（一）古典经济学厂商理论的研究范式：以生产为核心

受所处时代等原因影响，从总体上看，古典经济学家是从如何增加国民财富的角度来认识企业的，强调的是企业的生产功能。把企业（工厂）作为生产单位，其功能是把土地、劳动、资本等生产要素投入转化为一定的产出。但由于沿袭了政治经济学的研究方法，古典经济学家研究的重点并不是生产过程本身，而是分工与分配。[②]

（二）新古典经济学企业最优决策理论的研究范式：以利润最大化为核心

1. 新古典经济学企业理论研究范式体系的构成

新古典主义微观经济学是用数学中的最优决策问题来研究人的经济行为的理论。现实世界中人们的最优决策问题往往是角点解。角点解意味着某些决策变量的最优值是零。例如买汽车的人一般自己不生产汽车（如购买量是正数，则自己的生产量为零），又如某种产品的自给自足生产量为正数时，此种产品的购买量则为零。这都是角点解。但新古典主义经济学家把古典经济学变成数学模型时，数学家还不知道如何解有角点解的决策问题。

解角点问题的方法直到 20 世纪 50 年代才由数学家库恩（Kuhn）和塔克（Tucher）两人所发现。所以经济学家在 20 世纪初将经济学理论数学化时必须想办法避开现实生活中的角点解，然后以内点解为基础的"边际分析"才能应用。所谓边际条件是决策问题内点解的必要条件，

---

① 刘凤义：《论企业理论中关于人的行为分析的三种范式——新制度经济学、演化经济学与马克思主义经济学的比较》，《南京社会科学》2006 年第 9 期。

② 薛鹏：《企业理论的起源和发展：一个时间演绎视角》，《湖北经济学院学报》2007 年第 6 期。

而所谓内点解意味着所有决策变量的最优值都不为零。为了保证内点解，避开角点解，新古典主义经济学家假定一个经济分为两部分人，一部分人是纯消费者，他们不作生产决策，另一部分是纯生产者，他们不作消费决策，而纯生产者就是企业。有了这个假定，再加上消费者喜好多样化消费（效用函数为准凹的，quasi-concave）和生产中没有无止境的规模经济等假定，则最优决策都是内点解。

这些假定后来都成了微观经济学的标准假定。至今大多数微观经济学教科书都维持这些假定。纯消费者与企业分离的假定正是高斯（现通译为"科斯"——笔者注）能成名的条件。因为按照这个假定，纯消费者如果没有企业就不能生存（因为他们不生产），因而企业必须预先给定。因此经济学就不能解释企业从何而来等问题了。所以新古典主义的企业理论其实不是企业理论，而是在给定企业的条件下关于企业的生产决策的理论。这一理论研究不同的生产要素的最优组合和在给定资源时不同的产品产量的最优组合，因此只是一种生产理论。[①]

新古典经济学企业理论的基础是新古典微观经济学。由于新古典微观经济学是利用最优决策理论进行的经济分析，它的假设前提是完全理性和利润最大化。在这种假设前提之下，企业内部的运行被视为一个"黑箱"，企业唯一的功能是根据边际替代原则对生产要素进行最优组合，从而实现最大的产量或最低的生产成本。[②] 企业为了实现最大利润，必须按边际成本等于边际收益的原则进行单一产品的产量和价格决策。

严格说来，新古典经济学企业理论实际上算不上是真正的企业理论。因为它没有回答有关企业的一些基本问题，例如企业为什么会出现，企业内部是如何运行的，企业是选择生产还是从外部市场购买，它仅仅是利用局部均衡分析方法预测企业在输入市场的购买决策和输出市场的供应决策。

由于新古典经济学在本质上是一种静态优化理论，它隐含着人的利

---

① 杨小凯：《企业理论的新发展》，《经济研究》1994 年第 7 期。

② 符正平：《西方企业理论研究中的三大科学研究纲领》，《经济学动态》1998 年第 3 期。

益是和谐一致的、产权界定清晰、零交易成本、人具有完全理性等假定。这些隐含假定决定了新古典企业理论存在一些缺陷。[①]它无法解释企业内部组织及企业范围的整体布局；无法解释企业中的一般契约关系；也无法解释企业绩效与国家经济效益之间的联系。总之，新古典经济学的传统理论假设前提阻碍了企业理论的发展。[②]

2. 新古典厂商理论研究范式的主要问题

新古典企业理论范式源于"应然"逻辑思维的起点，其基础是一系列严格而苛刻的假设：完全理性的经济人、稳定的偏好序、效用最大化的追求、完全而对称的信息集、市场是完备的、厂商规模很小而且不存在规模效应、不存在外部性等。在以上前提条件下，该理论运用一系列数学方法，把企业的相关因素纳入相关数学模型中，进而得出变量之间稳定而有序的变化关系，最终推导出整个社会资源配置实现帕累托最优的完美结果。

但是，新古典企业理论并没有给企业下一个定义。而且，它也没有认识到，企业所有者的利润最大化行为并不是由于他们的心理，而是由于一种没有说出来的前提，即他们所拥有的企业只是为外部人的消费而生产的。同时更没能提出企业的边界和内部组织的相关理论，"黑箱"成为新古典经济学中企业的代名词。

为什么新古典经济学家没能解开"黑箱之谜"呢？因为他们始终把制度因素视为外生变量，不仅不把其纳入模型内，甚至还不作为研究对象；在研究方法上，他们固守着完美假设条件下，求解最优的理论范式，而这一方法导致的直接结果就是，任何思想的创新最终都会被纳入"完美的模型中"求解均衡。这就是新古典企业理论没能取得突破的关键。20 世纪 70 年代后，萨缪尔森等人竭力推进其发展，但只能依靠数学、物理学等前沿方法的引入，建立起越来越复杂的模型，而经济学理

---

① ［丹麦］尼古莱·J. 福斯、克里斯蒂安·克努森编：《企业万能：面向企业能力理论》，李东红译，东北财经大学出版社 1998 年版。

② 简兆权、刘益：《企业理论的演进与最新前沿》，《西安交通大学学报》（社会科学版）2000 年第 1 期。

论创新的火花却被扼杀在"完美的模型"的均衡之中。①

正如演化经济学家霍奇逊所批评的,"企业更多地成为一系列成本和收益曲线,而不是一个组织"。何谓企业?何谓组织?企业与组织的实质应该是一个由不同人(或人群)组成的利益相关的实体,而不是一系列收益曲线与成本曲线的组合。

在新古典的企业理论中,劳动与资本是可以相互替代的,具有鲜活生命的劳动者与冷冰冰的无生命的机器、厂房被看作是同质的、无差别的生产要素。企业中的"人"尤其是劳动者不见了,人们看到的只是无差异的生产要素和无生命的函数关系。正如詹姆斯·马奇、赫伯特·西蒙所说,这种理论"总体倾向把雇员视作完成分配任务的无生命工具";"把人视作系统中的既定因素而不是可变因素"。② 事实上,马歇尔本人并不完全认同这种简单化的标准函数模型。马歇尔曾提醒人们要注意"出卖商品"与"出卖劳动"(用马克思的语言表述,"出卖有自己的劳动物化在内的商品"与出卖"只存在于他的活的身体中的劳动力")的本质性区别。他指出:"当一个人出卖他的服务时,他必须亲自到服务场所。对售砖的人来说,不论该砖是用来建造宫殿,或修砌阴沟,这对他都毫不相干。但对出卖劳动的人来说,因为他负责完成一定困难的工作,而工作场所是否有益于人的健康和令人愉快,他的同事是否如他的理想,这对他却有很大的关系。"③

新古典厂商理论被运用到实际的企业管理中,最为代表性的理论就是曾被誉为"管理之父"的泰勒的"科学管理"。该理论以"企业最高的产量""每个人最高的效率"为原则,实现工具标准化、操作标准化、劳动动作标准化、劳动环境标准化等一系列标准化管理,在极大地提高了企业生产效率的同时,也"把人这种有机体的特性描述为完成相

---

① 徐传谌、刘凌波:《从新古典厂商理论到现代企业理论:制度内化与范式转换》,《当代经济研究》2007年第4期。

② 曹阳:《论组织(企业)理论中"个人自由"的意义与价值》,《华中师范大学学报》(人文社会科学版)2014年第1期。

③ 同上。

对简单任务的相对简单的机器"。①

（三）新制度经济学企业理论的研究范式：以交易成本为核心

1. 关于新制度经济学派对企业理论研究范式有没有突破的争论

对新制度经济学派对企业理论研究范式有没有突破这一问题，理论界还存在不同的认识。就目前笔者所收集到的资料来看，大体上有四种观点。

第一种观点认为，新制度经济学派并没有对新古典经济学的企业理论研究范式的"硬核"进行改变，而只是对其作为"保护带"的辅助性假设进行了重新调整。因而并没有形成新制度经济学全新的企业理论研究范式，而只是修正并发展了新古典经济学的企业理论研究范式。

冰岛学者埃格特森（Eggertsson）认为，稳定性偏好、理性选择和相互作用的均衡结构构成了微观经济学范式的核心，它成了 20 世纪经济学主要的研究范式。努森（Christian Knudsen）认为，微观经济学的保护带可以分成三个部分：一是主体面临特定的环境约束；二是主体拥有特定的关于环境的信息；三是研究特定的相互作用的方式。

埃格特森还认为，新制度经济学采用新的研究方法，通过引入信息和交易成本以及产权的约束，修正了新古典经济学的保护带。② 尽管新制度经济学仍处于探索阶段，它的一些定义与术语仍未完全确定，新制度经济学的许多著作还存在着很多方面的差异，但它们却有着共同的内在一致性。首先，这些作者都试图明确地将规则的限制和约束交易的契约纳入经济模型，而且新古典模型中的理想产权结构也被作为基本的标准而加以确认。其次，新古典经济学中关于完全信息和交易无成本的假设也被放宽，正的交易成本的影响得到了研究。最后，通常假设有价值的商品仅存在两个维度的特征——价格和数量，这一假设已被放宽，经济产出的内在意义以及与商品和劳务的质量有关的经济组织方式得到了研究。③

① 曹阳：《论组织（企业）理论中"个人自由"的意义与价值》，《华中师范大学学报》（人文社会科学版）2014 年第 1 期。
② ［冰岛］思拉恩·埃格特森：《经济行为与制度》，吴经邦等译，商务印书馆 2004 年版，第 11 页。
③ 同上书，第 12 页。

我国学者马涛认为，西方主流经济学范式的发展有几种常见的形式。其中一种是对已有范式的继承，即继承传统经济学"经济人"假设的核心"硬核"，调整其"保护带"。除前面论述过的凯恩斯学派的发展体现了这一范式发展的路径外，古典经济学和新古典经济学也是在坚持"经济人"这一"硬核"的基础上，论证了完全竞争的市场经济是可以实现资源最优配置的（帕累托最优）。张伯伦和罗宾逊则在坚持新古典经济学"经济人"硬核的基础上，修改了关于市场充分竞争的前提假设，提出垄断竞争和不完全竞争的理论。新制度经济学的创立者科斯，在坚持"经济人"这一"硬核"的基础上，修改了新古典经济学中市场无交易成本的假设，开创了产权经济学研究的新领域。[1]

在科斯的影响下，西方经济学的重要分支——企业理论的每一次进步，也都始于对传统企业理论假设前提向现实还原的修正。新古典经济学中并无单独的企业理论，只是在厂商理论中假设企业是物质要素的技术关系或生产函数。而现代契约理论的贡献在于，以交易成本的存在为前提，创新性地提出了企业是一组合约的联结体，更好地说明了企业的性质。奈特则基于不确定性，以及对契约理论关于企业内部所有成员的平等性、同质性假设的修正，提出企业内部成员的异质性和企业外部面对不确定性的假设，把企业看成是一种人格化的装置，创建了他的企业与企业家理论。[2] 从历史学派到新旧制度学派以及演化经济学的发展过程，则始终坚持"文化人"的"硬核"和历史、制度及演化的分析方法，从侧面印证了西方主流经济学范式发展的这一形式。[3]

第二种观点认为，新制度经济学派完全改变了新古典经济学的企业理论研究范式的"硬核"，因而形成了新制度经济学全新的企业理论研究范式。

有学者指出，关于现代企业理论研究的范式，不同的学者有不同的

---

① 马涛：《西方经济学的范式结构及其演变》，《中国社会科学》2014 年第 10 期。

② ［美］弗兰克·H. 奈特：《风险、不确定性与利润》，安佳译，商务印书馆 2010 年版。

③ 马涛：《西方经济学的范式结构及其演变》，《中国社会科学》2014 年第 10 期。

观点，一些学者甚至直接把交易费用、产权等研究对象作为范式加以使用，于是先后出现了交易成本范式、产权范式等。同时随着数学工具的发展和引入，新古典的研究范式以理性预期为桥梁，实现了不确定性向概率确定性的转化，以不完全信息为桥梁，实现了认识能力不足向信息成本的转化，正是这两次转化迷惑了部分经济学家，认为研究范式发生改变。① 杨瑞龙教授认为企业理论研究范式是否发生转换的根本标志在于新古典企业理论所倡导的"唯一均衡"是否能够实现。杨瑞龙教授指出："西蒙引入的'有限理性'概念，意味着无论付出多大信息成本，一阶最优结果总是无法达到的，均衡唯一性也无法保证。"② 据此，杨瑞龙教授认为这时才是根本地背离了新古典企业理论的研究范式，即抛弃了均衡的唯一性，以至于后来的诺斯进一步研究的"路径依赖"和"报酬递增"机制更是对新古典企业理论范式的抛弃。因此，判断是否实现了研究范式的转换，并不是看研究对象是否发生了转化，也不是看是不是引进了新的研究工具，其根本在于创新的企业理论思想是否形成了创新的研究方法。这是判断其研究范式是否发生转变的关键。

第三种观点认为，并非所有新制度经济学企业理论都实现了研究范式的转化，还需要对新制度经济学派内部各个分支及其代表人物的理论观点进行具体分析。

有学者认为，在新制度经济学企业理论中，科斯、阿尔钦、德姆塞茨、张五常等人本质上仍然坚持了新古典企业理论的研究方法，只不过是部分或者局部放松了前提条件和假设要求，但依然保持了新古典企业理论的大部分前提假设和研究方法。首先，他们坚持新古典主义经济学完全理性前提下的均衡分析方法，坚持偏好、技术、资源禀赋三大条件稳定不变，坚持完全竞争的工具性假设。其次，引入了交易成本理论拓展新古典经济学的分析视野，用交易成本比较各种不同制度安排的经济绩效，解释经济制度的多种多样的差异性，使得经济制度也成为新古典框架中一个可以量化分析的维度。最后，运用传统的成本收益分析方法

---

① 参见杨瑞龙主编《企业理论：现代观点》，中国人民大学出版社 2005 年版。

② 同上。

对经济制度作局部均衡分析和比较静态分析，以效率为标准，解释制度产生的原因和制度变迁的根据，例如理性人、稳定偏好、最大化均衡等。科斯在《企业的性质》中就曾承认，他所运用的就是马歇尔发展起来的两种最强有力的分析工具，即边际的方法和替代的方法，科斯理论中企业的边界就是通过边际替代的局部均衡的方法得出的。因而本质并没有实现研究范式的转换，只不过是引入了新的研究对象而已。同样，德姆塞茨、张五常在研究完全契约下的委托代理问题时，更是强化对新古典企业理论范式的使用，在坚持契约完整的前提下，运用数学工具和均衡的方法，分别求解委托代理下的道德风险和逆向选择模型，设计最优的契约来帮助委托人有效地监督代理人。

　　而新制度学派中的威廉姆森和诺斯（又译诺思）等人，则开创了以"动态演化"和"不唯一均衡"为标志的现代企业理论新的研究范式。熊彼特曾经在其《经济发展理论》中提出了一种解释经济变迁和社会演进的分析方法，把其经济学理论与达尔文的进化论相比较。他认为人类社会的演进根源于已有的传统经验和习惯模式，而主流经济学"静态的均衡分析不仅不能预测传统的行事方式中的非连续变化的后果，它还既不能说明这种生产性革命的出现，也不能说明伴随它们的现象"。[①] 新制度经济学企业理论起源于新古典企业理论，而真正摆脱了新古典的研究范式的则是从威廉姆森和诺斯开始。他们以有限理性为前提，不再追求唯一的均衡，从而实现了现代企业理论研究范式的转变，这是重要的研究方式转变的开始。

　　威廉姆森在交易费用经济学中引入了"契约人"的概念，即行为者是非完全理性的或者有限理性的。同时认为行为者存在"机会主义倾向"，因此不完全契约理论下的交易具有偶然性，每次交易就缔结了一笔契约。为了避免重复缔约的成本，为了维持一个有价值的长期契约，需要构造一种契约，使得不同的交易应用于不同的治理结构，使这个契约能够最大化地节约事前成本和事后交易成本。显然，这是一种不同于新古典企业理论的研究范式。

---

　　① 参见［美］约瑟夫·熊彼特《经济发展理论》，何畏等译，商务印书馆1990年版。

　　诺斯在研究制度变迁过程中，表现出了巨大的理论的勇气。开始他使用新古典理论解释西方世界的兴起和发展，但随着他对历史研究的深入，他发现了新古典理论在解释重大的历史变迁时存在着无法解决的矛盾和问题，进而开始对新古典范式进行修正。他认为："长期变化最为根本的原因是个人和组织的企业家所进行的学习。为了建设性地探讨人类的学习性质，有必要废除作为经济理论基础的理性假设。"①这最终使他超越了居于主流经济学核心地位的自动均衡理论，走上了一条将制度变迁看作是进化的、动态的、非唯一均衡的、路径依赖的范式转换之路。

　　范式转换使新制度经济学企业理论的思想不再束缚于新古典范式的"黑箱"和"均衡"之中，开拓了企业理论研究的新视野，从而使思想不再沦为方法的奴隶，促使新制度经济学企业理论研究产生更多的成果。但是这种转换还只是初露端倪，系统完整的企业理论和研究方法还远没有形成，多学科的交叉和新古典范式自身的"异化"，将促进企业理论研究更快地发展。②

　　第四种观点认为，上述第三种观点只是经济学范式运动的一种形式，即表现为不同学派研究范式的交会。新制度经济学是这一范式转换形式的成功案例。以科斯为代表的新制度经济学派是新古典的边际分析与制度学派的制度演化分析两种范式——相交会的理论产物。相对于以凡勃伦和加尔布雷斯为代表的美国旧制度学派而言，它沿用和承袭了新古典经济学诸如理性人假设、稳定偏好、均衡和最大化分析的核心假设、方法和工具，又汲取了前者强调制度研究的传统及其演化的分析范式。新制度经济学的代表性人物威廉姆森多次提到，制度学派代表人物康芒斯关于冲突、互助和次序三位一体思想，对新制度经济学合约关系治理的影响。③科斯明确提出，新制度经济学派是"利用正统经济理论

---

① 参见［美］道格拉斯·诺斯、罗伯斯·托马斯《西方世界的兴起》，厉以平、蔡磊译，华夏出版社 2009 年版。

② 徐传谌、刘凌波：《从新古典厂商理论到现代企业理论：制度内化与范式转换》，《当代经济研究》2007 年第 4 期。

③ 郑志刚：《新制度经济学的研究方法与交易成本范式》，《南开经济研究》2002 年第6 期。

去分析制度的构成和运行"的学说体系，目的在于"发现这些制度在经济体系中的地位和作用"。[①]诺斯也强调："新制度经济学是以新古典理论为基础，对新古典理论加以修正与发展，并使其可以自由地讨论和解决迄今未被认识的问题"；"新制度经济学的目标是研究制度演进背景下，人们如何在现实世界中做出决定和这些决定又如何改变世界"。[②]在这两种研究范式的交会上，科斯汲取康芒斯以交易为单位的制度分析提出的"交易费用"概念，将"交易费用"（交易成本）作为新制度经济学的核心范式，并对其基本内涵进行了系统的阐释。诺斯汲取了制度学派提出的制度演化方法，用来分析制度的变迁，创立了新经济史学，成为西方近来"新政治经济学"运动的五个分支之一。[③]新经济史学也在一定程度上接受马克思的制度阶级分析，研究成果已得到西方主流经济学界的认可，成为其中颇有影响的一个学派。

新制度经济学还借鉴制度学派的"文化人"假说，对新古典的"经济人"假说进行修正。它批评新古典经济学研究的"人"，是一种脱离现实的理念中的人，在许多情况下人类行为远比主流经济理论中追求"财富最大化"的行为假设更为复杂。它强调"非财富最大化"动机的文化习俗等因素，常常约束着人们的行为，主张把习俗规范等外在的社会制度因素内化，成为"经济人"理性选择的内生性变量。诺斯还将诸如意识形态等"非财富最大化"行为，引入个人预期效用函数，提出人们往往要在财富与非财富的价值之间权衡，建立了更加复杂、也更接近

---

① ［美］罗纳德·哈里·科斯：《企业、市场与法律》，盛洪、陈郁译校，格致出版社、上海三联书店、上海人民出版社 1990 年版，第 252 页。

② ［美］道格拉斯·C. 诺斯：《经济史中的结构与变迁》，陈郁、罗华平等译，上海三联书店 1991 年版，第 2 页。

③ 新政治经济学发展的五个分支中，除新经济史学外，其他四个分支分别是新制度经济学、公共选择学派、规制经济学和产权经济学。在新古典经济学体系中，制度因素被假定为是既定的，也是有效率的，认为经济学要分析的仅是既定制度下个人的行为及其结果。新政治经济学则认为，制度因素是经济活动的内生变量，必须被纳入经济学的分析框架之中。新政治经济学被视为对新古典经济学的超越。参见马涛《西方经济学的范式结构及其演变》，《中国社会科学》2014 年第 10 期。

现实的人类行为模型。经过新制度经济学修正后的"经济人",不再仅以纯粹的物质利益为目标,而是明确地包括非经济利益和精神满足。这种"经济人"不再用"成本—收益"核算进行决策,而是在若干取舍(包括价值观念和意识形态)之间作出选择,各种选择结果都将对个人经济行为产生不同的影响。现实生活的经验也充分证明,当个人追求自己的特有目标时,他们的行为一般仍要服从并依赖大体相似的整体基本价值观的约束,应该将关于价值观及其如何影响人类行为的分析,纳入经济学的分析之中,否则会大大降低理论的合理性,也不能充分地解释现实。从古典经济学的"经济人"假说到制度学派的"文化人"假说,再到新制度经济学派的"经济—文化人"假说的范式转换,既反映了西方经济思想的演变历程,也反映了西方经济学研究的日臻成熟。也正是在这一认识的基础上,科斯批判新古典经济学是"黑板经济学",称自己的学派是"真实世界的经济学"。[①]

2. 关于对新制度经济学派企业理论研究范式争论的原因分析

笔者认为,出现上述分歧的原因有两个。其一,学者们对西方主流经济学企业理论研究范式中哪些构成其"硬核",哪些构成其"保护带"还存在不同的理解和认识。另外还有学者将"硬核"作更进一步的划分,将其分为核心与外围两个层面。[②] 其二,西方经济学本身就是一个难以廓清的极其庞杂的学科体系,况且在西方经济学内部,还有主流与非主流之分。即使是西方主流经济学通常也是一个内容相当广泛而松散的概念,泛指大量与经济问题有关的各种文献、资料和统计报告。它可以包括企事业的经营管理方法和经验,包括对一个经济部门、经济领域或经济问题的集中研究成果,也包括经济理论的研究和考察。一般所说的西方主流经济学,仅指西方主流经济理论部分的研究。[③] 尽管如此,在西方主流经济学中也是学派众多,且相对独立,自成体系,这就

[①] [英] 约翰·伊特韦尔、默里·米尔盖特、彼得·纽曼编:《新帕尔格雷夫经济学大辞典》(第一卷),陈岱孙主译,经济科学出版社 1996 年版,第 456 页;马涛:《西方经济学的范式结构及其演变》,《中国社会科学》2014 年第 10 期。

[②] 马涛:《西方经济学的范式结构及其演变》,《中国社会科学》2014 年第 10 期。

[③] 同上。

更加难以在西方主流经济学的"硬核"和"保护带"上取得共识了。

（四）西方主流经济学企业理论研究范式的运动逻辑

有鉴于此，笔者试图在此对西方主流经济学的企业理论研究范式的构成体系的演变作一梳理。

如前所述，范式由硬核和保护带构成。而硬核又由核心观念和外围部分构成。核心观念或称基本观念或价值观念，是指人的经济行为的根本特征。外围部分又包括方法论和基础假设两个组成部分。方法论即最基本的分析方法或最基本的分析工具，可以将这一分析方法应用于本研究范围的全部领域，并可以用这一方法来分析解决本研究领域内的所有问题。基础假设或称为前提假设，即假定的前提条件，是被普遍接受的、不需要论证就存在的条件。保护带是指基础假设之外的辅助性假设。

根据上述观点，西方主流经济学古典和新古典企业理论的研究范式体系中，核心观念是"理性经济人"，其特征表现为具有"完全理性""稳定性偏好"和"理性选择"的人，方法论是"均衡分析法""边际成本—边际收益分析法"，基础假设是"利润最大化"及"效用最大化"，辅助性假设是"完全竞争""零市场交易成本""产权界定清晰""完全信息""无规模效应""无外部性"，最后总是处于"市场出清""市场完备"的完美均衡状态。

新制度经济学企业理论的研究范式体系仍处于不断的发展变化中。就目前来看，其演进是先从调整辅助性假设开始，到调整方法论，再到核心观念的修正的发展过程。

科斯首先调整了古典和新古典企业理论的研究范式体系中的辅助性假设，即认为市场不是没有交易成本的，并汲取康芒斯以交易为单位的制度分析提出了"交易费用"概念和"交易成本"的辅助性假设。在方法论层面，科斯在新古典边际成本—边际收益分析法之外，增加了企业单个成本—收益法。接着威廉姆森汲取西蒙关于应将经济人的"完全理性"修改为"有限理性"的观点，提出了经济人存在"机会主义倾向"的假设。诺斯在研究制度变迁过程中，表现出了巨大的理论的勇气。汲取了旧制度学派的制度演化方法，用来分析制度的变迁，创立了新经济史学，还借鉴旧制度学派的"文化人"假说，对新古典的"经济人"假说进行修正，提出了"经济—文化人"假说。

现在我们可以归纳一下当前新制度经济学企业理论的研究范式体系构成。新制度经济学企业理论研究范式的核心观念是"经济—文化人"，其特征表现为具有"有限理性""非稳定性偏好"的人，方法论是"均衡分析法""边际成本—边际收益分析法"，基础假设是"利润最大化"及"效用最大化"，辅助性假设是"非完全竞争""市场有交易成本""产权需要界定""不完全信息""存在规模效应""有外部性"等状态。

需要说明的是，并非所有新制度经济学家都接受上述研究范式，这里只是说当前的发展前沿状况。

三　西方非主流经济学企业理论的研究范式

演化经济学①这个术语最早是由凡勃伦在1898年的经典论文《经济

---

①　演化经济学的发展经历了非常曲折的历史。在第一次世界大战之前，演化这个术语和生物学类比在经济学界是非常流行的，以至于马歇尔宣称："经济学家的麦加在于经济生物学而非经济力学。"凡勃伦广泛地利用了达尔文的思想，试图转变经济学的基础，并创建制度经济学。在20世纪初，以凡勃伦、康芒斯和米切尔为首的老制度主义是美国的主流学派。然而，20世纪20年代的科学和社会思潮已不利于老制度主义的生存。由于社会达尔文主义的声名狼藉，演化主义（evolutionism）坠入了发展的"黑暗时代（1910—1940年）"，正如桑德森（Sanderson）所指出的，"在这个时期，演化主义受到了严厉的批评，它被看作是过时的方法，……甚至使用'演化'这个词也要冒声誉受到严重损害的风险"。20世纪四五十年代，随着实证主义科学哲学的兴起，经济学数学化的趋势日益加剧，老制度主义的命运岌岌可危，演化经济学在这个时期进入了沉寂状态。第二次世界大战结束后，这种趋势发生逆转，演化思想开始在社会科学中复兴。20世纪50—70年代，在忽视演化经济学先驱的情况下，著名经济学家阿尔钦、罗金、纳尔逊和温特等对现代演化经济学的兴起准备了条件。20世纪80年代初，现代演化经济学开始起飞。1981年，博尔丁出版《演化经济学》。1982年，纳尔逊和温特出版了目前已成经典的《经济变迁的演化理论》。20世纪八九十年代是现代演化经济学发展的重要时期，视野和范围都被大大拓展了，现在已有许多新老不同的研究传统聚集在演化经济学的旗帜之下。参见贾根良《理解演化经济学》，《中国社会科学》2004年第2期。

这里所说的演化经济学是狭义上的演化经济学，即以凡勃伦为代表的老制度学派的经济学。广义上的演化经济学包括很多流派，主要有老制度学派、"新熊彼特"学派、奥地利学派、法国调节学派、演化博弈论等。参见贾根良《演化经济学——经济学革命的策源地》，山西人民出版社2004年版，第8—15页。

学为什么不是一门演化的科学?》中提出的。一般认为,凡勃伦(Veblen)、马克思(Marx)和马歇尔(Marshall)是经济演化思想的先驱者。到 20 世纪 80 年代,演化经济学发展成为西方经济学中一个富有生命力的新流派。与新古典经济学的静态的机械的世界观不同,演化经济学的科学基础是动态的演化的有机世界观。目前其理论已受到经济学界日益广泛的重视,其研究成果在社会经济分析中的应用出现了指数式的增长,并在经济学和社会学领域中产生了巨大的影响力。例如对世界各国发展战略产生了重大影响的关于国家创新体系的研究,正是在演化经济理论影响下进行的。[1]

　　20 世纪 90 年代以前,企业理论并没有成为演化经济学的研究重点。在演化经济学的理论体系中,作为携带演化信息的主体,企业只是经济学家用来解释经济现象的工具,而不是需要解释的对象。20 世纪 90 年代以后,一些推崇演化经济学的学者,如朗格(Langlois)(有人译为兰洛伊斯)、福斯(Foss)、多西(Dosi)、蒂斯(Teece)(有人译为提斯)、温特(Winter)、纳尔逊(Nelson)和霍奇逊(Hodgson)等,在新制度经济学兴起的启发下,开始关注企业理论,致力于研究企业组织,探讨企业边界,以及作为生产性知识"储存器"和"生成器"的企业所扮演的经济角色。

　　与其他经济学学派的企业理论相比,演化经济学企业理论的独特之处在于把达尔文的进化理论和拉马克的遗传思想引入了企业行为的分析

　　(接上页注)现代演化经济学发源于美国,主要以纳尔逊和温特为代表。他们于 1982 年出版的《经济变迁的演化理论》被视为现代演化经济学发展的里程碑。新古典经济学在美国始终占据统治地位,美国演化经济学家从来没有能够撼动它的主流地位。而欧洲的"异端"经济学却十分活跃,这种经济学的多元化格局为演化经济学在欧洲的流行创造了有利的条件。因此可以说,演化经济学研究发端于美国,而兴盛于欧洲。由弗里曼主持的苏塞克斯大学科技政策研究所(SPRU)是在欧洲创立的第一个演化经济学研究中心。目前,演化经济学在欧洲形成了以英国、德国和荷兰为主,各国学者普遍参与的兴盛局面。参见刘志高、尹贻梅《演化经济学的理论知识体系分析》,《外国经济与管理》2007 年第 6 期。

　　[1] 徐鸣:《现代企业理论的演变:从生产属性、交易属性到内生成长》,《当代财经》2011 年第 11 期。

之中。该理论主要关注以下四个问题：企业之间（甚至是同一行业的企业之间）为什么会存在收益差异？企业间的收益差异为什么会永久持续下去？企业为什么会实现不同的增长率？企业为什么会有不同的边界、战略和组织结构？

以上这些问题主要涉及新古典范式难以回答的企业异质性和动态性，体现了演化经济学与新古典范式在企业理论上的主要分野。为了从更深的层次来解释企业异质性以及导致异质性持续存在的原因，演化经济学主张应该把企业看作知识载体，一种不断学习并创造新奇性（novelty）的实体。

尽管演化经济学是在新制度经济学的启发下才开始研究企业的，但这两种理论之间却存在很大的分歧，基本上属于两种不同的研究范式。演化经济学在分析企业时所关注的问题与新制度经济学研究的重点有所不同，即使是对两者都涉猎到的问题也采用了不同的分析工具。

严格说来，迄今为止，演化经济学企业理论的研究范式的体系结构还没有形成一个统一的分析框架，学者们还存在着不同的认识，关于演化经济学企业理论研究范式体系结构还存在多种不同的具体表述。

（一）演化经济学企业理论研究范式的价值观（核心观念）

一般认为，演化经济学是在批判新古典经济学方法论的基础上产生的，以凡勃伦为代表的老制度主义者，采用了制度分析的整体主义方法论。这一方法论对"经济人"假设持批判态度，他们的批判主要是针对"最大化"偏好和"完全理性"两方面进行的。

现代老制度主义重要代表人物杜格，把演化经济学对人的分析概括为"制度人"，他认为制度主义从整体文化的视角考虑经济，"因此，制度经济学是一门文化的科学，信仰、价值和个人行动都产生于此，并形成了一个有意义的文化整体。对制度主义而言，孤立的个人决策行动没有意义，因为个人不会独立于特殊文化之外而存在"。① 制度主义坚持文化对个人价值和个人理性的重要影响。所以，"新古典经济学的'经

---

① Willian Dugger, "The New Institutionalism: New but Not Institutionalist", *Journal of Economic Issues*, Vol. 24, No. 2, June 1990.

济人'是真正的理性个人，但演化经济学的'制度人'（homo institu-tionalist）是文化的理性个人"①。演化经济学企业理论正是建立在对人的行为这一假设基础上产生的。他们的"制度人"特征突出表现在以下三方面。

第一，人的行为偏好不是固定不变的，而是受制度整体的影响。凡勃伦运用进化论方法，认为人的行为不是简单的受苦乐感受的影响，也不是置于一定环境下的欲望偏好的简单反应，而是对制度整体变化的反应，所以偏好不是固定不变地追求"最大化"。在他看来，人的行为不应看作欲望支配下的行为，相反，欲望是人类面对环境进行活动的结果。"它是一定传统、物质环境、习俗及过去经验和累积结果的反映。"② 在个人的现实生活中，行为是由他所处的现实条件决定的。所有的经济变化都来自于经济社会（economic community）的变化，而变化总要受过去思想习惯（habits of thought）的影响。技术变化会影响人的思想习惯，进而影响人的行为，但人的行为不是孤立的，而是在社会成员共同影响下行动的，所以带有很强的遗传性。个人的行为受利益驱动，所以利益引导惯例、习俗等经济制度的形成，同时对社会整体文化结构产生影响。经济利益不是孤立的行为，每一个单独的利益偏好，都受复杂的思想习惯的影响，经济利益是文化累积的结果，因此，个人经济行为受集体行动的制约。

第二，人的选择行为不是完全理性的，而是受非理性的适应过程影响。凡勃伦拒绝正统经济学关于人的"完全理性"假说，他认为，人们的多数行为是非理性的，人们遵从习俗和习惯，而不是力求效用和幸福最大化。人类的制度和经验帮助人们决定哪些行为是愉快的，哪些不是。老制度主义者认为，生物学的研究支持了经济心理学，例如，习惯行为在理解消费者和企业行为方面被认识。为了理解企业，习惯和惯例

① Willian Dugger, "The New Institutionalism: New but Not Institutionalist", *Journal of Economic Issues*, Vol. 24, No. 2, June 1990.

② Thorstein Veblen, "Why is Economics Not An Evolutionary Science?" *Cambridge Journal of Economics*, Vol. 22, Issue 4, July 1998.

行为必须被研究。由于习惯作用，企业行为不应被理解为能对市场环境随时不断调整的过程。他们认为思想习惯是全部认识的来源，人们准确判断事物占我们判断事物中的极小比例。人的认知结构在复杂的大脑中，存在超过一种机制的认知运行形式，有时是通过本能来处理常规环境下遇到的问题；另一些通过经验和训练获得处理非常规的能力；最后，有些情况要靠"智力"（intelligence）来处理。所以，大脑的生产能力分类包括本能、习惯和理智，它们有一个自然的阶层组织，习惯肯定建立在本能之上，理智又建立在本能和习惯之上。习惯可以是有意识形成，也可以是模仿形成，不管如何形成，重复的行为趋向于固定为一种习惯，它使人们从理性计算中摆脱出来。在纳尔逊和温特那里，凡勃伦的"知识观"为他们用进化观点分析企业行为提供了分析方法，正如他们所认识的，企业内部的这种"惯例"形成的知识是无法用语言表达的，但它们对企业行为起着关键作用。

第三，人的知识以及与之相关的能力具有异质性。新制度经济学的企业理论对人的行为假设实质是认为人的偏好一致，即追求效用最大化；与之相适应的行为选择能力也是同质的，即在自由市场中个人都能够做出自己理想的选择。尽管，他们接受了西蒙的"有限理性"概念，但他们强调的是这种"有限理性"不是源于个人知识和能力差异，而是源于市场的不确定性和复杂性，加之信息不完全所导致的，因此是一种外在约束。而老制度主义者则不同，他们认为个人的知识结构是不一样的，与之相适应，每个人的学习、工作能力也不同。而个人一旦进入企业，在企业内部存在的"惯例"作用下，会使拥有某种专业知识的人把知识熟练为"技巧"，这种技巧是一种说不出来的知识，"遵循一套规则达到了有技巧地完成一件事的目的，而这套规则却是遵守它的人所不知道的"。所以，"在运用一种技巧涉及行为选择的时候，选择过程是高度自动的"①，并不是像新制度主义者所说的人的行动都是理性计算的结果。在企业中，单纯的个人技巧不能形成企业能力，企业能力是各成员

① ［美］理查德·R.纳尔逊、悉尼·G.温特：《经济变迁的演化理论》，胡世凯译，商务印书馆1997年版，第7页。

之间在遵循企业惯例的条件下，使知识、信息、协调等各方面都能达到一种默契时，才形成了企业能力。这就要求企业内的成员既要默契合作，又要不断学习，这其中既有专业知识，即形成技巧的知识，又有适应企业惯例的那些无形知识。

在老制度主义的现代形式中，核心概念已从"习惯"扩展到"认知"过程和"学习"过程。汉森指出：尽管主流经济学在最近几年已表达了"学习"概念，但他们基于理性行动者假设的方法显然存在严重问题，他们不可能把学习当成"过程"来分析。"学习"是最重要的经济活动，这是因为依据大多数经验证据，生产力的提高主要来自于先进的技术［包括先进的思想（ideas）、技能和体现在物质资本中的知识］和人力资本。这样，个人、集团和组织的学习体制就变成经济进步的关键，企业的竞争力也在学习中提高。小型的联合学习在科层企业中是很可能的，它可以鼓励形成良好的关系，可以在劳动者、管理者之间形成利益交流，而不是简单的个体之间原子般的竞争。

演化经济学对人的行为分析试图用"制度人"代替"经济人"，探索"非正式契约"对企业能力形成的重大作用，这有利于进一步研究现代企业内部的"学习过程"和以"合作"为主线的协作关系。所以，在老制度主义者那里，有一种倾向试图把企业信任与合作引入企业理论中来，而这些内容在个人主义方法论那里是难以纳入分析框架的。同时，把人的知识和行为视为是"异质"的，为企业人力资本理论的研究打开了缺口。①

（二）关于演化经济学企业理论研究范式的方法论

从研究方法看，演化经济学的企业理论反对新制度经济学静态、均衡的分析方法，主张从动态、非均衡的视角来分析企业的长期现象。在考察企业的边界和组织结构时，演化经济学着眼于企业的惯例、知识和能力等方面，而不太关注交易成本。另外，学习和新奇性是演化经济学两个非常重要的概念。通过学习，企业可以缩小或缓解知识障碍的范围

---

① 刘凤义：《论企业理论中关于人的行为分析的三种范式——新制度经济学、演化经济学与马克思主义经济学的比较》，《南京社会科学》2006 年第 9 期。

和严重性，而新奇性则是企业在学习过程中必须面对的客观事实。换言之，"学习"等同于承认企业组织还没有实现最优，而"新奇性"则意味着企业无法在事前实现最优。显然，这一思路是新制度经济学企业理论所不能接受的。①

作为对现代企业理论的重要贡献，现代奥地利学派②重构了企业理论研究的方法论基础，包括个人主义分析、主观主义分析、人类行为分析、市场非均衡分析等。在此基础上，他们拓展了研究视角并导入了一些新的研究元素。

首先，强调对企业的主观分析。现代奥地利学派大都采用主观主义的视角来分析企业的本质。由于每个人在同一时点上有不同的知识存量，他们对同一资源在未来的收益会有不同的评价。所以，具有特殊禀赋的企业家就成为企业理论的关键因素。他们认为，企业的产生源自企业家的想象和远见，企业的利润是执行企业家精神的产物，企业的运行

---

① 周清杰：《演化经济学企业理论的基本逻辑与分析框架》，《外国经济与管理》2006 年第 4 期。

② 一般认为，奥地利学派是由 19 世纪末著名的经济学家卡尔·门格尔所开创，但正如葛劳蕊的最新研究所指出的，对奥地利学派的传统理解忽视了门格尔的独创性贡献。葛劳蕊认为，门格尔经济学研究的主要目的是对复杂经济现象的起源和演化的理解，即对经济制度结构的理解，正如门格尔自己所指出的，理论经济学对最重要问题的解答与理论上对"有机地"创造的社会结构的起源和变化的理解这个问题密切相关。霍奇逊认为，门格尔之所以被看作是经济演化思想的先驱就是因为他强调了社会经济制度的演化性质，经典例子之一是门格尔有关货币从物物交换经济中有机和自发地演化出来的理论。如果按照葛劳蕊的上述理解，庞巴维克和维塞尔虽然自称为门格尔的传人，但实际上他们忽视和背离了门格尔的遗产。只是到了 20 世纪 40 年代，我们才能在米塞斯和哈耶克的著作中看到奥地利学派原创意识的重现，它最终在 70 年代导致了现代奥地利经济学的复兴，产生了柯兹纳和拉什曼等重要代表人物。现代奥地利学派还包括英国的罗斯彼和德国的魏特等著名演化经济学家。奥地利学派一直是新古典理性经济人这个基本假定的批判者，他们认为，没有理由假定所有的个体对同一问题会有同样的感受，尤其是企业家在发现常人不能看到的机会上具有独创性。在一个充满不确定性的世界上，预期和想象力至关重要，该学派突出地强调了主观知识对新奇的重要性。自哈耶克以来，该学派存在着一个相对统一的基础，即市场作为过程的观念，奥地利经济学对演化经济学的贡献也主要集中在市场过程的演化理论方面，这包括奥地利经济学家对市场过程不同层面的解释。参见贾根良《理解演化经济学》，《中国社会科学》2004 年第 2 期。

主要得益于企业家的协调，企业资本结构的重组是企业计划的优化调整，企业的成长是企业家主观计算的结果，而企业的生命周期则代表了企业家对未来预期变化的连续调整。企业家精神以及企业家的管理才能是现代奥地利学派企业理论的核心元素。

其次，强调对企业的动态分析。现代奥地利学派特别强调从真实时间的视角对企业进行动态分析和演化分析。他们认为，时间的不可逆性和主观知识、经验的累积性、连续性相互交织，共同塑造了每个企业独特的生命轨迹。现代奥地利学派重视企业参与者在不同时点上认知结构和认知能力的差异以及它们随着时间的推移而产生的变化。他们既强调由知识分散性产生的不确定性，又关注因为时间而产生的不确定性。在不确定的环境中，面对无法解释的新生事物，企业必须调整资本结构和生产计划。他们还注重行为者利用、改变环境的主动性和创造性，注重企业的协调能力和决策能力的演变以及它们在企业演进中的作用。因此，企业就是要在变化中充分利用分散知识或分布知识，绕过企业组织运行过程中的一切障碍，发现获取利润的机会，避免市场中的错误信息。

最后，强调对企业的非均衡分析。现代奥地利学派认为，企业家的发现要么是将非均衡逐步逼近均衡的动态过程，要么是对原有均衡的破坏。如果没有非均衡，就会背离该学派的市场过程理论；如果没有非均衡，就难以理解该学派所强调的企业家发现营利机会的能力；同样，如果没有非均衡，就无法解释企业在市场环境中的主动性、创造性以及异质性。

因此，现代奥地利学派为我们描述了一种更接近现实的企业理论，对企业"黑箱"内部的运作机制以及它与外部环境的互动关系进行了非常深刻的分析。

现代奥地利学派企业理论在这些维度上的发展，表明现代奥地利学派建立起了一个相对完整的企业理论，并在某种程度上完善了现代企业理论。[①]

---

① 陈新岗、张秀变、邱元东：《现代奥地利学派企业理论的最新进展》，《经济学动态》2011 年第 10 期。

　　演化经济学自诞生之日起就是新古典经济学持久的批评者，在演化经济学家们看来，为解释持久的经济变化过程，生产要素的投入（新古典经济学给定机制下人们通过相互作用所导致的资源配置）只是必要条件，而充分条件则要来自于新古典经济学假定前提的变化，即新偏好的形成、技术和制度的创新以及新资源的创造，换言之，它关键性地取决于"新奇的创生"。① 新奇的创生是永无休止的经济变化的原因，在演化经济学的框架中它被处理为经济系统内生的。因此，如果说新古典经济学是研究存在（being）的经济学，那么，演化经济学就是研究生成（becoming）的经济学，它可以被定义为对经济系统中新奇的创生、传播和由此导致的结构转变进行研究的科学。②

　　正如威特和霍奇逊所指出的，演化经济学的不同传统在其理论体系中都把创新放在核心地位，确实或多或少明确地同意新奇在经济变化中所起的关键作用，这是演化经济学与新古典经济学在研究纲领上的基本区别。新奇在不同学科中具有不同的含义，如在生物学中，新奇涉及群体基因库中的随机突变和选择性复制；而在经济学中，集中在人类行为上，新奇就是新的行动可能性的发现，它是人类创造性的结果。如果新的行动可能性被采纳，那么，这种行动就被称为创新。

　　群体思考（Population Thinking）是演化分析的核心特征，它在进化生物学中首先得到了发展，它与非演化的类型学思考（Typological Thinking）相对立。所谓类型学思考就是把所有的变异都看作是对理想类型的偏离，看作是由于暂时的干涉力量所导致的畸变，因此，为了集中在现象真实的本质上，类型学思考就把基本类型和它们的具体例子之间的差异看作是某种可以忽视的东西。正是这种类型学的推理产生了新古典范式的给定偏好和个体同质性（代表性行为者）的假定，排除了多样性行为的可能，因而无法容纳个体的创造性和新奇行为。相反，在群

---

① U. Witt, "Evolutionary Economics: An Interpretative Survey", in K. Dopfer (ed.), *Evolutionary Economics: Program and Scope*, Dordrecht: Kluwer Academic Publishers, 2001, p. 49.

② 演化经济学"是对现存结构的转变和新奇创生与可能传播的调查"，参见 Nicolai J. Foss, "Realism and Evolutionary Economics", *Journal of Social and Evolutionary Systems*, Vol. 17, Issue 1, December 1994。

体思考中，多样性并不是把基础性的实在隐藏起来的干涉并发症，而是基础性实在本身，它是演化赖以发生的基础。因而，演化经济学把个人选择置于多样化行为的群体中，强调了主观偏好的特异性和行为的异质性对新奇创生和创新过程的重要性。

"历史重要"是演化经济学不同于新古典经济学的另一个重要的分析工具。演化意味着新质要素随时间的流逝而创生，因此，强调历史的重要性，就是突出了时间对社会经济系统最基本的建设性作用。新古典范式的无时间和非历史性是众所周知的，① 路径依赖这个概念通过强调历史重要对其提出了挑战。路径依赖说明了锁定效应和次优行为可以持久存在，如相对无效的"QWERTY"打字机键盘就是众所周知的例子，历史对于解释这种无效率是非常重要的。根据大卫的看法，制度和组织中的路径依赖产生于三种原因。首先，因为制度解决的是合作博弈，不同的预期是可能的，它们都对初始条件或事件敏感。其次，组织内交流的密码在投资上是不可逆的。最后，一种组织想应用和发展的工作和功能是内在相关的，由于新功能是相继增加的，它们就倾向于在选择的路径内得到发展。② 由此可见，这里的"历史"并非简单地指过去对现在和未来的影响，而是突出了经济过程具有路径依赖、不确定性和时间不可逆等重要特征。③

演化经济学通过引入复杂性科学与生物学演化的方法，对主流经济学的一般均衡论提出挑战。在研究范式上，它强调历史性和"变迁过程的无止境性"④。主张用具有历史时间概念的演化模式，替代新古典经济学的均衡模式，用"非最优"理论代替"最优"理论，用"有限理性"

① 它的起源在马歇尔的《经济学原理》中得到了很好的说明，但马歇尔作为新古典经济学的综合者对其提出了严重的警告。参见贾根良《劳动分工、制度变迁与经济发展》，南开大学出版社1999年版，第204—206页。

② L. Magnusson and J. Ottosson（eds.），*Evolutionary Economics and Path Dependence*，Camberley：Edward Elgar Publishing，1997，p. 3.

③ 贾根良：《理解演化经济学》，《中国社会科学》2004年第2期。

④ ［德］乌尔里克·威特：《演化经济学：一个阐释性评述》，载［瑞士］库尔特·多普菲编《演化经济学：纲领与范围》，贾根良等译，高等教育出版社2004年版，第43页。

代替"完全理性",同时将主流经济学所忽略的诸如制度、文化、习惯等因素,纳入经济学的分析,试图为经济学的发展提供另一种框架,以全新的范式诠释一个不同于新古典的经济学世界。演化经济学因更贴近于现实的经济世界,日益受到学界的关注。①

演化经济学企业理论的研究起点是行为主义企业理论。在研究方法上,演化经济学与传统新古典经济学存在明显的区别。传统新古典主义经济学视经济为封闭系统,认为经济变量可以预测;而演化经济学把经济、社会、历史和文化看作是开放的系统。② 同时,演化经济学分析运用种群思想,即把经济系统划分为不同属性的亚系统,如技术、制度和特定的产业等,这与新古典经济学家采取"典型代表一般经济行为主体"的研究方法不同。演化经济学更强调微观(个体或企业)、中观(区域或产业)和宏观(国家)研究层面的互动,在强调国家层面对微观和中观层面的影响同时,主张从微观层面入手研究中观和宏观问题。因此,演化经济学首先需要解决的问题,就是企业观问题,即采取机械主义的企业观,把企业仅仅看作"投入—产出"的机器,还是主张行为主义的企业观。

采取企业行为理论来动态地研究经济发展问题,并聚焦于企业学习过程和适应性行为与经济发展之间的关系,是现代演化经济学的企业观基础,也是现代演化经济学研究的基本起点。③ 采用种群思想的研究方法反映了演化经济学家主张"经济系统是由不同特征或特点的企业组成的,并不存在具有典型意义的行为主体,经济行为主体具有独特性和异质性"的观点。由此可见,演化经济学家放弃了完全理性的"经济人"假设,赞同西蒙的"有限理性行为人"假说;认为不同的行为主体在知识、资源和组织管理能力方面是存在差异的,变化多样的组织惯例就是

---

① 马涛:《西方经济学的范式结构及其演变》,《中国社会科学》2014 年第 10 期。

② Sheila C. Dow, "Prospects for the Progress of Heterodox Economics", *Journal of the History of Economic Thought*, Vol. 22, No. 2, February 2000.

③ J. S. Metcalfe, "Evolutionary Economics and Technology Policy", *Economic Journal*, Vol. 104, No. 425, July 1994.

这种异质性的体现。不同的组织惯例部分来自遗传，而部分又来自变异。①

（三）关于演化经济学企业理论研究范式的基础假设

关于演化经济学企业理论的分析框架中的基本假设，演化经济学认为，经济主体的理性是比有限理性程度更弱的程序理性。在决策之初，行为人并不清楚事件的各种可能结果，未来总有他们现在无法设想的新奇性。演化经济学所认同的理性概念主要是追随西蒙的分析思路，但与新制度经济学所强调的有限理性（即"理性有限却刻意为之"）有所不同。

尽管演化理论同意把利润作为企业追求的目标，却并不认为这一目标等同于利润最大化。因为经济环境是不确定的，企业不可能设计出复杂的规则程序，而只能用相对简单的惯例来指导行为。由于这些惯例是由企业的历史所决定的，不一定能适应现在或将来的情况变化，因此，企业的"习惯性反应"无法保证其决策行为的最优化。正是基于这一点，演化经济学更认可行为主义者的"满意假说"：在不确定的环境中，企业只是在不断的试错过程中搜寻令自己满意方案，而不是最优的方案。②

演化经济学对新古典范式进行了大量的批评，其中之一主要集中于对最优（最大化）假说的批评上，并相应地提供了替代性的满意假说。由于不可能充分地预见到新奇的创生，也不可能预先知晓努力的特定结果，行为者就无法采取最优的行为，更现实的情况应该是试错过程。因此，演化经济学在西蒙"有限理性"假定的基础上，接受了马奇在行为主义企业理论中提出的满意假说。根据这个假说，挫折破坏了经济行为者目前的抱负水平，从而使之产生了对新的、未知的选择进行搜寻的动机。在没有成功迹象的情况下，随着搜寻时间的延长，经济行为者的抱

---

① 刘志高、尹贻梅：《演化经济学的理论知识体系分析》，《外国经济与管理》2007年第6期。

② 周清杰：《演化经济学企业理论的基本逻辑与分析框架》，《外国经济与管理》2006年第4期。

负水平将下降，最终将趋向于目前可行的选择，搜寻的动机消失了。反之，如果搜寻被证明是成功的，抱负水平将提高。[①] 在满意模型中，适应性抱负水平成为人们选择的依据，它考虑到了经济行为者过去的经验，而且，它也意味着经济行为者的选择是不会相同的。因而，这是一个历史模型。[②]

和主流企业理论相比，基于演化论逻辑的企业理论的分析框架和研究范式存在着根本的不同。第一，有限理性和非最优化。演化分析强调，虽然个人的行为是有目的的，但由于人们的有限理性、环境的不确定性以及变异的存在，社会经济的发展不是以目的论的方式展开的过程，演化过程没有必要趋于最优的结果。关于"惯例"的讨论，也为演化理论有关经验性研究提供了指南。第二，时间不可逆。经济社会系统的重要特征是，系统如果发生了变化，即使导致这种系统发生变化的力已经消失，系统也不会完全回到原来的状态。演化理论认为社会演化过程中的事件是准唯一的，过去的时间和未来的时间是不对称的，社会经济系统是一个不可逆的历史演化过程，微小的事件通过正反馈可能导致某种技术的"锁定"。第三，协同演化。生物界普遍存在的现象是"共生演化"，而非传统观念的"生存竞争"。受这种观念的影响，演化经济分析框架强调多样性的特征，重视企业、技术和制度的协同演化过程的研究。[③]

（四）关于演化经济学企业理论研究范式的辅助假设

与主流经济学相比，演化经济学以适应行为（包括惯例和创新行为）代替了理性行为，以有序结构代替了均衡结构，以渐变和突变代替了静态不变，在经济学理论上进行了重大突破。演化经济学体系以"新奇"为研究中心，强调经济的演化过程包含着持续的或周期性出现的新奇和创造性，并由此产生和维持制度、规则、商品和技术的多样性。演

---

① U. Witt, "Evolutionary Economics: An Interpretative Survey", in K. Dopfer (ed.), *Evolutionary Economics: Program and Scope*, Dordrecht: Kluwer Academic Publishers, 2001, p. 52.

② 贾根良：《理解演化经济学》，《中国社会科学》2004 年第 2 期。

③ 聂正安、姜向阳：《演化论逻辑的企业理论述评》，《广东商学院学报》2007 年第 2 期。

化经济学这种新范式在其研究纲领上具有三个基本的特征，即以创新竞争而非价格竞争为核心、以资源创造而非资源配置为核心、以动态能力而非交易成本为核心，其本质都是以"无形"资源为主导的，即以企业内的"人力资本"和"智力资本"为主导的。[1]

刘辉锋认为，演化经济学是与新古典经济学完全不同的一种研究纲领。它可以被定义为对经济系统中新奇的创生、传播和由此所导致的结构转变进行研究的科学。[2] 演化经济学区别于新古典经济学的一个根本性的本体论标准是强调新奇的出现，它的不同分支都将创新置于核心地位，并确实或多或少地都赞同新奇在经济变迁中所发挥的重要作用。[3]演化经济学的主要研究对象是系统的历时转变，它对"社会经济演化的完整分析框架是由三种机制构成的：遗传、变异和选择，但其解释必须考虑人类经济活动的特定方面，它远比生物演化更为复杂"[4]。福斯指出，这三个概念虽然不是讨论经济演化的必要条件，但通过它们可以得出很多有意义的演化解释特征。[5]

第一个特征是遗传。遗传概念在演化解释中的意义在于，制度、习惯、惯例和组织结构等是历史的载体，它们通过模仿进行传递。例如，在演化企业理论中，企业拥有惯例或能力，惯例具有类似基因的功能，它是组织的记忆，执行着传递技能和信息的功能。但是，社会经济系统中的遗传还具有拉马克主义特征，即获得的知识可以通过知识传播的社会机制在代际间实现"遗传"。

---

[1]　徐鸣：《现代企业理论的演变：从生产属性、交易属性到内生成长》，《当代财经》2011 年第 11 期。

[2]　贾根良：《演化经济学——经济学革命的策源地》，山西人民出版社 2004 年版，第 3 页。

[3]　[瑞士] 库尔特·多普菲编：《演化经济学：纲领与范围》，贾根良等译，高等教育出版社 2004 年版，第 44 页。

[4]　贾根良：《演化经济学——经济学革命的策源地》，山西人民出版社 2004 年版，第 6 页。

[5]　Nicolai J. Foss, "Evolutionary Economics and the Theory of the Firm: Assessments and Proposal for Research", in J. Reijnders (ed.), *Economics and Evolution*, Cheltenham: Edward Elgar Publishing, 1997.

第二个特征是变异。变异直接关系到新奇创生机制，它是产生多样性的直接来源，这就从根本上否定了新古典理论对经济主体所做的同一性假定。经济主体都拥有一套由决策规则构成的内在结构，不同主体的决策规则是不同的，这些决策规则也很少是最优的，并会随时发生变化。

第三个特征是选择。选择是基于某种标准对一个群体内变异的多样性结果进行筛选，选择的结果主要表现为生存率的差异。产业内部的选择机制主要表现为企业的不同成长率。自增强机制对选择过程的影响很大，变异产生的新奇事物可以通过开放系统的涨落被放大，进而发展为系统的"主导设计"，最终扩散到整个系统。选择是一个持续的动态过程，不会产生新古典的均衡状态，因为任何一个微小的因素都可以中断通向均衡的路径。

演化范式中的企业理论研究主要是从企业内部的知识生产、传播和利用以及个体与组织的学习过程入手，来解释契约理论无法处理的企业异质性、持续竞争优势和多样化等问题。从演化经济学中的企业理论发展过程来看，主要存在两个层面的企业研究，一个是系统发生的企业研究，另一个是个体发生的企业研究。前者在本质上是一种群体思想，主要是从企业群体或产业层面上分析企业行为，其中没有代表性企业，只有不同企业的分布。最典型的代表就是纳尔逊和温特所做的工作。纳尔逊指出："……企业在我们的模型中与在新古典模型中的处理在很多方面是相似的。我们的兴趣在于产业或整体经济层面上所定义的变量发生了什么。"[①] 因此，系统发生观点中的企业拥有个性特征，它们是带着不同决策规则出现的，而新古典理论中的企业只具有最大化决策规则，两者有着根本的差别。在演化经济学企业理论发展的中后期，研究重点逐渐转向了对个体发生的研究，通过更多地关注单个企业成长的演化过程，来理解企业间重要差异产生的原因。这一层面的研究主要采用了两种方法，一种是组织学习方法，另一种是能力方法。组织学习以过程导

---

① ［瑞士］库尔特·多普菲编：《演化经济学：纲领与范围》，贾根良等译，高等教育出版社2004年版，第301页。

向研究为主，借鉴了组织行为学的很多研究成果，集中关注个体学习的合作以及组织的知识如何从这些学习过程的交互作用中产生。能力方法则更为关注学习过程的结果，主要从知识的意会性、社会性、路径依赖性和互补性特征入手，来解释企业的异质性，并在战略管理领域中广泛应用于理解企业竞争优势的产生和维持问题。

总之，在演化经济学的企业理论中，企业是一个知识的储存库，通过应用解决问题的技巧和行为规则，知识得以产生、复制和增长。知识具有社会性、意会性和路径依赖性，它使得一个企业从根本上区别于其他企业。当企业的知识存量具有较高的效率时，就可以在产品市场上产生租金，进而创造竞争优势。[①]

根据上述不同表述，演化经济学企业理论的研究范式体系中，核心观念是"经济主体是具有比有限理性程度更弱的程序理性的制度文化人"，其特征表现为具有"在决策之初行为人并不清楚事件的各种可能结果，未来总有他们现在无法设想的新奇性"，方法论包括动态非均衡分析等，基础假设是"满意假说"，辅助性假设是"企业的惯例、知识和能力具有个性化""历史重要""群体思考""创新竞争""资源创造""动态能力"，最后企业总是处于"学习"之中而不断追求"新奇性"，从而根本无法达到均衡状态。

（五）演化逻辑的企业理论面临的挑战

演化经济学企业理论研究范式存在的问题也是明显的，众多学者都指出了。

现代演化经济学已呈现出"百花齐放、百家争鸣"的多元化格局。与一个世纪以前演化经济学创始时的情景相比，经济演化思想的再度流行不仅使老制度主义和奥地利经济学这些既有的传统重获生机，而且也产生了许多新的研究传统；更为重要的是，经济演化范式不仅已渗透到并在经济学各个领域和管理学中得到了重大的扩展，而且已在经济学中成为跨学科和交叉学科最重要的论说领域。但是，与新古典经济学相比，演化经济学的发展仍是很不成熟的，这主要表现在以下三个方面：

---

① 刘辉锋：《演化经济学中的企业理论述评》，《国外社会科学》2005 年第 5 期。

以新奇为核心的研究纲领和哲学基础并未得到更深入的探讨；各种研究传统不仅缺乏更完善和统一程度更高的研究框架，而且还存在着较大的冲突；它还没有形成与新古典经济学相抗衡的系统的微观和宏观理论体系。这些问题的解决已成为演化经济学的前沿，它对于演化经济学将来能否成为经济学的主流起着决定性的作用。①

演化经济学在强调方法论的整体主义的过程中，又走向了另一个极端，只强调了制度环境对个人行为的影响，而对个人与制度之间的辩证关系却说不清楚。他们认为强调企业非正规契约的性质有助于解释企业成长过程，事实上，他们的观点更多的是与企业管理而不是企业的经济性质理论相联系。因为，他们的"制度人"的行为假设把个人追求经济利益这一现实的行为动机抹杀掉了。这就使他们的企业理论在强调非正规契约的重要性的同时，也把新制度经济学关于企业性质、内部结构等合理解释抛弃了。②

第一，演化逻辑的企业理论在自身基本理论的逻辑性和完整性方面还有所欠缺。虽然制度经济学派自凡勃伦开始就注重演化经济学的研究。③诺斯等的新制度经济学研究又冠以计量经济史学，强调历史时间的重要性，但迄今为止演化经济学的理论框架还没有建立起来，凡勃伦心中的关于演化经济学的"渐次展开的生命工程"也没有研究出来。④

第二，作为一门新兴学科，演化逻辑的企业理论目前仍处于发展初期，尚未形成成熟的概念体系和理论框架。

第三，在演化经济分析方法的诸多文献中，有关经济演化的微观基础的认识尚未达成完全一致，纳尔逊和温特提出的"惯例"和"自然选择"假设还存在不少争议。演化经济学使用大量的生物隐喻来分析人

---

① 贾根良：《理解演化经济学》，《中国社会科学》2004 年第 2 期。

② 刘凤义：《论企业理论中关于人的行为分析的三种范式——新制度经济学、演化经济学与马克思主义经济学的比较》，《南京社会科学》2006 年第 9 期。

③ G. M, "Hodgson. On the Evolution of Thorstein Veblen's Evolutionary Economics", *Cambridge Journal of Economics*, Vol. 22, No. 4, July 1998.

④ Malcolm Rutherford, "Veblen's Evolutionary Programme: a Promise Unfulfilled", *Cambridge Journal of Economics*, Vol. 22, No. 4, July 1998.

类活动，虽然这些生物学隐喻要比新古典经济学的力学术语和隐喻生动、贴切得多，但是人类社会远比生物界复杂。因此在运用有关生物学理论解释经济现象时，漏洞是比较明显的。纳尔逊认为，一是在理解经济变迁和技术变迁时我们很难找到和生物基因机制相对应的经济机制。生物总是朝着有利于其生存方向演变，也就是有其目的性，但是在企业中，虽然经理人的决策有其目的性，但职工的创新却往往是无目的的。二是来自制度方面的挑战。生物演化一般有一个相对隔离的环境，而演化经济学在研究创新时，不能忽略制度对技术变迁和创新的影响。

第四，如何对演化逻辑的企业理论内部各个流派进行整合，以及如何处理其与主流企业理论之间的关系仍是难题。演化逻辑的企业理论包含资源基础论、动态能力论和企业家理论等分支，虽然它们同属于演化经济学的范式，但这些理论分支各有自己的逻辑和分析目标，研究重点各不相同，同时各自有自身的缺陷，因此我们有必要厘清各理论分支的脉络，加强基本概念和分析方法、分析工具的统一性，将演化逻辑的企业理论内部各个流派进行有机整合。另外，要处理好与主流企业理论之间的关系，特别是与契约理论的关系。主流经济学和演化论逻辑的经济学从不同的基本假设出发，运用不同的基本概念对企业的性质、目标和演进作出了不同的解释。基本假设和基本概念上的差异实质上反映了主流经济学和演化经济学在本体论、认识论和方法论上的差异，或者说是两种经济学范式的差异。这两种企业理论是以各自的概念和方法对企业行为的不同侧面作出解释，二者都存在疏漏之处。主流经济学的企业理论忽视了专用性投资形成的企业特质性及其变化在市场中表现出来的战略性特征，而演化论逻辑的企业理论则疏漏了对企业特质性能力形成的激励结构的分析。从企业成员结构看，主流经济学把企业家（或公司制中的高层经理）置于企业各种合约关系的中心，强调企业家根据他的"权威"和自身利益对信息以各种方式进行处理，而演化经济学的企业理论则把企业家（或高层管理）置于各种战略关系的中心，强调企业家创新能力（或高层经理的企业家能力）是企业中基本的战略性要素，是企业特质性的重要方面。因此，这两种企业理论具有互补性。以企业家或企业特质性作桥梁，把这两种企业理论混合成一个系统，就可以对企业行为进行全面分析，得出一个完整的企业"画面"。

我们相信，同其他理论学科一样，经过不断的发展和改进，演化逻辑的企业理论定能展现其独有风采，在不久的将来真正成为主流企业理论的重要组成部分。①

综上所述，我们可以看到，经济学中企业理论的发展，经历了一个新范式不断代替旧范式的演化过程：从对企业"有形"资源——物质资本等"硬实力"的重视，发展到对企业"无形"资源——人力资本、智力资本等"软实力"的重视；从关注企业的生产属性，进而关注企业的交易属性，发展到关注企业的内生成长属性。人们不断对传统经济学和企业理论进行反思，而把"有形"资源和"无形"资源相结合的分析是企业理论的发展大趋势。正如黄凯南和黄少安所指出的，"企业的存在、边界和内部组织结构受到交易成本和知识积累的共同作用，企业的认知过程和契约建构共处于一个广义的企业学习周期中，前者属于搜寻新知识阶段，后者属于有效利用现有知识阶段，企业研究的逻辑起点应该是基于实现企业家的判断力（创新），随着共同知识的积累，知识从默会变为编码后，企业便进入了契约设计阶段"②。这是对现代企业的本质作出的精致的解读。③

第三节　公司治理制度生成与变迁的制度观点

一　公司治理制度价值的基点

（一）股东价值中心主义

1. 人的行为特征假设的拓展与公司治理的生成

新制度经济学的企业理论除了研究企业的起源、本质和边界外，还

---

① 聂正安、姜向阳：《演化论逻辑的企业理论述评》，《广东商学院学报》2007 年第 2 期。

② 黄凯南、黄少安：《企业的性质：契约理论和演化理论的比较和融合》，《求索》2008 年第 4 期。

③ 徐鸣：《现代企业理论的演变：从生产属性、交易属性到内生成长》，《当代财经》2011 年第 11 期。

关注企业组织内部的产权结构、剩余权配置、机会主义及激励制度等公司治理问题。

　　新制度经济学的企业理论是建立在个人价值中心主义基础上的，这一价值的突出特征就是对人的行为特征的分析是建立在"经济人"假设基础上的。当然，以科斯为代表的新制度主义者并不满足主流经济学对"经济人"假设的具体规定，他们认为这种规定过于抽象。在科斯看来，"把人的经济行为描述为理性的最大化者的标准经济学是'不必要的和误导的，即使应用于市场交易的情况也是如此'"①。基于此，新制度主义者对"经济人"假设做了三方面拓展，可以把这种拓展后的"经济人"称为"新经济人"。这种拓展构成了新制度经济学企业理论的价值基础。

　　第一，在人的行为偏好上，将"追求物质利益最大化"修正为"追求效用最大化"。这一修正体现了新制度经济学企业理论与新古典理论的细微差别。新古典主义者把企业看作生产函数，企业的目标是被人格化为"利润最大化"；而新制度经济学是从个人交易行为的角度理解企业，将企业看作个人之间产权交易的一组契约集合，企业行为是所有企业成员博弈的结果。这样，新制度经济学对企业的分析单位是从"个人"经济行为入手来研究人与人之间的关系，所以他们可以把个人行为归结为"效用最大化"而不是"利润最大化"。新制度经济学这一转变有双重意义：一方面，他们强化了个人主义价值在制度分析中的意义；另一方面，他们恢复了被新古典经济学假设—演绎模式所湮没了的对人以及人与人之间关系的研究，尽管他们研究的不是生产关系，但毕竟不再将个人看成为彼此孤立的个体。

　　第二，在人的行为能力方面，把"完全理性"现实化为"有限理性"。新制度经济学的"有限理性"概念与市场信息不完全和不确定性是紧密相连的，这与新古典主义者认为市场竞争能够提供充分信息的假设相比，的确更接近现实。新制度经济学重要代表人物威廉姆森坚信这

---

① ［美］理查德·帕森纳：《罗纳德·科斯和方法论》，胡侃译，《经济译文》1994 年第 4 期。

一点，在他的企业理论中，有限理性使契约不完备，进而会增加交易费用，因此设计良好的企业治理结构非常重要；同时它也成为对认知能力要求不高的等级组织形式替代市场交易的原因。显然，"有限理性"概念在新制度主义者看来是重要的，它表明在人的认知能力有限、信息复杂和充满不确定性的条件下决策，会增加交易费用，因此，契约安排和制度设计在节约交易费用上就有了重要意义。这样，他们很自然地在逻辑上把"制度"作为内生变量，把交易费用作为分析工具，引入了新古典经济学的分析框架中来研究企业问题。

第三，提出了"机会主义行为倾向"和"逃避责任"假说。在新制度主义者那里，他们继承了新古典经济学对人的利己行为的看法，所不同的是，他们对人的利己性作了更进一步的规定，尤其是对企业内部关系的分析上，有了更为具体的规定。"机会主义倾向"成为以威廉姆森为代表的交易成本经济学对人的行为假设的具体规定。所谓的机会主义就是"人们在任何情况下都有利用所有可能的手段以获取他自己的特殊利益的倾向"[①]。他们认为人的经济行为总带有一种"机会主义"倾向，也就是说，行为者在追求自利的过程中，会随机应变地采取各种手段做出投机取巧、欺诈等"败德行为"。而"逃避责任"则成为阿尔钦和德姆塞茨产权理论中关于人的行为假设的具体规定。"逃避责任"与"机会主义"这两种行为倾向究竟有何本质区别，他们并没有明确区分，但从分析的方法上来看，似乎他们把"机会主义行为"只视为"逃避责任"中的一种。当然，最主要的区别不在于这两个概念上，而在于他们对企业存在及企业内部关系分析方法上的差别。德姆塞茨等人用"逃避责任"概念旨在强调企业的功能是防范"偷懒"，而不是交易费用学派所认为的降低交易费用。

由此可见，如果没有对人的行为抽象度的降低，就不会有对企业契约的"不完备性"的认识；而没有对企业契约特征的这一认识，就不会有"交易费用"概念；进而就不会把"制度"作为内生经济变量进行

---

① ［美］奥利弗·E. 威廉姆森：《治理机制》，王健等译，中国社会科学出版社 2001 年版，第 275 页。

分析，也就不会有相应的产权理论、治理结构理论、委托代理论、剩余索取权和剩余控制权理论，等等。"交易费用"概念是新制度主义者对人的行为分析回归现实的一个产物，它既可以看作是新制度经济学企业理论的核心范畴，也可以看作一种分析工具和方法，它的运用一定程度上揭示了企业在市场中运行层面的一些规律，为企业理论的研究提供了新思路。①

2. 企业的产权结构与企业治理的主体问题

新制度经济学关于企业产权结构的研究，主要集中于谁是企业治理的主体问题即应当将剩余索取权配置给谁的问题。为解决此问题，新制度经济学家提出了以下两种理论观点。

第一种是以阿尔钦（Armen Alchian）和德姆塞茨（Harold Demsetz）为代表的产权理论主要提出了团队生产理论，重点分析企业内部的激励结构问题。② 它是科斯在产权、交易费用和外部性等方面研究成果的发展。③

该理论认为，企业的实质是一种团队生产方式，在团队生产中，一个人工作的努力程度会影响他人的效率，因而一个监管生产的人成为必要。④ 它以把企业看作一种团队生产方式为前提，企业具有团队生产的特征使研究企业产权结构问题成为必要。因为团队生产一方面能提高生产效率，但另一方面又会增加监督成本，要减少监督成本，就必须解决好企业内部的产权结构问题。这就把减少监督成本与企业产权结构直接联系起来。

在团队生产方式背景下，该理论提出了具有重要理论和实践意义的"剩余索取权"的概念。⑤ 并认为解决企业产权结构的核心问题是要处

① 刘凤义：《论企业理论中关于人的行为分析的三种范式——新制度经济学、演化经济学与马克思主义经济学的比较》，《南京社会科学》2006 年第 9 期。

② A. A. Alchian and H. Demsetz, "Production, Information Costs, and Economic Organization", *The American Economic Review*, Vol. 62, No. 5, December 1972.

③ 简兆权、刘益：《企业理论的演进与最新前沿》，《西安交通大学学报》（社会科学版）2000 年第 1 期。

④ 同上。

⑤ 同上。

理好剩余控制权和剩余索取权的关系。在业主制企业中,企业主拥有全部产权,剩余控制权和剩余索取权统一于企业所有者身上。在合伙制企业的产权结构中,剩余控制权和剩余索取权是由企业的多个所有者共同享有的,这会在很大程度上影响剩余控制权和剩余索取权的匹配问题。在股份制企业的产权结构中,由于职业经理的出现,剩余控制权和剩余索取权出现分离。

由于监督者与所有者的利益不完全一致,要保证监督者能尽力行使其监督职能,就要以合约的方式来规定他们的权利和责任,这种权利和责任具体体现在剩余控制权和剩余索取权的结合上,不仅要使所有者具有剩余索取权,而且也要给予具有实际监督权的经理层一定的剩余索取权。企业生产效率与产权结构之间的这一关系链,要求人们高度重视和研究企业产权结构问题。①

第二种是以格罗斯曼(Grossman)、哈特(Hart)和莫尔(Moore)等为代表的产权理论主要提出了不完全契约理论(Grossman-Hart-Moore模型,以下简称 GHM 模型),重点分析企业剩余权利应当配置给谁的问题。

所谓合约的不完全性是指合约不可能做到完备的程度。现实经济中充满了不确定性。人们不可能预测到所有未来将要发生的事情,并在合约中对交易各方在各种可能情况下的责权利作出明确界定,而且这样做的交易费用将相当高。他们认为当由于明晰所有的特殊权利的成本过高而使合约不能完备时,所有权就将具有重要意义。

GHM 模型先是区分了特定权利和剩余权利(剩余索取权和剩余控制权),特定权利就是指在合约中被明确规定的权利,而没有被明确规定的权利就是剩余权利。不完全和约理论的主要观点是:认为企业与市场的区别不是由剩余收入索取权的分布决定的,而是由剩余控制权的分布决定的。市场意味着剩余控制权在交易双方是对称分布的,而企业意味着剩余控制权的非对称分布。他们认为当两个经济行为主体进入一种

---

① 顾钰民:《马克思经济学与西方新制度经济学的企业理论比较》,《经济纵横》2009 年第 6 期。

交易关系，财产被用来创造收入，而要在合约中列出所有关于财产的特殊权利费用极高时，最合适的做法就是一方将另一方兼并，即一方把另一方的剩余权利都购买过去。但是"剩余权利对购买方来说是一种收益，对另一方却是一种损失，这就不可避免地造成激励机制的扭曲。因此，一种有效率的剩余权利的配置必须是购买者激励上所获得的收益能够充分弥补售出者激励上的损失"[①]。投资行为最重要的一方应当取得剩余权利的所有权。与此同时，哈特等人还认为在合约不完全的情况下，物质资本所有权是权利的基础，对物质资产所有权的拥有将导致对人力资本所有者的控制，这实际上是一种资本强权观和资本至上观的表现。此外，哈特还将剩余控制权等同于企业的所有权，"拥有剩余控制权实际已被作为所有权的定义"。

由于不完全契约的存在，所有权就不能以传统产权理论那样以资产这一通常的术语来界定。因为在契约中，可预见、可实施的权利对资源配置并不重要，关键的应是那些契约中未提及的资产用法的控制权力，即剩余控制权（residual rights of control）。因此，对一项资产的所有者而言，关键的是对该资产剩余权力的拥有。据此，哈特他们将所有权定义为拥有剩余控制权或事后的控制决策权。在哈特他们看来，当契约不完全时，将剩余控制权配置给投资决策相对重要的一方是有效率的。

格罗斯曼、哈特和莫尔等进一步指出，剩余控制权直接来源于对物质资产的所有权。因而，剩余控制权天然地归非人力资本所有。在合同不完全的环境中，物质资本所有权是权力的基础，而且对物质资产所有权的拥有将导致对人力资本所有者的控制，因此企业也就是由它所拥有或控制的非人力资本所规定。

非人力资本所有者即股东，拥有公司的剩余控制权或者所有权，因而，也就掌握了公司治理的主控权，股东既是公司治理的主体，也是公司治理的受益者。

3. 企业的科层治理结构与企业的边界

契约经济学的代表人物威廉姆森利用资产专用性和一体化等理论分

---

①　杨瑞龙、聂辉华：《不完全契约理论：一个综述》，《经济研究》2006 年第 2 期。

析了企业的科层治理结构，并从激励强度、管理控制、契约法等维度进一步考察企业的边界。在假定产出水平不变的前提下，威廉姆森建立了一个模型，来分析交易费用（用资产专用性表示）和生产成本对企业边界的决定，其中用 H（k）代表内部组织的科层管理成本，M（k）代表相应的市场治理成本，k 是资产专用性指数。由于假设市场能够提供高能激励，当资产专用性很低时，市场能够更有效地减少科层管理成本，从而 H（0）>M（0），令△G=H（k）－M（k），以反映市场和企业两种治理机制的治理成本差别。再考虑生产成本，令△C 为企业自己生产所需产品的生产成本和从市场购买同样产品生产成本的差额，而且是 k 的减函数。由于存在规模经济和范围经济，显然△C>0。威廉姆森认为，最优的治理结构应能够实现交易费用和生产成本之和的最小化，因此△G+△C=0 应该成为企业和市场边界的临界点。通过上述分析，威廉姆森解释了企业的边界取决于企业治理结构的收益和成本的权衡。威廉姆森进一步将企业抽象为一种治理机制，这种机制注重企业交易费用的节约功能，他用资产专用性来解释企业为了降低交易成本而实行纵向一体化的原因在于防范企业被"套牢"（hold-up）的风险。[①]

4. 企业的代理问题与公司治理的市场结构拓展

企业作为最优的契约安排。以霍尔和希契以及伯利和米恩斯的经验研究为先导，引致了 20 世纪 60 年代两种非正统传统方法的出现：经理主义和行为主义。这两种传统分别推翻了利润最大化假设中的利润和最大化内容。他们是用交易替换决策单位作为基本分析工具的重要的"并换观点"的先驱。就是从这一观点出发，在 20 世纪 70 年代出现了委托—代理模型，完成了从经理主义到委托—代理模型的发展，并指导许多主流经济学家寻找新的方法以替换新古典的企业"黑箱"观点。

企业的代理理论包括代理成本和委托—代理理论。

关于代理成本，詹森和麦克林认为，"代理成本"是企业所有权结

---

①　［德］埃瑞克·G.菲吕博顿、鲁道夫·瑞切特：《新制度经济学》，孙经纬译，上海财经大学出版社 2002 年版，第 84—87 页；王立宏：《演化经济理论与契约理论对企业边界的分析》，《黑龙江社会科学》2008 年第 3 期。

构的决定因素。① 当企业的价值小于企业被企业的全部所有者控制时的价值时，这两者之间的差额即被称为"代理成本"。比较正式地，詹森和麦克林将"代理成本"定义为设计、监督和约束利益冲突的代理人与委托人之间的一组契约所必须付出的成本。②

委托—代理理论（Theory of Principal-agent）是关于一个有效的风险分担和有效的激励之间的两难选择问题。当委托人（Principal）和代理人（Agent）之间存在信息不对称时，有效的风险分担和有效的激励就不可能两全其美，因为事主（委托人）知道的具体情况比经纪人（代理人）少，他就搞不清某种不良后果到底是不可避免的风险引起或因经纪人偷懒造成。③ 随着信息经济学的快速发展，委托—代理理论得到发展，它主要包括四个方面：经济报酬的构成、经理市场的竞争、产品市场的竞争和资本市场的竞争。

尽管如此，西方企业委托—代理理论还存在如下不足：（1）西方企业代理理论完全被置于契约关系的分析之中，在解决"代理问题"时，总是局限于当事人之间的利益分配，以"剩余索取权"作为重要的代理机制。（2）代理理论认为通过"剩余索取权"和"控制权"就可以形成一个最佳结合点，就可以解决"代理问题"。虽然当事人之间的权力安排很重要，但并不是通过利益的某种分配就能解决一切问题。④

但也有人认为，这种代理人理论（委托—代理理论）很难令人满意，一方面这种理论都是局部均衡或决策模型，不是全部市场均衡模型；另一方面这种理论只能称为合约理论，而不是企业理论。因为它适用于一般的市场合约，而没有企业所独有的特点。⑤

---

① 唐志强、周秀兰：《一个企业理论的研究综述——从亚当·斯密到新古典经济学》，《北方经贸》2013 年第 3 期。

② 陈永伟：《詹森及其代理成本理论》，《管理学家》第 12 月号。

③ 杨小凯：《企业理论的新发展》，《经济研究》1994 年第 7 期。

④ 唐志强、周秀兰：《一个企业理论的研究综述——从亚当·斯密到新兴古典经济学》，《北方经贸》2013 年第 3 期。

⑤ 杨小凯：《企业理论的新发展》，《经济研究》1994 年第 7 期。

5. 作为主流经济学公司治理理论基石的股东价值论

公司治理的支配逻辑是股东价值理论。在理论上，伯利与米恩斯对委托人和代理人之间的利益背离分析为股东价值论提供了基石；在实践中，股东、机构投资者、投资银行以及被股票期权收买的管理层都不遗余力地追求股东价值最大化，推崇股东价值最大化已成为主流。

但是，无论是股东价值理论还是看似与之相对的利益相关者理论，本质上都只关注剩余如何分配，却排除了对创新所需的公司治理性质的真正理解，也就是剩余创造。按照股东价值理论，股东是剩余风险的承担者，享有唯一的剩余索取权，股东利益优先自然是公司治理第一原则。但是，按照创新型企业论，当股东价值论成为企业的支配原则时，创新所需要的三个条件却无法保障。[①]

股东价值论的基础是私有产权至上论。但是，私有产权至上是否真的就是保障企业发展乃至经济发展的秘诀却仍是值得商榷的。

（二）企业家能动中心主义

企业的企业家理论（Entrepreneurial Theory of the Firm）始于美国经济学家奈特。奈特主要根据利润不确定性和企业家精神对企业的存在作讨论，说明企业的性质是非单一性的。[②]

对企业家所充当的角色的认识，不少经济学家展开了探讨，并提出了各自的看法。萨伊遵循亚当·斯密的劳动力、资本和自然资源的生产三要素分类，但他强调劳动力是生产过程中的关键投入，侧重于对劳动力的进一步研究；1921 年，美国经济学家奈特出版了其博士论文《风险、不确定性和利润》，在该书中，企业家被赋予了不确定性决策者角色；熊彼特强调企业家的革命性质，他认为企业家本质上是一种功能，即创新的功能；奥地利学派的科兹纳在 1973 年赋予了企业家的"中间商"角色；利本斯坦在 1968 年的《企业家精神和发展》一文中认为，

[①] 杨虎涛、魏栋：《公司治理与企业发展：创新型企业理论的创新》，《学习与实践》2014 年第 5 期。

[②] 参见朱安远、朱婧姝《享年次高的诺贝尔奖得主——新制度经济学大师罗纳德·科斯》，《中国市场》2014 年第 34 期。

企业家的职责在于克服组织中的低效率，企业家就是避免别人或他们所属的组织易于出现的低效率、从而取得成功的人；美国经济学家卡森于1982 年出版了《企业家：一个经济理论》，引入了"企业家判断"概念，企业家被定义为专门就稀缺性资源做出判断性决策的人。①

1. 企业家理论

一直以来，主流经济学理论对于企业家职能及其与企业之间的关系并不感兴趣。传统奥地利经济学虽然关注经济中的企业家要素，但几乎不关心企业的作用。虽然企业家这一概念曾先后在维塞尔、熊彼特和米塞斯的理论中出现过，而且早期的熊彼特还提出了一种较完整的企业家理论，但他们都没有把它与企业组织联系起来。柯兹纳指出，企业家活动的协调不但要通过市场，而且在很多情况下要以一种极为重要的方式组织一个企业。既然企业明显与市场不同，那么描述企业家的作用而不包括它与企业的关系就是不完整的。因此，威特把这称为奥地利经济学中"迷失的一章"。

新奥地利学派的经济学家和企业理论研究者都试图在现代企业理论中纳入企业家要素，约安尼德斯、索特、托尼·于、威特、福斯等人在这方面做了很多探索性的工作。他们从传统的奥地利经济学思想出发，重新评价了企业家在企业理论中的地位。

企业家理论的基本思想可被概括如下。企业的创建首先需要有一些关于如何从事商业活动的想法或想象力（imagination），这些想法依赖于企业家的直觉和意会性知识，它们在本质上具有主观性，无法在市场中衡量和交易。因此，要由企业家本人把想象力逐渐发展为较复杂的商业观念（business conception）。商业观念本身并不构成详细的规划和战略，它们本质上是一些解释结构（framework），只能赋予决策者一个一般的方向和联想基础。企业家的冒险就是为了联合其他人实现一个人无法完成的商业观念。所以，企业家要运用其认知领导地位（leadership）传递那些主观性的商业观念，最终使得企业的员工在各自的专业化领域中与

---

① 唐志强、周秀兰：《一个企业理论的研究综述——从亚当·斯密到新兴古典经济学》，《北方经贸》2013 年第 3 期。

企业家的商业观念保持协调一致。

　　威特曾经指出，理解企业家想象力和商业观念的关键是要回答两个问题：企业家想象力的实现条件和企业成员接受商业观念的条件。为此，需要重新构建企业家的认知行为基础。认知结构（frame）决定着人们如何感知和解释信息。认知结构的出现和历时变化的方式受到人们与社会环境交流过程的影响，社会环境赋予人们意会性知识、社会共同的解释模式和社会行为模式。企业组织就是一个交互作用的制度环境，个人可以在各自的职位上塑造交流过程，对集体结果施加影响。虽然许多人都可以发展出技术和商业活动的想法，但只有一小部分可以转化为商业上的冒险。

　　通过一个竞争性筛选过程，一部分人鼓动其他人接受他们的商业观念，另一部分人则受到鼓动，跟随前一部分人。前一种人就是企业中的企业家，后一种人则是企业中的员工。由于频繁的交流可以引致社会共同的解释模式、意会性知识和行为模式，所以企业家的成功来自于他对企业中交流过程的塑造，特别是企业内部的非正式交流。

　　此外，企业家具有的认知领导地位，使他有能力让企业成员接受（至少是暂时地）一个共同的商业观念。运用领导能力的难易程度取决于商业观念的性质和吸引力，它可以通过影响员工的物质条件让员工感到满意，愿意接受企业家的商业观念，进而巩固企业家的领导地位，并实现企业决策的内在一致和协调。[①]

　　由此可见，在奥地利学派的企业家理论中，企业家处于企业的核心地位，具有绝对的权威，是企业权力的中心。在这些经济学家看来，企业家对企业的作用只是正面的，并不会涉及企业家会滥用权力的假设和由此产生的公司治理问题。当然也不会去讨论对企业家的监督以及对其权力的制衡机制设计。对这种企业由企业家与员工两部分构成的观点，"企业是属于谁的？"这类问题似乎并不重要，因此，有关公司治理中的一些核心问题自然也就没有必要去关心和讨论了。

　　2. 知识企业理论

　　与新制度学派契约经济学不同，演化经济学强调知识、学习与新奇

---

　　①　刘辉锋：《演化经济学中的企业理论述评》，《国外社会科学》2005 年第 5 期。

的创生；契约经济学则强调交易成本的最小化，虽然交易成本最小化所需要的知识和技能只有在事后才知道。演化经济学注意技术变化因素，重视长期的战略问题；而契约经济学则主要关注团队生产和资产专用性，而不考虑知识形式的技术及技术变迁，并把技术等同于单一的人工制品，威廉姆森的人力资产专用性概念就是如此。契约经济学存在着一个基本假定：技术与投入产出的关系是给定的，这个过程是先于经济活动组织而存在的。因此，在给定技术条件下，如何以一种交易成本最小化对既定投入进行组合是契约经济学的核心问题。而技术创新、市场开发、企业内和企业间的学习、决策的方式等内容则被忽视。在演化经济学看来，协调问题至关重要，交易成本最小化的观点过于简单，契约经济学的特定激励和产权集合是企业的一个方面，企业也是一种等级和培育信息流动的组织及结构。企业的这些特征可能具有选择性含义，并非所有的组织特征都有利于企业的长期发展，一个企业可能具有较低的交易成本优势，但在学习方面的能力可能较差。契约经济学所用到的概念，如复杂性、不确定性、非对称性信息、机会主义、不完全契约等含义只有在变化的经济现实背景下才有意义，但是并非所有的各种变化都与组织有关。一个重要的区别就是变化本身以及变化的结构是否被预见到了，被预见到了的变化与被预见到的结果将不会影响组织及其结构。因为没有交易成本的发生，双方的信息都是对称的，也就不存在不确定性及机会主义行为和契约的不完全性等。而契约经济学对变化的原因和变化的方向则没有进行解释。①

新制度经济学企业理论主要从利益冲突角度来理解企业内部的协调和结构。认为由于当事人之间目标函数有差异，在信息不完全、不对称的背景下，为防止偷懒、怠工等机会主义行为发生，企业内部必须有一整套的协调机制。协调机制的核心问题就是将企业的剩余索取权、控制权等在当事人之间合理配置，配置过程通过一系列的谈判、再谈判实现，由此形成企业的组织结构和权利结构。当事人的权利主要由其谈判

———————————

① 王立宏：《演化经济理论与契约理论对企业边界的分析》，《黑龙江社会科学》2008 年第 3 期。

能力决定。

与新制度经济学企业理论不同的解释是，基于知识的企业理论主要是从知识角度来理解这一问题的。他们认为企业内部的协调更为本质的原因在于，由于当事人的知识具有分散性、默示性、专业性等特点，如不通过协调以实现知识的一体化，企业的生产就难以顺利进行，企业的效率就无法保证。

要实现知识的一体化，企业内部权利的配置必须遵循企业的内部决策权与企业的知识产权相匹配的原则，具体说就是基于隐含的和复杂的知识所进行的决策应分散化，而需要统计知识的决策应集中化。总之，企业要能够做到在最恰当的时间传递最恰当的知识给最恰当的人，使他们能作出最恰当的决策。①

二　公司治理制度设计构建的方法论

当前主流的公司治理理论研究主要是以新古典经济学和新制度经济学为基础，而新古典经济学和新制度经济学都认为企业是同质的，仅重视企业的交易功能，忽视了企业最重要的生产功能，因此，没有办法完全解释企业存在的基础原因。

演化经济学能力理论认为企业行为是异质性的，不同的要素构成会形成企业不同的能力，不同的企业存在的基础也不相同，更贴近现实地解释了企业存在的原因、企业竞争多样性和差异性问题。演化经济学的视野下，企业作为经济活动的一种组织方式，其核心竞争优势和企业运营行为的多样性使企业是异质的。突破新古典经济学"厂商理论"和新制度经济学契约理论，在异质的前提下研究企业存在的基础，进而研究公司治理问题，并寻求解决的方法和手段是演化经济学研究公司治理问题的主要思路。

（一）企业的同质性假设

1. 新古典经济学的企业同质性假设

新古典经济学的核心是价格理论，强调"看不见的手"是协调经济

---

① 王仕军：《企业理论的新发展：基于知识的企业理论》，《湖北经济学院学报》2006 年第 4 期。

活动的基础。为了论证价格机制在协调经济活动和配置资源中的基础作用和有效性，新古典经济学在完全竞争模型中，提出了完全竞争、充分信息、市场出清等一系列严格的假设，把企业抽象为行为同质的、以追求利润最大化为目标的专业化生产者。① 过度的抽象使新古典经济学没有真正的企业理论，"厂商理论"只是新古典经济学企业"黑箱"的代名词。

在极端的分权化的分工经济中，从论证市场配置资源的充分有效性角度看，新古典主义企业同质性假设是合理的，但是在解释经济变迁和与企业具体行为上，同质性假设则缺乏解释力。在现实经济中，要素市场是不完全的，企业之间利润的差异是长期存在的，企业的产品、规模、竞争优势都是有差异的，这与企业同质性假设都不相符，并且企业同质性假设也无法解释企业存在的本质和企业之间的竞争优势是如何获得的等问题。

2. 新制度经济学的企业同质性假设

新制度经济学，继承了新古典经济学的分析框架，但打破了企业的"黑箱"，认为企业和市场是可以相互替代的资源配置机制，企业对市场的替代是为了节约交易成本。节约交易成本成了企业存在的基础，也决定了企业的规模和边界。新制度经济学重视交易成本，认为所有企业都能生产同样的产品或提供同样的服务，模糊了对整体企业理论框架的认识，同时模糊了企业组织生产和市场交易之间的概念。

（二）企业的异质性假设

1. 企业本质的两重性及其互动

从马克思完整的资本循环公式中可以看出，企业一方面在市场上以契约形式购进生产资料和卖出商品，另一方面要用购进的生产资料组织生产，即企业在本质上具有"生产"和"契约"的两重性。企业的两重性中，"生产"属性是其本质属性，"契约"性活动只是企业实现价值增值的前提条件。杨瑞龙等认为企业的核心是组织租金的创造和分

---

① 白永秀、赵勇：《企业同质性假设、异质性假设与企业性质》，《财经科学》2005年第5期。

配，各种要素在一个有生命力的企业（或组织）中，组合创造出的总收益在支付了所有要素的保留收入之后还有一个正的剩余，即"组织租金"。"组织租金"则反映了企业的生产属性，组合生产比分散生产能获得更多的产出。

从企业动态发展的角度看，企业本质的两重性不仅是不可分的，而且决定企业生产的劳动力（活劳动）和生产资料（固化劳动）在合作过程中的契约活动和生产活动中是交互影响的。在企业两重性的长期互动中，契约性活动投入的增加不仅影响到契约性活动的成本，而且可能影响到整个企业活动的成本与收益状况。企业成长和演化过程中知识积累的独特性也决定了不同企业组织经济活动具有不同的效率水平，也会导致企业契约的创新安排。

在整个企业的发展过程中，构成企业的要素通过契约组合在一起。不同的时期，要素相对的稀缺程度不同，对企业的贡献程度不同。因而，各种要素在博弈过程中，较稀缺的要素贡献大，退出的威胁就越大。因此，该要素在博弈中就占主导地位，在契约安排中则占有较多的索取权和收益权，即使是同一企业在其发展的不同阶段各种要素的贡献程度也不相同，因此，契约安排也就不尽相同。

2. 企业异质性假设

（1）企业异质性假设的经济学解释

演化经济学企业能力理论认为企业所控制的战略资源不同，在企业中共享的协调分散的生产技巧和综合企业内部多样化的技术知识，导致企业之间是有差异的。从企业成长的角度来看，企业生产运营中不断积累的知识持续地扩展到生产领域，这些正规的知识在解决企业实际经营问题时逐渐转换成程式化的默会知识，并且这些知识的积累和转换还依赖于企业内部团队的经历和行为准则，因此，企业成长和演化过程中默会知识积累具有独特的性质。

在不完全信息的约束下，企业的成长就是知识和能力不断积累的过程。由于特定历史条件、社会复杂性和企业初始的资源的不同，企业成长过程中遇到的问题不同，因此，每个企业在解决问题中积累的核心知识与能力都是独一无二的，并且这些知识和技能是企业团队相互配合中逐渐积累起来的、默契的行为模式和解决问题的方法，正式的知识在实践中转换成了只能意会不能言传的默会知识。不同企业在组织专业化生产的过程中，获得的默会知识不同，这些知识在具体运用中形成了差异化的动态优势。

（2）企业异质性的现实性

与其说企业的异质性是一种假设不如说是现实，现实中很难找到完全相同的两家企业，即使是连锁企业，如麦当劳、肯德基等，也存在地理位置、消费群体、内部员工、产品等不相同之处。国别、行业、规模、市场、产品、能力等方面使企业存在这样或那样的差异。因此，在认识到企业异质性的基础上，研究分析企业问题则更接近现实、更具有理论价值。

在企业异质性的前提下，统一的公司治理模式很难通过激励和约束解决代理问题。随着对公司治理问题研究的深入，企业的异质性必然导致公司治理的差异性，因此，不同企业的公司治理不应追求统一的模式，而应根据企业具体特征和具体问题设计治理机制和结构。[1]

三 公司治理制度变迁的逻辑分析框架

（一）新制度经济学的制度变迁理论

许多新制度经济学家都对制度变迁有所研究，如舒尔茨、科斯、戴维斯、威廉姆森、阿尔钦、德姆塞茨等，对制度变迁理论做出最为完整和系统整合的当属诺斯。诺斯的理论体系体现在《西方世界的兴起》《经济史中的结构与变迁》《制度变迁与美国经济增长》和《制度、制度变迁与经济绩效》等著作中。

在制度界定方面，新制度经济学家们基本上认为，制度是一系列的规则，它界定人们的选择空间和相互之间的关系，制约人们的行为。在科斯看来，各种社会格局和规则都是制度。

舒尔茨将制度看作一种行为规则，涉及社会、政治和经济行为等。诺斯在《论制度》中谈到，制度是为人类设计的，构造着政治、经济和社会相互关系的一系列约束。诺斯认为组织不属于制度的范围，应将二

---

① 许晓永、张银杰：《企业异质性与公司治理》，《现代管理科学》2012 年第 2 期。

者区分开来。但也有许多新制度经济学者认为制度包含了组织，将二者区分开来没有必要。

新制度经济学的制度变迁主体是广义的企业家。诺斯把政府、团体和私人都看作是为了从创新中获得自身利益的经济人，他们自身所具有的不同特征被抹杀了。新制度经济学认为单个制度变迁主体的行为动机是制度变迁的动力，无论政府、团体和私人都是为了最大化自身的利益而进行制度创新。诺斯将制度变迁划分为五个阶段，将制度变迁方式分为渐进式变迁和革命式变迁。制度变迁的效率评价方面，新制度经济学主要从微观层面上，以交易成本的高低作为评价依据。综合来看，诺斯的制度变迁理论体系是一个产权理论、国家理论和意识形态理论三位一体的理论体系。在诺斯之后，许多新制度经济学家运用其方法对一些历史现象进行了研究。比如，安德森和希尔的《产权的演变：对美国西部的研究》和拉蒙·迈耶斯的《晚期中华帝国的习惯法、市场和资源交易》等。

（二）演化经济学的制度变迁理论

如何界定"制度"这个术语存在较多争议，不同流派的经济学家对其内涵和外延有不同的看法。在老制度主义者，制度是指社会性学习和共享的价值、规范、信仰、意义、象征、习俗以及特定情境下被预期和可接受的行为范围的标准的复合体。在哈耶克看来，社会是一个演化的规则体系，他使用自发秩序的概念对此加以描述。他认为有两类规则支配着人们的行动，一种是天生的或遗传的规则，一种是习得的或文化的规则。两种规则以复杂的方式交互缠绕在一起。文化规则又包括两类，一是不经过深思熟虑而形成的行为规则，如传统、习俗、规范等；二是那些经过深思熟虑而制定的规则，如法律、组织等。哈耶克认为，天生的行为规则或多或少是稳定的，文化规则变迁的速度远远快于天生的规则。文化规则主要通过模仿而得到传播，文化规则才是社会演化的核心。由于流行的制度结构极其复杂，人类无法完全理解它们，所以，人们绝不可能对制度进行设计，那是一种"致命的自负"。理性不可能创造出一种社会传统，因为它自身就是这些传统的产物。但他也没有否认有意识的公共行为在建构现存的制度中的重要作用。他的中心论点是，现存的制度结构必须被解释为包括一些盲目的变异和社会选择在内的演化过程的结果。关于选择机制是如何发生的以及是如何以有益于整个社会的方式运行的，他几乎未加论述。

美国演化经济学①采用制度两分法对经济制度演化进行分析，最终落脚在对社会价值结构变迁的分析上。他们把制度定义为社会性规定的行为模式。一种行为模式的构成因素包括两种行为或活动，以及使上述两种行为相关的价值，它是行为的标准。社会价值分为工具上有正当理由的价值和礼仪上有正当理由的价值，从而制度或行为模式就可分为工具上有正当理由的行为模式和礼仪上有正当理由的行为模式。工具上有正当理由的价值通过它们在使用中的结果来检验，礼仪上的则通过诉诸古老的实践和意识形态的合理化来证明。如果某种技术通过了工具性效率的检验，它就会逐步被社会共同体所接受，变成惯例化思想和行为的组成部分，社会制度结构就发生了变动。同时，社会共同体可以通过扩大礼仪上有正当理由的行为模式，去包容这种由于技术创新所导致的新的工具上有正当理由的行为模式，这被称为礼仪包容过程。当工具上有正当理由的制度置换了礼仪上有正当理由的制度，降低了礼仪支配的时候，就出现了进步的制度变迁。在这个过程中，教育和信息的传递起到了基本的作用。制度变迁影响了社会共同体的生活过程，反过来，人们也可以在引导制度变迁方向上发挥一定作用。政府应当支持工具上有正当理由的行为模式，在政府行为中使用工具性的判断来替代礼仪性的判断。当然，由于行为模式受到社会环境不确定性的制约，人们难以预测制度创新的出现和历时进程，即使人们对社会制度的演化有一定的处置权，制度变迁仍然具有盲目"漂移"的倾向。

演化经济学对企业进化的研究最早可追溯到熊彼特和阿尔钦。阿尔钦指出，进化机制会有助于实现企业种群对业已改变的外部市场情况作出反应；企业不应该被看作是传统理论中的"完全的理性决策者"，而应被视为"适度性制度安排"；且由市场力量决定其形态。这样市场就

---

① 或称之为美国新制度经济学派，即"neoinstitutional economics"，指继承凡勃伦和康芒斯的老制度主义传统的经济学流派。

被看作是一种选择机制，并通过不同的生存进程，获利企业扩张，亏损企业萎缩，确保效率相对较高的企业继续生存。①

在西蒙的有限理性假说与熊彼特创新理论的影响下，现代演化经济学派的重要代表纳尔逊和温特指出，市场是环境而企业是市场中的行为主体，市场的选择决定着企业的生存和发展的界限，这一界限与企业存活能力和增长率有密切的关系，企业之间的竞争过程实质上就是企业对不断变化的外部市场作出反应和适应的调整过程。他们把企业的规则和行为方式称为"惯例"（routine）。企业的惯例犹如生物的遗传基因，由企业的经营特点、增长率和企业搜寻三个方面构成，它具有学习效应的获得性遗传（heredity）特征，是拉马克式而不是达尔文式的遗传。惯例一方面可以通过企业之间的学习行为而被遗传，具有一定的稳定性，另一方面也可以根据环境的变化而发生改变。由于惯例不同，企业之间也互不相同，这就解释了现实企业之间的异质性。他们认为，改变企业的惯例、培养强势的动态能力有两种途径——"搜寻"与"创新"。所谓"搜寻"是指企业在已知技术和惯例中寻找最适合自己的，与自身资源、能力相匹配的技术和惯例，而"创新"则是创造出原来没有的技术和惯例。后者也被称为"熊彼特式竞争"（Schumpeterian Competition），它意味着要从根本上改变原先的惯例，进行"交互式发展"（Trade-off development）。而前者意味着"选择"，选择就必须考虑环境，这对企业的成败兴衰至关重要。他们提出，企业的成长是通过生物进化的三种核心机制（多样性、遗传性和自然选择）来完成的。

纳尔逊认为，在现代先进的工业国家，存在着一种促使技术、产业组织和广义上的制度共演的机制，其运动方向是引发持续的经济进步。制度演化涉及私人企业在市场环境中的相互竞争，还涉及产业联盟、技术协会、大学、法院、政府机构和立法机关等各类组织的参与。他认为，像私人的技术和政策一样，在任何时候，公共政策都是由组织以组

---

① A. A. Alchian, "Uncertainty, Evolution, and Economic Theory", *Journal of Political Economy*, Vol. 58, No. 3, June 1950.

织惯例为基础来实施的。①

新制度经济学与演化经济学某些流派的理论存在诸多相同之处，诺斯关于信仰结构、路径依赖和文化重要性的论述，几乎是老制度学派价值结构、累积因果和文化演进的等价物。威廉姆森认为新制度研究需要在社会镶嵌结构和人性这两大背景条件方面加强研究，前者与习俗、道德、宗教等文化要素有关，后者与人类学、组织理论和演化心理学相关。同时，新制度和演化理论都强调了制度对经济行为和经济增长的重要作用。两者也有一些重要差异。第一，理论体系不同。诺斯的制度变迁理论是产权理论、国家理论和意识形态理论三位一体的理论体系。哈耶克提出了自发秩序演进理论，老制度学派及其后继者强调了礼仪性制度和工具性制度的交互作用和变迁，纳尔逊则强调了技术、企业、产业和制度的共演机制。第二，新制度经济学强调了国家对制度变迁的重要作用，演化经济学注重社会各种组织的共同参与。第三，新制度经济学强调制度变迁的动力是相对价格变化，演化经济学强调技术变迁对制度变迁的作用。第四，新制度经济学强调变迁方式的渐进性和路径依赖，演化经济学注重渐进性和突变性的结合。第五，新制度经济学认为制度变迁是经济增长的原因，演化经济学认为技术进步是经济增长的本源，制度变迁起到了辅助性作用。第六，在诺斯的早期理论中，建构主义色彩比较浓厚，科斯定理以及法经济学也带有人们可以设计和建立较好的制度的观念。而在哈耶克和老制度主义传统看来，制度的演进并没有明确的方向。②

①　Richard R. Nelson and Sidney G. Winter, *An Evolutionary Theory of Economic Change*, MA: The Belknap Press of Harvard University Press, 1982；陈金波：《企业进化理论的起源与发展》，《华东经济管理》2005 年第 6 期。

②　商孟华：《新制度经济学与演化经济学比较研究》，《贵州社会科学》2006 年第 5 期。

第二章

公司治理非正式制度依赖的理论解释

第一节　正式制度与非正式制度的分野

一　关于制度内涵的不同理解

不论是在日常社会生活，还是在学术研究活动中，如今"制度"一词的使用频率都是非常之高的。在英文中，"制度"一词的对应词汇是"institution"。然而至于到底什么是"制度"，在不同的使用人群中，可能存在完全不同的理解。即使在学者当中，当"制度"作为一个严格的范畴在使用时，对制度的内涵也存在着不同的理解。在不同的经济学流派，甚至在同一经济学流派的不同学者之中，他们对制度的内涵也赋予了不同的含义。

（一）旧制度经济学家对制度的定义

在旧制度经济学家中，托斯丹·邦德·凡勃伦（Thorstein B. Veblen，1857—1929）是最早给制度下过一般定义的人。① 凡勃伦在他 1899 年出版的《有闲阶级论：关于制度的经济研究》（*The Theory of the Leisure Class—An Economic Study of Institutions*）一书中认为，"制度实质上就是个人或社会对有关的某些关系或某些作用的一般思想习惯；而生活方式所由构成的是，在某一时期或社会发展的某一阶段通行的制度的综合，因此从心理学的方面来说，可以概括地把它说成是一种流行的精神态度或一种流行的生活理论。"他还认为："人们是生活在制度——也就是说，思想习惯——的指导下。"据此，有人认为，凡勃伦所谓

---

① 袁庆明：《新制度经济学教程》，中国发展出版社 2011 年版，第 283 页。

"一般思想习惯""流行的精神态度"无非是新制度经济学家所指的以非正式约束形式存在的制度。因为新制度经济学家所说的非正式约束指的就是道德观念、风俗习惯和意识形态等。可见，在凡勃伦看来，制度无非是"指导"个人行为的行为的各种非正式约束。①

旧制度经济学的另一位主要代表人物约翰·罗杰斯·康芒斯（John Rogers Commons，1862—1945）对制度进行了十分清楚和明确的定义。康芒斯在他 1934 年出版的《制度经济学：它在政治经济学中的地位》（*Institutional Economics：Its Place in Political Economy*）一书中认为："如果我们要找出一种普遍的原则，适用于一切所谓属于'制度'的行为，我们可以把制度解释为集体行动控制个体行动。集体行动的种类和范围很广，从无组织的习俗到那许多有组织的所谓'运行中的机构'，例如家庭、公司、控股公司、同业协会、工会、联邦储备银行以及国家。大家所共有的原则或多或少是个体行动受集体行动的控制。"他认为，集体主要是通过各种"业务规则"来控制个体行动。而这些"业务规则"则"可以由一个公司、一个卡特尔……一个政党或是国家本身规定和实行"。不管这些业务规则"有什么不同以及用什么不同的名义，却有这一点相同：它们指出个人能或不能做，必须这样或必须不这样做，可以或不可以做的事，由集体行动使其实现"。可见，在康芒斯看来，制度就是集体行动控制个人行动的一系列行为准则或规则。② 但不同于凡勃伦的是，康芒斯的制度内涵除了包括凡勃伦的非正式制度外，更多的是指新制度经济学家所指的以正式约束形式存在的正式制度。

（二）新制度经济学家对制度的定义

新制度经济学家中的舒尔茨、诺斯、柯武刚等基本上采用了康芒斯关于制度内涵的观点。

舒尔茨 1968 年给制度下的定义是："我将一种制度定义为一种行为规则，这些规则涉及社会、政治及经济行为。例如，它们包括管束结婚与离婚的规则，支配政治权力的配置与使用的宪法中所包含的规则，以

---

① 袁庆明：《新制度经济学教程》，中国发展出版社 2011 年版，第 283 页。

② 同上。

及确立由市场资本主义或政府来分配资源与收入的规则。"①

诺斯是新制度经济学家中给制度下定义最多的。在《经济史中的结构与变迁》一书中，他说："制度是一系列被制定出来的规则、守法秩序和行为道德、伦理规范，它旨在约束主体福利或效应最大化利益的个人行为。"在《制度、制度变迁与经济绩效》一书中又说："制度是一个社会的游戏规则，更规范地说，它们是为决定人们的相互关系而人为设定的一些制约。"尽管诺斯关于制度的界定有不少，但只不过是文字表述不同而已，其实质是一样的，即在诺斯看来，制度就是一种"规范个人行为的规则"。

柯武刚和史漫飞在其《制度经济学》一书中下了一个与上述学者相似的定义："制度是广为人知的、由人创立的规则，它们的用途是抑制人的机会主义行为。它们总是带有某些针对违规行为的惩罚措施。"

综上所述，无论是新旧制度学家，他们都认为制度无非是约束和规范个人行为的各种规则和约束。②

尽管如此，对制度是否包括约束和规范组织或集体的行为规范，则有不同的认识。这种不同认识的根源在于，对于组织本身是不是制度一直存在着分歧。

在制度经济学家内部，对于组织本身是不是制度有两种对立的观点。以康芒斯、舒尔茨和拉坦等为代表的人认为，组织本身就是制度，制度的概念包括组织的含义。而以诺斯、柯武刚和布罗姆利等人则认为，应当将制度与组织区分开来。认为组织是在基础规则即制度约束下，为实现一定目标而创立的个人团体。在我国，也有学者认为组织本身就是制度，认同拉坦等人的观点；③ 也有学者认为应当将制度与组织区分开来，支持诺斯等人的主张。④

---

① ［美］舒尔茨：《制度与人的经济价值的不断提高》，载［美］科斯、诺斯等著《财产权利与制度变迁——产权学派与新制度学派译文集》，陈昕主编，上海三联书店1991年版。

② 袁庆明：《新制度经济学教程》，中国发展出版社2011年版，第284页。

③ 黄少安主编：《制度经济学》，高等教育出版社2008年版，第6页。

④ 袁庆明：《新制度经济学教程》，中国发展出版社2011年版，第285—286页。

二　关于制度类型的不同界分

如何科学合理地对制度进行分类，一直是新制度经济学家十分关注的一件事，因为能否对制度进行科学、合理的分类直接关系到制度分析的效果如何。制度经济学家们尝试着从不同的标准给制度进行过不同的分类，在这些分类中，有些是合理的，而有些则存在着一定的缺陷。[①]

根据不同的标准和角度可以对制度进行不同的分类。可以根据制度的不同层次，将制度分为元制度（如语言制度）、基本制度（如法律制度中的宪法、经济制度中的所有制）和具体的规章制度等；可以从制度的功能性质角度，将制度分为政治制度、经济制度、伦理规范等；可以从制度发生作用的范围的角度，将制度分为企业制度、区域性制度、全国性制度和国际性准则等。[②]

在制度经济学中，比较有代表性意义的分类主要如下。第一类是，柯武刚和史漫飞根据制度的起源的不同，将制度分为内在制度和外在制度。所谓内在制度，是指群体内随经验而演化的规则，而外在制度是外在地设计出来并靠政治行动由上面强加于社会的规则。但有人认为，柯武刚和史漫飞关于制度的内在性与外在性之间的区分是有问题的。因为，许多制度的形成并不完全是自发演化来的，也不完全是外在地设计出来的，而是自发演化过程与人为设计相互交织的结果。显然将制度区分为内在制度与外在制度是十分困难的。[③] 第二类是，不少制度经济学家还使用了个人规则和社会规则的制度分类。卢瑟福还进一步分析了个人规则与社会规则的具体构成。他认为，个人规则包括习惯和常规、道德和规范。个人的习惯和常规靠便利或惯性来维持，个人道德规则的维系则凭个人良知。社会规则包括惯例、法律规范和社会规范。惯例可能因遵守同一规则符合所有人的利益而自我实施。法律规范则是由惩罚违抗者的警察力量和司法系统强迫实施的规则。社会规范包括许多类型各

---

① 袁庆明：《新制度经济学教程》，中国发展出版社 2011 年版，第 293 页。

② 黄少安主编：《制度经济学》，高等教育出版社 2008 年版，第 7 页。

③ 袁庆明：《新制度经济学教程》，中国发展出版社 2011 年版，第 293 页。

异的规则和礼节，规则的实施靠社会的认可与不认可。违反规则要受到批评，甚至会被他人排斥。社会规范还可能被内部化，这时，遵从规范不需要外部的约束。规则的维持依赖于个人的自我价值意识，违反社会规范可能使个人产生负罪感或良心上的不安。①

三 关于制度类型最具有价值的分类：正式制度和非正式制度

在制度经济学中，最具有代表性意义的分类是从制度发生作用的方式——强制还是自觉的角度所进行的分类，根据这一角度，可以将制度分为正式制度和非正式制度。在制度经济学文献中，尤其是研究制度经济学基本理论问题时，正式制度与非正式制度是被广泛使用的一对概念。② 甚至可以认为这一分类是新制度经济学中最重要的一种制度分类③。

正式制度，也叫正式规则，它是指人们有意识创造设计的一系列规则。主要通过国家法律、行政法规、政府政策和命令、协议契约等形式表现出来，并由相应的组织机构加以保障其实施和执行的规则。按照诺斯的观点，正式制度包括政治规则、经济规则和契约。它们是一种等级结构，从宪法到成文法和普通法，再到明确的细则，最后到个别契约，它们共同约束着人们的行为。④ 法律是正式制度中最为突出的一个部分。大多数国家都通过法律规定了一个国家的政治、经济等方面的基本规则，并通过国家的强制力保障其实施。

非正式制度，又称非正式规则、非正式约束，是指人们在长期的社会交往过程中通过自然演化出来而逐步形成的，并得到社会广泛认可的约定俗成从而共同遵守的行为准则。与正式制度相比，非正式制度是一

① ［英］马尔科姆·卢瑟福：《经济学中的制度：老制度主义和新制度主义》，郁仲莉译，中国社会科学出版社 1999 年版，第 64—65 页。转引自袁庆明《新制度经济学教程》，中国发展出版社 2011 年版，第 299 页。

② 黄少安主编：《制度经济学》，高等教育出版社 2008 年版，第 7 页。

③ 袁庆明：《新制度经济学教程》，中国发展出版社 2011 年版，第 295 页。

④ ［美］道格拉斯·C. 诺斯：《制度、制度变迁与经济绩效》，刘守英译，上海三联书店 1994 年版，第 64 页。转引自袁庆明《新制度经济学教程》，中国发展出版社 2011 年版，第 295 页。

个十分宽泛的概念。它广泛存在于社会生活的各个方面和各个层次之中，约束着人类的各种行为和相互关系。

就一般而言，非正式制度主要通过习惯与习俗、伦理道德、历史传统、宗教文化、民族文化、意识形态等形式表现出来。与正式制度相反，非正式制度不是由人们有意识地创造设计出来的，也不是由国家强制力保障其实施的。非正式制度是由一定的地域范围（大至一个国家，小至一个村落）的人们在长期的交往中无意识地形成的，并且随着时间的变化、非正式制度所适用的地域范围的远近和大小变化还存在着一定的差异。非正式制度一旦形成就具有顽强和持久的生命力，并能自我延续和传承下来，从而形成一种文化传统。从历史上看，非正式制度早于正式制度而产生，并发挥着约束人们行为的功能。这种由生活习惯和一脉相承的文化传统所形成的非正式制度，是依靠每个客观现实的人的内在行为和良心来自觉维持的，并且能够渗透到社会生活的各个领域，因而其作用的范围要比正式制度广泛得多。

四　非正式制度的主要类型

非正式制度的主要类型有习惯与习俗、伦理道德、历史传统、宗教文化、民族文化、意识形态等。

（一）习惯与习俗

习惯，是指积久养成的生活方式。习俗，顾名思义，是习惯风俗的意思。《说文解字》对"习"的解释为："习，数飞也。"① "习"指的是鸟飞翔时不断地拍翅，引申为经重复练习而熟练掌握某个动作。"习"有练习、习性、习惯等多重意思。《汉书·贾谊传》中"惯"作"贯"，习惯亦作"习贯"，指习于旧贯，后指逐渐养成而不易改变的行为。"风""俗"二字也有久远的历史。"风"除了基本的作为自然现象的意思外，还有动词意义上的"风"——教化，即化导社会的作用。这种作用是其自然特性的延伸与扩大，《说文解字》对"风"的解释是："风动虫生，故虫八日而化。"② 风能动物，亦能化人。"风，风也，教也。

---

① （东汉）许慎：《说文解字》，中华书局1963年版，第74页。

② 同上书，第284页。

风以动之，教以化之。"①《说文解字》认为："俗，习也。"② 俗的这种意义后来延伸为民群的习性、习惯，俗是一种习以为常的生活模式。风、俗虽然小有区别，各有侧重，但其指称说明的对象大体一致，风俗较早就组合成一专门的名词。

综合上述解释，可以认为，凡有一定流行范围或流行区域，一定流行时间的意识行为，无论是官方的，还是民间的，均可称为习俗。习惯与习俗是泛指一个地方积久养成的大众生活方式和社会意识行为范式。

（二）伦理与道德

"伦理"（ethics）与"道德"（morality）是伦理学或道德哲学中的两个核心概念，伦理与道德作为一种社会规范，二者经常处于概念模糊和逻辑混沌的状态。

从本质而言，伦理是关于人性、人伦关系及结构等问题的基本原则的概括；道德是指在处理人与人、人与社会相互关系时应遵循的道理和准则。从哲学角度上看，伦理和道德是指一系列指导行为的观念。从规范层面上来看，伦理和道德作为社会规范形态是指调节人与人、人与自然之间关系的行为规范的总和。如我国古代将"天地君亲师"称为五天伦，君臣、父子、兄弟、夫妻、朋友为五人伦，而忠、孝、悌、忍、信为处理人伦的规则。在理论界对"伦理"与"道德"的理解，概括起来存在如下几种理论观点：一是同义论。这种理论认为，"伦理"与"道德"是"同义异词"。该理论认为，不论在中国还是外国，"伦理"和"道德"这两个概念，在一定的词源含义上，可以视为同义异词，指的是社会道德现象。但它们又有所不同，道德较多的是指人们之间的实际道德关系，伦理则较多的是指有关这种关系的道理。所以，随着人类文化的发展，"伦理"或"伦理学"这个概念，一般就用以表示道德理论，而"道德"这个概念，则一般用以表示实际生活中的道德现象。③二是存异趋同论。这种观点认为，"伦理"与"道德"虽然存在一些差

---

① （清）阮元：《十三经注疏》（上册），中华书局 1980 年版，第 269 页。

② （东汉）许慎：《说文解字》，中华书局 1963 年版，第 165 页。

③ 罗国杰、马博宣、余进：《伦理学教程》，中国人民大学出版社 1985 年版，第 178 页。

别，但从发展趋势看，二者的"趋同还是主流"，如有人认为："我们在使用这两个概念的时候也会稍稍有点差异，当表示规范、理论的时候，我们较倾向于用'伦理'一词，而当指称现象、问题的时候，我们较倾向于使用'道德'一词。""不过，一般说来，'道德'与'伦理'大多数情况下都是被用作同义词的。它们有微殊而无迥异。除了在某些哲学家那里之外，这对词在后来的用法中也多是接近而不是分离。无论如何，两个概念的趋同还是主流，我们在日常和理论上的使用也基本上还是大致可以遵循这一主导倾向。"① 三是联系论。有的学者干脆不谈二者的区别，而是试图找出二者共同关心的交互点，而并没有厘清伦理与道德的内涵之别，如有人认为："如果悬置蕴含于其后的不同道德或伦理倾向而就道德与伦理本身而论，则也许可以对二者的内蕴获得另一种理解。宽泛地看，道德与伦理都以善为追求的目标。就其表现形式而言，善既可以取得理想的形态，又展开于现实的社会生活。"②

尽管伦理与道德难以区分，但自"西学东渐"以来，中西"伦理"与"道德"概念经过碰撞、竞争和融合，目前二者划界与范畴日益清晰，即"伦理"是伦理学中的一级概念，而"道德"是"伦理"概念下的二级概念。二者不能相互替代，它们有着各自的概念范畴和使用区域。当代"伦理"概念蕴含着西方文化的理性、科学、公共意志等属性，"道德"概念蕴含着更多的东方文化的情性、人文、个人修养等色彩。伦理范畴侧重于反映人伦关系以及维持人伦关系所应当遵循的规则，道德范畴侧重于反映人类活动主体自身行为所自愿遵循的规则；伦理是客观法，是他律，道德是主观法，是自律。

（三）历史传统文化

传统是指世代相传、从历史沿传下来的思想、文化、道德、风俗、艺术、制度以及行为方式等。对人们的社会行为有无形的影响和控制作用。传统是历史发展继承性的表现，在有阶级的社会里，传统具有阶级性和民族性，积极的传统对社会发展起促进作用，保守和落后的传统对

---

① 何怀宏：《伦理学是什么》，北京大学出版社 2002 年版，第 58 页。
② 杨国荣：《伦理与存在》，上海人民出版社 2002 年版，第 135 页。

社会的进步和变革起阻碍作用。①

　　文化（culture）是一个非常广泛和最具人文意味的概念，给文化下一个准确或精确的定义，是一件非常困难的事情。对文化这个概念的解读，人类也一直众说纷纭。在中文中，"文化"乃是"人文化成"一语的缩写。此语出于《易经》："刚柔交错，天文也；文明以止，人文也。观乎天文，以察时变，观乎人文，以化成天下。"就词的释义来说，文就是"记录，表达和评述"，化就是"分析、理解和包容"。文化的特点是：有历史，有内容，有故事。不少哲学家、社会学家、人类学家、历史学家和语言学家一直努力，试图从各自学科的角度来界定文化的概念。

　　古今中外的学者们对文化还是有不同的理解的。除了多维视野的原因外，还有语言学角度的客观歧义。根据英国人类学家爱德华·泰勒的定义，文化是"包括知识、信仰、艺术、法律、道德、风俗以及作为一个社会成员所获得的能力与习惯的复杂整体"。其核心是作为精神产品的各种知识，其本质是传播。文化是人类社会特有的现象。文化是由人所创造，为人所特有的。有了人类社会才有文化，文化是人类社会实践的产物。② 而夏弗认为："文化即可视为：一个有机的能动的总体，它关涉到人们观察和解释世界、组织自身、指导行为、提升和丰富生活的种种方式，以及如何确立自己在世界中的位置。"③ 这与我国道家始祖老子所讲的相同，老子原话为："视之不见，名曰夷；听之不闻，名曰希；搏之不得，名曰微。此三者，不可致诘，故混而为一。其上不皦，其下不昧，绳绳兮不可名，复归于无物。是谓无状之状，无象之象，是谓恍惚。迎之不见其首，随之不见其后……"④

　　可见东西方对文化有一个较为共同的解释和理解，即文化是人类所创造的物质财富与精神财富的总和。它包括物质文化、制度文化和心理

①　《辞海》编辑委员会：《辞海》，上海辞书出版社，2009 年第 6 版，第 321 页。

②　Edward Burnett Tylor, *The Origins of Culture*, New York: Harper & Row, 1958, p.152.

③　D. Paul Schafer, *Culture: Beacon of the Future*, Westport: Praeger Publishers Inc., 1998, p.138.

④　（春秋）老子：《道德经》，中国华侨出版社 2013 年版，第 212 页。

文化三个方面。物质文化是指人类创造的物质文明，甚至可以包括交通工具、服饰、日常用品等，它是一种可见的显性文化；制度文化和心理文化分别指生活制度、家庭制度、社会制度以及思维方式、宗教信仰、风俗习惯、道德情操、学术思想、文学艺术、审美情趣等，它们属于不可见的隐性文化。

文化是一种社会现象，它是由人类长期创造形成的产物，同时又是一种历史现象，是人类社会历史的积淀物。文化是凝结在物质之中又游离于物质之外的，能够被传承的国家或民族的历史、地理、风土人情、传统习俗、生活方式、文学艺术、行为规范、思维方式、价值观念等，它是人类相互之间进行交流的普遍认可的一种能够传承的意识形态，是对客观世界感性上的知识与经验的升华。

广义的文化，既着眼于人类与生命系统，又着眼于人类社会与自然界的本质区别，是人类创造出来的所有物质和精神财富的总和。其涵盖面非常广泛，既包括世界观、人生观、价值观等具有意识形态性质的部分，又包括自然科学和技术、语言和文字等非意识形态的部分，故又被称为大文化。随着人类科学技术的发展，人类认识世界的方法和观点也在发生着根本改变。对文化的界定也越来越趋于开放性和合理性。

狭义上讲，文化仅指人们的精神生活领域，包括社会的意识形态以及与之相适应的社会制度和人们普遍的社会习惯，如衣食住行、风俗习惯、生活方式、行为规范等。①

从学科上来看，不同的学科对文化有着不同的理解。

从哲学角度解释文化，文化从本质上讲是哲学思想的表现形式，哲学的时代性和地域性决定了文化的不同风格。一般来说，哲学思想的变革引起社会制度的变化，与之伴随的有对旧文化的镇压和新文化的兴起。也可以称文化为社会团体共同的思维特征。

从存在主义的角度看，文化是对一个人或一群人的存在方式的描

---

① 1871年，英国文化学家泰勒在《原始文化》一书中提出了狭义文化的早期经典学说，即文化是包括知识、信仰、艺术、道德、法律、习俗和任何人作为一名社会成员而获得的能力和习惯在内的复杂整体。

述。人们存在于自然中，同时也存在于历史和时代中；时间是一个人或一群人存在于自然中的重要平台；社会、国家和民族（家族）是一个人或一群人存在于历史和时代中的另一个重要平台；文化是指人们在这种存在过程中的言说或表述方式、交往或行为方式、意识或认知方式。文化不仅用于描述一群人的外在行为，特别包括作为个体的人的自我的心灵意识和感知方式，是一个人在回到自己内心世界时的一种自我的对话、观察的方式。

从不同的视角可以对文化做出不同的分类。因为文化具有的多样性和复杂性，很难给文化一个准确、清晰的分类标准。因此，对文化的各种分类都只是从某一个角度来分析的。英国的约翰·汤普森在《意识形态和现代文化》一书中曾概括德国哲学家赫尔德对文化的观点说，文化本身是含糊的，是复数的，不同群体、国家和时期的文化各有其特殊特点。① 本身意义的含糊不定和多样性为文化分类研究提供了可能。不同的领域利用不同的观察视角，产生不同的文化类型说。齐美尔把文化分为主观文化和客观文化两种。② 克鲁伯和克拉克洪虽然将文化的各种概念划分为哲学的、艺术的、教育的、心理学的、历史的、人类学的、社会学的、生物的和生态学的九个大类，但是根据他们的调查与研究结果，文化分类最多见的还是三分法，即把文化分为物质文化、社会文化和精神文化三种。③

作为非正式制度的传统文化，其中民族文化和宗教文化对公司治理的影响最为显著。

1. 民族文化

根据广义的文化概念，可以把民族文化定义为各民族在体力劳动和脑力劳动过程中所创造出来的一切财富，包括物质文化和精神文化，以

---

① ［英］约翰·汤普森：《意识形态和现代文化》，高铦等译，译林出版社2005年版，第139页。

② ［德］格奥尔格·齐美尔：《货币哲学》，中国社会科学出版社1999年版，第449页。

③ A. L. Kroeber and Clyde Kluckhohn, *Culture: A Critical Review of Concepts and Definitions*, New York: Kraus Reprint Co., 1952, p. 97.

及人们所具有的各种生产技能、社会经验、知识、风俗习惯等。①

民族文化主要表现为四个层次：一是物质形态层次，包括历史遗存及遗迹、民居建筑、服饰、饮食、生产生活用具及工艺品等。这是民族文化的一般物化表现，在平凡中显现出民族文化的品格。二是精神形态层次，包括民族精神理念、价值观念、心理素质和宗教信仰等。这是民族文化的本质和源头，是一个民族的"原本精神"所在。三是行为形态层次，包括民族利益、风俗、行为举止及宗教仪式等。这是民族文化的行为外化，也是民族文化的行为活化。四是制度形态层次，包括宗教制度、道德及约定俗成的规范等。这是民族文化的规范化，具有一定的强制性。

2. 宗教文化

宗教是人类社会发展进程中的特殊的文化现象，是人类传统文化的重要组成部分，它影响到人们的思想意识、生活习俗等方面。广义上讲，宗教本身是一种以信仰为核心的文化，同时又是整个社会文化的组成部分。

宗教是一种群体社会行为，它包括指导思想（宗教信仰），组织结构（宗教组织，如教会），行为规范（宗教组织内的活动，如祭祀、礼仪），文化内容（宗教建筑、宗教绘画、宗教音乐）等等方面的内容。宗教文化把眼光投向宗教信仰影响下的哲学、道德、心理、文学（神话、小说、诗词赋、散文等）、艺术（舞蹈、音乐、绘画、雕塑、戏曲、书法、建筑风格等）、语言文字、民俗、养生、医药，等等，当然也包括它们的物化形态。宗教文化展示了宗教的立体结构和多重功能，更接近生活中宗教的真实状态，现实的宗教不仅仅用它的教义教理打动信众，还通过各种文化形式和渠道影响整个社会，既与世俗文化抗争对立，也互相吸收、渗透，共同推动社会文化发展。宗教若只有教义而没有形成文化体系，是不会有生命力的。所谓宗教文化，本质上是人们以宗教为表现形态的精神劳动成果，连同宗教本身也是人类历史文化的产

---

① 林耀华：《民族学通论》，中央民族大学出版社 1997 年版，第 384 页。

物，是人类感情、理想、审美的一种寄托与特殊表达方式。①

宗教是人类在具有社会组织结构后，有意识地发展的一种社会行为，其根本的目的是培养和维护人的社会性，从而维护人类社会组织的正常运行。宗教的其他作用，如宗教对世界的解释、司法审判、道德培养和心理安慰等，包括宗教在历史上阻碍社会发展的负作用也是存在的，但这些都不是宗教的主要社会作用。

在人类历史上宗教的产生和发展的确是与很多因素有关，如社会因素、心理因素、精神因素等。但是宗教作为一种在历史上影响时间如此长、影响范围如此广泛、影响人数如此众多的社会行为的产生和发展，最基本的、最主要的因素在于：自从人类成为一种群体活动的生物，成为具有社会性的群体以来，宗教就作为具有培养和加强人的社会性作用的一种重要的社会行为而成为社会的必需。虽然世界上不同的历史时期、不同的地区、不同的民族可能有不同的宗教，但是具有培养和加强人的社会性作用是所有成功的宗教的共性。

宗教文化加强了人们对宗教与文化相互关系的认识，拓展了宗教学研究领域，使宗教研究更深地融入整个社会历史文化研究之中；又深化了人们对人类文化世俗性与神圣性对立统一的理解，可以更有力地解释宗教现象与文化事象。

（四）意识形态

意识形态（ideology，也写作"意识型态"），属哲学范畴，可以理解为对事物的理解、认知，它是一种对事物的感观思想，它是观念、观点、概念、思想、价值观等要素的总和。意识形态不是人脑中固有的，而是源于社会存在。人的意识形态受思维能力、环境、信息、价值取向等因素影响。不同的意识形态，对同一种事物的理解、认知也不同。

马克思不是第一个使用"意识形态"这个术语的人，但他和恩格斯合作建立了第一个关于意识形态的理论。无论是否是马克思主义者，研究意识形态的人都需要首先弄明白马克思恩格斯在这个问题上究竟说了些什么。这个看似只要检索文献就能解决的问题却是一个世纪难题。比

---

① 牟钟鉴：《宗教文化论》，《西北民族大学学报》（哲学社会科学版）2012年第2期。

如，拉雷恩的《马克思主义和意识形态》一书第一句话是："写一本关于马克思意识形态观念的书，使人感到在做一件非常冒险的事。""浏览这个主题的各种研究"，他接着说，"很快就可发现各种观点不但数量庞大，而且对马克思主义的不同解释似乎在这里展开秘密战斗"。① 拉雷恩把马克思的"意识形态"概念的各种不同的解释，归纳为"否定的"（即指某种歪曲的思想）和"肯定的"（指社会意识的整体形式或一切社会阶级的所有政治观念）的对立，② 他为前者作强有力的辩解。帕瑞克在《马克思的意识形态理论》一书中，把各种解释归纳为三个范畴：其一，"结构的解释认为意识形态指对一定社会集团抱有结构和系统偏见的思想体系"；其二，"发生学的解释指被作者所属社会集团（特别是阶级）所制约和决定的思想体系"；其三，"后果主义的解释指为一定社会集团（特别是统治阶级）利益服务或促进其事业的思想体系"。他认为三者都未能充分反映马克思的意识形态理论。③

在马克思主义看来，意识形态是一种观看事物的方法（比如世界观），是由社会中的统治阶级对所有社会成员提出的一组观念。即"经济基础/上层建筑"（base/superstructure）社会模型。经济基础指社会的生产方式，上层建筑在经济基础之上形成，并组成那个社会的意识形态，以及与其相适应的制度、组织等。经济基础决定着上层建筑，因为统治阶级控制着社会的生产关系，社会的上层建筑便取决于什么对统治阶级最为有利。因此一个社会的意识形态具有重要的社会意义。意识形态固然代表一定阶级利益，但不能反过来说，这个阶级的全部利益都被它的意识形态所代表。《德意志意识形态》把意识形态的根源追溯到"物质劳动与精神劳动"的分工，"从这时候起，意识才能摆脱世界而去构造'纯粹的'理论、神学、哲学、道德等等"。④ 但是，在物质劳

① ［英］乔治·拉雷恩：《马克思主义与意识形态：马克思主义意识形态论研究》，张秀琴译，北京师范大学出版社 2013 年版，第 4 页。

② 同上。

③ Bhikhu Parekh, *Marx's Theory of Ideology*, Baltimore：Johns Hopkings University Press, 1982, p. 50.

④ 《马克思恩格斯选集》第 2 卷，人民出版社 1995 年版，第 82 页。

动和精神劳动中都占统治地位阶级的成员并非全都是意识形态家。马克思认为，"在这个阶级内部，一部分人是作为该阶级的思想家出现的，他们是这一阶级的积极的、有概括能力的意识形态家，他们把编造这一阶级关于自身的幻想当作主要的谋生之道，而另一些人对于这些思想和幻想则采取比较消极的态度，并且准备接受这些思想和幻想，因为在实际中他们是这个阶级的积极成员，很少有时间来编造关于自身的幻想和思想。在这一阶级内部，这种分裂甚至可以分成两部分人之间某种程度的对立和敌视"①。

马克思认为，"统治阶级的思想在每一个时代都是占统治地位的思想"，其理由有二：第一，"支配着物质生产资料的阶级，同时也支配着精神生产资料，因此，那些没有精神生产资料的人的思想，一般是隶属于这个阶级的"；第二，统治阶级的个人"作为思想的生产者进行统治，他们调节着自己时代的思想的生产和分配"。② 第一点排除了没有物质生产资料的阶级争夺意识形态领导权的可能性，资产阶级之所以取得压倒封建阶级的意识形态领导权，主要原因是它逐渐支配了物质生产资料。第二点中的"思想的生产和分配"既可以是垄断的，比如，"中世纪把意识形态的其他一切形式——哲学、政治、法学，都合并到神学中"③；也可以是多元性，比如，"在某一时期，王权、贵族和资产阶级为争夺统治而争斗，因而，在那里统治是分享的，那里占统治地位的思想就会是关于分权的学说，于是分权就被宣布为'永恒的规律'"④。意识形态是与一定社会的经济和政治直接相联系的观念、观点、概念的总和，包括政治法律思想、道德、文学艺术、宗教（神秘特殊的意识形态）、哲学等。意识形态的内容，它是社会的经济基础和政治制度和人与人的经济关系和政治关系的反映。意识形态的各种形式起源于以生产劳动为基础的社会物质生活。随着经济基础的变化而变化，政治思想、法律思

---

① 《马克思恩格斯选集》第 1 卷，人民出版社 1995 年版，第 99 页。

② 同上书，第 98—99 页。

③ 《马克思恩格斯选集》第 4 卷，人民出版社 1995 年版，第 255 页。

④ 《马克思恩格斯选集》第 1 卷，人民出版社 1995 年版，第 99 页。

想、道德、艺术、宗教、哲学和其他社会科学等，各以特殊的方式，从不同侧面反映现实的社会生活。它们相互联系，相互制约，构成意识形态的有机整体。

第二节　正式制度对非正式制度依赖的理论观点

一　正式制度对非正式制度依赖根源的一般分析

制度之所以能够长期存在并能随着社会的进步和变迁而不断地进行变迁和演化，是因为它能够满足社会的某些需要，具有社会规范的价值和意义。对于制度具有哪些具体的功能，制度经济学家进行了广泛的研究。德姆塞茨 1967 年指出，（产权）制度具有两项重要的功能，即帮助人们形成合理的预期和外部性内在化。舒尔茨 1968 年认为，制度具有五种功能，即提供便利、降低交易费用、提供信息、共担风险和提供公共品（服务）。诺斯在 1973 年表达了与德姆塞茨相似的观点，但他更加强调制度所具有的激励功能和减少不确定性的功能。威廉姆森 1985 年认为，制度是适应减少机会主义行为和降低交易费用的需要而产生的。林毅夫 1989 年论述了制度的两种功能，即安全功能和经济功能。[①] 可见，制度经济学家对于制度究竟包含哪些具体的功能，并没有达成统一的观点。另外对这些具体制度之间是否还存在着什么样的层次性与关联性的认识还没有展开深入的讨论。

（一）非正式制度是正式制度的原始来源

从制度起源演化的过程来看，是先有非正式制度如习惯和习俗、伦理道德规范等。在这些非正式制度的基础之上，才形成正式制度如政治制度、经济制度和法律制度等。由此看来，非正式制度是正式制度产生的一般前提，非正式制度为正式制度提供了先验的经验和规范雏形。非正式制度中的被广泛接受的价值观念、意识形态等经验和规范雏形构成了正式制度中最为稳定的内核和最有价值的部分。

（二）非正式制度是正式制度的重要补充

从制度的外在表现形式和发挥作用的领域来看，非正式制度并不局

---

① 袁庆明：《新制度经济学教程》，中国发展出版社 2011 年版，第 312—314 页。

限于以书面文字、规范的格式和逻辑严整的条文呈现出来，其发挥作用的领域触及人们生活的各个领域，甚至可以说其内容是无所不包，其作用范围是无所不及，并且非正式制度也不需要具有强制力的组织机构来负责其贯彻执行。在文字出现之前，就有大量的非正式制度存在，并发挥着规范和约束着人们行为的作用，从而构建起规范的社会秩序。在当代社会，虽然各国都制定了十分复杂的体系完备的各种各样的正式制度，但是，正式制度总会是有缺漏的，在各种正式制度不及的地方，非正式制度是其最好、最后的补充。

（三）非正式制度是正式制度的实现基础

从制度发生作用的方式来看，由于非正式制度广泛存在于社会的风俗习惯和人们的灵魂深处，在特定的人群中，以口传心授、言传身教相互传承、世代延续，从而使非正式制度深深地渗透到社会群体生活的方方面面。这些共同的信念和行为惯性深刻地烙印在人们的自觉意识之中，形成强烈的心理暗示，并转变为强大的心理力量。这使得非正式制度不需要外在的强制约束机制和外界的压力，仅通过自我内在的心理约束，依靠内心的自省和自觉，就能约束自我的行为，形成良好的社会秩序。在当代社会，越来越多的正式制度与非正式制度双向渗透、水乳交融、互为补充，呈现出相互依存的状态。正式制度的作用要得到有效发挥，需要非正式制度的支撑和帮衬。譬如法律的实施，如果没有相应的守法观念的支撑，人们就会缺乏自我约束的意识，法律的实施效果就会大打折扣，甚至会出现人们恣意妄为、肆意违反法律的现象。

（四）非正式制度是正式制度有效实施的重要保障

非正式制度不仅会极大减少正式制度的实施成本，而且还会大大提高正式制度实施的效果。从制度的实施方式来看，正式制度的实施是依靠外力强加给人们的，正式制度的实施必须依赖正当的组织机构负责具体执行，并且必须依照正当的程序进行，不仅其组织成本和时间成本不可小视，而且其实施效果也会不尽如人意，更没有非正式制度的实施效果好。相反，非正式制度的实施则完全依靠人们的自觉意识和自愿的行为，既不需要专门的社会组织来负责实施，也不需要其他人的监督来落实。如果人们通过自觉行为，人人遵纪守法，时时处处维护法律的尊严，个个安分守己，出现违法乱纪的现象则会大大减少，从而不仅相应地会大大减少正式制度的执行成本，而且还会大大提高正式制度实施的效果。

（五）非正式制度是正式制度变迁和移植成功的前提

从制度变迁和移植方面来看，正式制度是由人们通过专门的机构按照一定的程序有意识地制定的，并随着社会的变化不断地进行修订和完善，具有非常强的时代性和时效性。有时还会出现"朝令夕改"的极端情形。随着科学技术的飞跃发展，人们之间的交流和联系越来越紧密，不同国家之间的合作不断增强，各种规章制度的相互借鉴越来越普遍，制度之间的相互移植越来越频繁。制度之间的相互移植虽然大大降低了制度创新与变迁的成本，然而正式制度与非正式制度的变迁与移植都具有一定的路径依赖性。变迁后的制度和移植进来的制度能否落地生根、开花结果还存在是否与其他相关正式制度和非正式制度能无缝对接以及能否与本土的非正式制度接地气、服水土的问题。正式制度与非正式制度之间存在着相互依存、相互制约、相辅相成的关系。特别是非正式制度所具有的内在的传统根源性和历史积淀性，使它很难在国家与区域之间进行直接的移植。一旦移植进来的制度与当地的非正式制度在意识形态等相对稳定的方面不相容，这种被移植的制度是很难生存下来的。

二　制度系统的复杂性与均衡依存性

在新制度经济学的早期研究成果中，新古典经济学的四个基本要素被继承了下来：理性选择模型、均衡分析方法、主观价值论和比较静态方法。新制度经济学在新古典的"需求—供给"框架下采用均衡分析的方法展开对制度变迁的研究。随着研究的进展，一些新制度经济学家逐步发现，新古典主义的许多分析视角无法适应制度的复杂状态，于是这些经济学家开始引进意识形态、国家和路径依赖等更多的解释变量，用有限理性模型替代完全理性选择模型；用演化分析替代比较静态分析；均衡分析方法被部分保留；只有主观价值论被完全保留。[1]

人类社会是一个复杂的系统，其主要由经济系统、技术系统和法律

---

① 范如国：《制度演化及其复杂性》，科学出版社 2011 年版，第 21—22 页。

系统所构成。复杂性科学可分为生物、物理和经济与社会三个层次来研究。制度作为经济与社会活动的主要组成内容，具体由政治制度、经济制度、技术制度、法律制度等正式制度和宗教制度、习惯与风俗等非正式制度构成。制度具有复杂性和多样性，可以从政治的、经济的、历史的、文化的等各方面来研究制度的复杂性。

在社会学领域，社会层次的复杂系统由于具有思维能力的人的介入而变得更为复杂。典型的如社会经济系统、金融系统、企业组织、制度系统、管理系统和交通系统等，在这类系统中，因为人的参与所产生的不确定性和投机性等特征带来了更多的复杂性。①

制度是由一项项具体的、包括成文的和不成文的规则通过耦合构成的一个复杂系统。任何复杂系统都是由大量的基本组成单元构成的，这些单元之间存在着复杂的相互作用和相互影响。对于制度系统，我们需要从构成制度系统的不同层次和具体要素方面对其进行分析，这样才能弄清制度系统内部不同层次和具体要素之间的差异和联系，揭示制度系统各组织部分的关系，从而选择最能代表制度系统的结构、性状、功能和演化的信息，以便更准确地把握制度系统及其运动演化的规律。②

我们可以用制度环境、资源、制度主体、流和关系五个要素来描述复杂制度系统。制度环境（environment）是制度系统所处的外部环境状况。任何系统都是处于一定的环境之中的，都有其存在的边界条件。系统的环境是系统的外在约束之一，也是系统存在的条件。对于制度系统而言，其所处的制度环境主要是指由技术、政策、法律、文化、习俗、宗教和信仰等要素构成的制约或限制制度系统演化的外部环境。资源（resource）是指制度系统中一切可利用的物质资源和精神资源，如人、财、物、信息、知识、传统、文化和习俗等。制度主体（agent）是指具有一定功能的所有系统层次上的制度实体。制度主体是具有适应性、能

---

① 对复杂系统所应当具备何种特征，虽然存在不同理解，但基本观点大致相同。参见范如国《制度演化及其复杂性》，科学出版社 2011 年版，第 34—35 页。

② 范如国：《制度演化及其复杂性》，科学出版社 2011 年版，第 39 页。

动性、协作性和智能性的基本单元。每个制度主体都拥有一定的信息和知识，每个制度主体都有它自己可行的策略或行动的集合，一个制度主体的全部可行策略称为它的策略空间，每个制度主体都有自己的得益。信息知识、策略空间和得益一起构成制度主体的状态。制度主体的状态是随着时间的变化而发生变化的。如，制度是存在于社会、组织、群体和组织内部各子系统等不同层次内的，这些不同层次之间的制度相互联系、相互影响。上一层次的制度为下一层次的制度提供了背景，约束着下一层次上制度主体的活动和结构。而下一层次上的主体也以种种方式影响着上一层次上的制度，塑造它的生存环境。流（flow）是指制度主体之间、制度主体与制度环境之间的物质循环、能量流动和信息传递等，这是系统运行、功能实现及发生变化的根本条件。关系（relationship）是指系统内部各要素或各部分之间的结构和联系。关系是制度系统的基本属性，是制度演化研究的一个重要问题。

在制度系统的形成及其演化过程中，制度主体的聚集形成更高一级的主体——"团队"主体，"团队"主体再聚集，这个过程不断地重复，就形成了具有网状特点的复杂网络系统的层次结构。①

在当代经济学研究中，经济分析主要采用两种方法：一是牛顿经典力学方法；二是生物学采用的整体演进方法和历史归纳法。当前以牛顿经典力学的静态分析为主的新古典经济学占据经济分析的统治地位。演化思想还没有形成像静态分析那样系统的分析框架。因此，均衡分析被公认为主流经济分析的工具。② 均衡是从物理学中的力学稳定（mechanical stability）概念移植过来的一个概念。所谓"均衡"是指系统中的各种力量在特定的时空上所达到的某种势均力敌的稳定或相对静

---

① 范如国：《制度演化及其复杂性》，科学出版社 2011 年版，第 39—40 页。

② 演化思想虽占有一席之地，却被排除在主流经济分析的大门之外。20 世纪 70 年代发生的主流经济学危机，以及物理学、生物学、非线性科学和复杂性科学等自然科学的迅猛发展，为演化经济理论的发展提供了理论基础和坚实的方法，开始打破新古典经济学均衡分析所奠定的方法论基础。参见范如国《制度演化及其复杂性》，科学出版社 2011 年版，第24 页。

止的状态。① 制度均衡是指整个制度系统中的各种力量在特定的时间上所达到的某种势均力敌的稳定或相对静止的状态，即制度系统中任何具体制度之间都不存在相互排斥的关系，而是处于相互间适应协调的状态。所以，制度的均衡是包括正式制度与非正式制度之间的一种相互协调与相互依存的状态。

根据上述制度复杂系统性和制度系统均衡依存性理论，作为一种制度的公司治理制度是由正式制度和非正式制度构成的一种复杂的制度系统，在这个复杂的公司治理制度系统中，正式的公司制度与非正式的公司治理制度形成了一种均衡的相互依存性关系。在这个复杂的公司治理制度系统中，缺失了非正式制度的支撑，正式制度无法达成一种均衡状态。

三　制度变迁的复杂性与路径性依赖

从最一般的意义上讲，路径依赖是一种状态，这种状态表明某些结果是由于引导这种结果的特定的事件所决定的。② 路径依赖是一个物理学和数学的概念，这个概念的来源与混沌理论（Chaos Theory）有关。在混沌理论的非线性模型中，一个系统的潜能取决于系统的初始状态——决定性因子，或者可能因为一些小概率事件和无关紧要的事件而发生锁定。在生物学中，相关的思想被称为偶然性——自然选择过程是不能还原的。偶然性意味着适应性是唯一的观念：生存不仅是最佳的可能，而且是适应性恰巧发生在当时。显然，这些从自然科学领域借鉴而来的概念可能存在着类比不完全性。在自然科学中，路径依赖常常会引出对公共政策的警告，特别在生态环境方面更是如此。如果老虎即将灭绝，即使环境的变化变得对老虎更加有利，老虎也不可能突然地再次出现。但是，路径依赖对人类行为的讨论却非常具有启发意义。如果人们停止使用大量消耗天然气的设备，不是因为天然气的价格变得昂贵了，

---

① 由于牛顿力学的巨大影响，经典力学的范式几乎渗透到了近代科学的各个领域，经济学也不例外。在经济学领域，也出现了一位伟大的"牛顿"，他就是法国经济学家瓦尔拉斯（Leon Walras），他在 1874 年出版的《纯粹经济学要义》一书中，运用经典力学范式创立了新古典主义微观经济理论——一般均衡理论，奠定了现代微观经济理论分析的根本方法——均衡分析法。参见范如国《制度演化及其复杂性》，科学出版社 2011 年版，第 22 页。

② 秦海：《制度、演化与路径依赖》，中国财政经济出版社 2004 年版，第 168 页。

就是因为市场上出现了新的燃气设备。

路径依赖的观点，正在对法律和经济学（或称法经济学，Law and Economics）提出挑战。对于法律来说，在给定判例的前提下，路径依赖是不言自明的。事实上，许多人已经指出法律的制定如果能够超越先例的约束，可能会导致更加有效的法律。因为案例并没有涵盖所有的未来的可能性。①

在制度的路径依赖研究中，正式制度对非正式制度的依赖的认识与研究经历了一个不断深化的过程。诺斯是现代经济学中非常重要的新古典制度经济学家。作为历史学家，他将新古典经济学带入了历史；作为新古典经济学家，他将历史带入了现代经济学，从而在一个非常完整的学术意义上完成了经济学向历史变迁过程的渗透，形成了他的新制度经济史理论。② 在诺斯 1973 年与罗伯特·P. 托马斯合著的《西方世界的兴起》一书中，只是将制度分为产权制度和作为组织的制度两种类型。而其所重点考察的制度在典型意义上只是作为组织的制度，特别是法律制度和政府制度，因为这两种制度为产权占优的制度提供更好的可分析性。这一时期，诺斯实际上对习俗等非正式制度没有给予足够的重视，特别是在产权制度的研究上体现得非常明显。③ 1990 年诺斯在他的《制度、制度变迁与经济绩效》一书中，对正式制度与非正式制度作了严格的区分，并认为区分制度与组织是新制度经济学研究的一个重要的因素。在这部著作中，他首先将制度与组织进行了分离，认为前者是游戏规则，而后者则是游戏的参与者。自此以后，诺斯的制度经济理论开始发生了重要的转折。④ 其中一个重要的体现就是，诺斯以制度环境的复杂性和不确定性为基础，强调文化背景的不同所形成的"心智模型"。诺斯认为，制度环境的复杂性和不确定性，不仅导致了制度的重要性，而且会演化为制度的竞争。制度的创造需要全面理解人类处理信息的能

---

① 秦海：《制度、演化与路径依赖》，中国财政经济出版社 2004 年版，第 169 页。

② 同上书，第 182 页。

③ 同上书，第 187 页。

④ 同上书，第 191 页。

力，而这一切需要认识不同文化背景所决定的"心智模型"。个人的"心智模型"部分起源于文化，部分是通过经验获得的，同时部分起源于非文化上的和非局部的学习。文化是由代与代之间传递的知识、价值和社会规范所组成的，并且，它在不同的伦理集团和社会是根本不同的。① 诺斯认为，范围经济、互补性和制度矩阵的网络外部性使得制度变迁具有压倒一切的增量性和路径依赖性。增量性制度变迁的方向将广泛地伴随现行制度矩阵并且由企业家和组织的成员已经投资的知识和技巧类型支配，这一过程构成一个更具渗透性的正式规则与非正式约束、制度与组织、心智与文化的互动过程。②

　　非正式规则与正式规则具有不同的强制类型和制度载体。在本质上，一种规则经常屈从于它的强制类型。从强制力的来源，可以将制度分为内部制度和外部制度。③ 内部制度的强制力来源于个人和社会与组织的私人强制，这种强制是民间性的。而外部制度则来源于国家强制。非正式的社会控制可能支持国家法律的强制，相反，当国家的法律是按照具有不同解释权的法律法规和各项规章制度进行颁布的时候，则法律的遵守严重地依赖于个人的伦理和私人的规范支撑。

　　非正式制度一般是通过自我强制来实现的，在这个强制过程中，每个人都具有强力的倾向去遵从规则以及它的强制。否则，他的处境就会更差，或者处于无人理睬的局面。这种类型的自我强制规则经常被称为习俗。在严格的意义上，与它相对应的社会结构就是博弈论所论述的合作博弈。在这一博弈结构中，一个成员如果发现了潜在的机会可以利用，其他的成员就会打破规则，同时，倘若预期其他人也会这样做，从而就会陷入"囚徒困境"。因此，就产生了缓解"囚徒困境"的需要，这样就将个人的伦理约束、个人伦理上的自我承诺以及非正式的社会强制引入这一过程，于是就产生了个人伦理。个人伦理的自我承诺是在大量的未分类的人群中进行的（在边际上，只有在两个人的博弈中才可能

---

① 秦海：《制度、演化与路径依赖》，中国财政经济出版社 2004 年版，第 193 页。

② 同上书，第 195 页。

③ 同上书，第 219 页。

执行有效的彼此控制，如"针锋相对""以牙还牙"），所以伦理规则必须是内在的，在这一过程中服从伦理规则具有本质的价值，这样这些伦理规则就会被大量的人群所共享，超越了个人的背景而形成了有规律性的行为，因而才能被作为制度接受了下来。这些有规律性的行为经常受到非正式的社会控制的支持。未分类的私人的个人伦理与分类的多人群体的社会规范可以被视为同一规范的两个方面。因为从私人伦理作为制度的方面来看，它影响了社会规范；从社会规范的角度看，它意味着是社会压力所构成的非正式的社会控制，但是，我们必须看到，私人强制在本质上并不总是非正式的，私人规则也可能通过有组织的方式进行强制，比如，在西方教会法盛行的时期的教堂法庭主要就是执行私人的制裁。再如行会、黑手党等，但这些执行在本质上以国家与民间两分法来看仍然是民间意义上的强制，而非国家层面上的强制。①

制度与组织是互动的，这一互动过程是广泛的社会秩序化的过程，构成这一互动维度的不仅是包容正式制度和各种非正式制度的个人、组织，而且还包括制度变迁的过程。从制度变迁的过程来看，人类社会一切制度的变迁都是一个适应性的学习过程。这种学习不是一般意义上的学习，而是基于个人心智、历史和文化以及意识形态的学习的过程。因此，制度创新与变迁的动力永远孕育在一定时期的个人心智、历史进程、文化演化和意识形态之中。在这一过程中，习俗或社会规范等非正式制度在制度变迁的速度和方向上起到了决定性的作用。②

第三节　公司治理正式制度对非正式制度
依赖的理论探源

一　市场的不确定性：企业家与股东的分离及冲突

弗兰克·H. 奈特③认为自己特别感兴趣的是经济学理论的含义、必

---

① 秦海：《制度、演化与路径依赖》，中国财政经济出版社 2004 年版，第 220 页。

② 同上书，第 226—227 页。

③ 弗兰克·H. 奈特（Frank Hyneman Knight）——芝加哥学派（经济）创始人、芝加哥

要的假设条件，以及理论条件与现实条件之间的不一致性。在《风险、不确定性和利润》一书中，奈特正是从理论条件下竞争与实际条件下竞争的不一致性出发，即从对完全竞争与不完全竞争的分析入手，通过引入不确定性概念，尤其是通过区分两种不同意义的不确定性概念，即风险与不确定性，揭示了理论上的完全竞争与实际竞争之间的本质区别，从而揭示了利润的来源。① 在这一过程中，奈特天才地研究和定义了企业和企业家的性质。

正如《风险、不确定性和利润》的书名所表明的那样，该书的理论体系是从收入分配理论中的利润问题出发，展开全书的分析过程。完全竞争的基本性质是不存在利润或亏损，商品的价值与成本完全相等，即产品价值被全部分配给各生产要素的所有者，没有剩余。但是，在现实社会

（接上页注）大学教授，20 世纪最有影响的经济学家之一，也是西方最伟大的思想家之一，1930 年获得美国著名的古根海姆奖。他对于经济学发展和经济分析方法的创新做出了多方面的杰出贡献。作为一个古典自由主义者，他是芝加哥学派的创始人；作为一个批评家，他告诫公众，经济学家的知识是有限的，其预测的失误是不可避免的；作为一名教师，他在芝加哥大学培养出了像弗里德曼、斯蒂格勒和詹姆斯·布坎南这些著名的经济学家、诺贝尔经济学奖得主。参见百度百科"弗兰克·H. 奈特"，https://baike.baidu.com/item/弗兰克·H. 奈特、3793467? fr=aladdin。

　① 古典经济学和新古典经济学的主要内容是价格机制，企业仅仅被抽象为利润最大化的生产者，即企业拥有完全的知识和预见，它总是遵循边际成本等于边际收益的原则进行生产，所以，在长期竞争均衡条件下，企业只能获得正常利润。为了批判这一理论，奈特用不确定性来说明在不完全竞争均衡条件下，利润存在的合理性。奈特认为，在不确定性假设下，所有的生产决策是在知识有限的情况下作出的，以至于对可能出现结果的概率计算成为不可能。由于每个决策只产生一种唯一的结果，所以，个体决策所导致的一系列可能的结果不受统计计量的约束。经济学分析是在完全竞争假设下对经济运行机制的研究，完全竞争是一个使产品价值与其成本趋于一致的过程，但是，在现实中两者总存在一个差额，这个差额就是利润。也就是说，由于现实中的竞争并非完全竞争，理论与实际的不一致性造成了不确定性，从而不确定性是利润存在的基础。奈特强调，变化不一定会导致利润的产生，因为有些变化可以事先精确地计算到成本中，使成本与产品售价相同，不会产生利润；只有不确定性能够将利润与变化联系在一起。利润的真正来源是不确定性，仅有变化和进步不足以产生利润，变化和进步的结果并不是其本身的结果，而是不确定性的结果。参见百度百科"弗兰克·H. 奈特"，https://baike.baidu.com/item/弗兰克·H. 奈特、3793467? fr=aladdin。

中，成本与价值仅仅是"趋于"相等，即只是偶然完全相等。在一般情况下，它们之间一定会存在一个正的或负的"利润"，这样，利润就成为分析完全竞争与现实竞争之间不一致性问题的出发点。

为了说明利润的来源，奈特首先区分了两种不确定性。即用"风险"指可度量的不确定性，用"不确定性"指不可度量的风险。[①] 利润理论之所以得以成立，正是因为真正的"不确定性"，而不是"风险"。具体讲，风险的特征是概率估计的可靠性，以及因此将它作为一种可保险的成本进行处理的可能性。估计的可靠性来自所遵循的理论规律或稳定的经验规律，对经济理论的目的来说，整个概率问题的关键点是，只要概率能够用这两种方法中的任一种以数字表示，不确定性就可以被排除。与可计算或可预见的风险不同，不确定性是指人们缺乏对事件的基本知识，对事件可能的结果知之甚少，因此，不能通过现有理论或经验进行预见和定量分析。

奈特区分风险与不确定性的哲学意义在于：风险是一种人们可知其概率分布的不确定，但是人们可以根据过去推测未来的可能性；而不确定性则意味着人类的无知，因为不确定性表示着人们根本无法预知没有发生过的将来事件，它是全新的、唯一的、过去从来没有出现过的。

奈特认为，在不确定性的假设下，决定生产什么与如何生产优先于实际生产本身，这样，生产的内部组织就不再是一件可有可无的事情了。生产的内部组织首先是要找到一些最具管理才能的人，让他们负责生产和经营活动。世界上只有少数人是风险偏好者，而绝大部分人是风险规避和风险中性者，后者愿意交出自己对不确定性的控制权，但条件是风险偏好者即企业家要保证他们的工资，于是，企业就产生了。也就是说，在企业制度下，管理者通过承担风险获得剩余；工人通过转嫁风险获得工资。

为了说明企业家和企业的性质，奈特的基本分析思路为：现实的经济过程是由预见未来的行动构成的，而未来总是存在不确定因素的，企业家就是通过识别不确定性中蕴含的机会，并通过对资源整合来把握和利用这

---

① ［美］弗兰克·H. 奈特：《风险、不确定性和利润》，安佳译，商务印书馆 2010 年版，第 211 页。

些机会获得利润。沿着这一思路，奈特分析了企业的性质和在现代化生产条件下企业存在的理由，不确定性的存在意味着人们不得不预测未来的需要。首要的问题和职能是决定做什么和怎样去做，因此出现了一个特殊阶层，他们向他人支付有保证的工资，并以此控制他人的行动功能的多层次专业化的结果是企业和产业的工资制度，它在世界上的存在是不确定性这一事实的直接结果。

在所有权与控制权没有完全分离的古典企业中，因市场的不确定性由兼具主要股东身份的企业家独享企业的控制权是不会引起公司治理问题的。但随着现代股份制企业逐渐成为市场主体的主要形式，企业家大多不再是企业的主要股东，企业的所有权与控制权的分离成为普遍态势，企业家与股东之间的利益冲突不可避免，公司治理问题成为现代大型股份公司的无法克服的顽疾。尽管人们已经设计出了各种正式制度的治理对策，但却始终未能根治公司治理的顽疾，还需要非正式制度作为补充。

二　信息的非对称性：逆向选择和道德风险问题[①]

乔治·阿克尔洛夫、迈克尔·斯宾塞和约瑟夫·斯蒂格利茨由于在"对充满不对称信息市场进行分析信息不对称"领域所做出的重要贡献，而分享 2001 年诺贝尔经济学奖。这三名获奖者在 20 世纪 70 年代奠定了对充满不对称信息市场进行分析的理论基础。其中，阿克尔洛夫所做出的贡献在于阐述了这样一个市场现实，即卖方能向买方推销低质量商品等现象的存在是因为市场双方各自所掌握的信息不对称所造成的。斯宾塞的贡献在于揭示了人们应如何利用其所掌握的更多信息来谋取更大收益方面的

---

　　① 经济学里有很多花里胡哨、让人摸不着头脑的术语，很不幸，逆向选择和道德风险就位于其中。它们难以理解的最重要的原因就在于，这两个词描述的是"症状"而不是"病因"。就像流鼻涕只是感冒的症状之一，要想知道为什么会流鼻涕，并且能让鼻涕止住，就必须找到病因。而逆向选择和道德风险的病因都是信息不对称：逆向选择源于事前的（exante）信息不对称，道德风险源于事后的（expost）信息不对称。如果从这一点入手，就会更容易地把握住两者的特点。"事前"和"事后"当中的事指的是什么呢？这个"事"指的就是合同的缔结，这个合同可以是销售合同，可以是雇佣合同，甚至可以是社会契约（social contract）。逆向选择是对于（事前的）状态（产品质量和投保人体质）的信息不对称，道德风险则是对于（事后的）行为或状态（冒险行为、实际运营成本、财务状况和管理方法）的信息不对称。

有关理论。斯蒂格利茨则阐述了有关掌握信息较少的市场一方如何进行市场调整的有关理论。阿克尔洛夫、斯宾塞和斯蒂格利茨的分析理论用途广泛，既适用于对传统的农业市场的分析研究，也适用于对现代金融市场的分析研究。同时，他们的理论还构成了现代信息经济的核心。

（一）逆向选择问题

乔治·阿克尔洛夫（George Akerlof）在 1970 年发表了名为《"柠檬"市场：质量的不确定性和市场机制》的论文，被公认为是信息经济学中最重要的开创性文献。在美国俚语中，"次品"俗称"柠檬"①，这篇研究次品市场的论文因为浅显先后被三四家杂志社退稿。然而，乔治·阿克尔洛夫在这篇论文中提出的逆向选择理论揭示了看似简单实际上又非常深刻的经济学道理。逆向选择问题来自买者和卖者有关车的质量信息不对称。在旧车市场，卖者知道车的真实质量，而买者不知道。这样卖者就会以次充好，买者也不傻，尽管他们不能了解旧车的真实质量，只知道车的平均质量，所以也就只愿意以平均质量给出中等价格，这样一来，那些高于中等价的上等旧车就可能会退出市场。接下来的演绎是，由于上等车退出市场，买者会继续降低估价，次上等车会退出市场。演绎的最后结果是：市场上成了破烂车的展览馆，极端的情况一辆车都不成交。现实的情况是，社会成交量小于实际均衡量。这个过程称为逆向选择。

在经济学中，"逆向选择"（adverse selection）是一个含义丰富的词汇，其基本含义包括：（1）在信息不对称的情况下，市场的运行可能是无效率的，因为在上述"柠檬市场"模型中，有买主愿出高价购买好车，市场——"看不见的手"并没有实现将好车从卖主手里转移到需要的买主手中。市场调节下供给和需求总能在一定价位上满足买卖双方意愿的传统经济学理论失灵了。（2）这种"市场失灵"具有"逆向选择"的特征，即市场上只剩下次品，也就是形成了人们通常所说的"劣币驱逐良币"效应。传统市场的竞争机制导出的结论是"良币驱逐劣币"

---

① "柠檬"——看着光鲜亮丽，但真的吃起来，咬一口就会发现酸得要命。当买到车况好的一辆二手车，买主自然无比开心；但是要是买的是一辆车况差的二手车，日后毛病不断，美国人就会说自己买到了一个"柠檬"。

或"优剩劣汰";可是,信息不对称导出的是相反的结论——"劣币驱逐良币"或"劣剩优汰"。

在此,"逆向选择"(adverse selection)是指市场交易的一方如果能够利用多于另一方的信息使自己受益而对方受损时,信息劣势的一方便难以顺利地作出买卖决策,于是价格便随之扭曲,并失去了平衡供求、促成交易的作用,进而导致市场效率的降低。这是在信息不对称情形下所造成市场资源配置扭曲的一种现象。

在现实的经济生活中,存在着一些和常规不一致的现象。本来按常规,降低商品的价格,该商品的需求量就会增加;提高商品的价格,该商品的供给量就会增加。但是,由于信息的不完全性和机会主义行为,有时候,降低商品的价格,消费者也不会作出增加购买的选择(因为可能担心生产者提供的产品质量低,是劣质产品,而非原来他们心中的高质量产品);提高价格,生产者也不会增加供给的现象。

逆向选择理论深刻地改变了分析问题的角度,可以说给人们提供了逆向思维的路径,会加深市场复杂性的认识,由此能改变很多被认为是"常识"的结论,使市场有效性理念又一次遭受重创。

由于信息不对称在市场中是最普遍存在的最基本事实,因而乔治·阿克尔洛夫的旧车市场模型具有普遍经济学分析价值。他讲的故事虽然是旧车市场,但可以延伸到烟、酒等所有产品市场、劳动市场和资本市场等等,也能解释为什么假冒伪劣产品充斥这些市场——是因为交易双方的信息不对称,一方隐藏了信息。逆向选择的理论也说明如果不能建立一个有效的机制遏止假冒产品,会使假冒伪劣现象泛滥,形成"劣币驱逐良币"的后果,甚至市场瘫痪。

在企业中也普遍存在着信息的非对称性问题。对称信息是指每一个参与人对其他所有参与人的特征、战略空间及支付函数有准确的认知,各方所拥有的个人信息都成为所有参与人的"共同知识"。在人力资源管理中,对称信息要求经理明确知道每个员工在工作中的知识、技能、努力程度、努力所花费的成本、从事其他工作的机会成本。但一般来说,经理对每个员工在其所从事的业务范围内所拥有的知识和信息并不能清楚地知道;工人的工作方式和努力程度也是很难被观察到的,即使能被观察到，也往往因搜集信息所需成本太高而不可行。

（二）道德风险问题①

道德风险（moral hazard）是 20 世纪 80 年代西方经济学家提出的一个经济哲学范畴的概念，即"从事经济活动的人在最大限度地增进自身效用的同时做出不利于他人的行动"。或者说是：当签约一方不完全承担风险后果时所采取的自身效用最大化的自私行为。道德风险亦称道德危机。但道德风险并不等同于道德败坏。

道德风险这个词来源于保险行业。获 2001 年度诺贝尔经济学奖的斯蒂格利茨在研究保险市场时，发现了一个经典的例子：美国一所大学学生自行车被盗比率约为 10%，有几个有经营头脑的学生发起了一个对自行车的保险，保费为保险标的的 15%。按常理，这几个有经营头脑的学生应获得 5% 左右的利润。但该保险运作一段时间后，这几个学生发现自行车被盗比率迅速提高到 15% 以上。何以如此？这是因为自行车投保后学生们对自行车的安全防范措施明显减少。在这个例子中，投保的学生由于不完全承担自行车被盗的风险后果，因而采取了对自行车安全防范的不作为行为。而这种不作为的行为，就是道德风险。可以说，只要市场经济存在，道德风险就不可避免。

上述最经典的例子说明，在投了保险后，投保人会改变自己的行为。如果一个人给自己的车买了保险，就会在驾驶或者是停车时比没有保险的人更加大意。参保人在参保后的行为改变会给保险公司带来损失，但是因为事后的信息不一致的存在，保险公司无法实时对参保人进行全面彻底的监控，所以要保证行为在参保前后的一致性，只能靠投保人的道德自律。这样带来由事后信息不对称所引发的损失就得名为道德风险。

在经济活动中，道德风险问题相当普遍。道德风险广泛地应用在委托—代理问题（principal-agent problem）的研究之中，不管是公司治理中的所有者和经理人的关系，还是国家治理中的公民和政府的关系，都存在着一定程度的道德风险。

---

① 道德风险问题既可以因事后的信息不对称引起，也可以因合约的非完备性引起。在这部分中，主要讨论因信息不对称引起的道德风险问题。

三　合约的非完备性：剩余控制权配置与"敲竹杠"问题

不完全契约理论，或称所有权—控制权模型，是由格罗斯曼、哈特和莫尔等共同创立的，因而这一理论又被称为 GHM 理论或 GHM 模型，国内学者一般把他们的理论称为"不完全合约理论"或不完全契约理论。① 不完全契约理论认为，由于人们的有限理性、信息的不完全性及交易事项的不确定性，使得明晰所有的特殊权力的成本过高，拟定完全契约是不可能的，不完全契约是必然和经常存在的。

哈特②从三个方面解释了合约的不完全性："第一，在复杂的、十分不可预测的世界中，人们很难想得太远，并为可能发生的各种情况都做出计划。第二，即使能够做出单个计划，缔约各方也很难就这些计划达成协议，因为他们很难找到一种共同的语言来描述各种情况和行为。对于这些，过去的经验也提供不了多大帮助。第三，即使各方可以对将来进行计划和协商，他们也很难用下面这样的方式将计划写下来：在出现纠纷的时候，外部权威，比如说法院，能够明确这些计划是什么意思并强制加以执行。"除了哈特上述关于契约不完全性原因解释的表述之外，有关契约不完全的五种起因已经形成共识。第一，一个契约有时因为语言表达模棱两可或不清晰而可能造成契约的模棱两可或不清晰。第二，由于契约当事人的疏忽未就有关的事宜在契约中写明，而使一个契约变成不完全契约。第三，因为契约当事人订立有关条款以解决某一特定事

---

① 该理论是基于如下分析框架：以合约的不完全性为研究起点，以财产权或（剩余）控制权的最佳配置为研究目的。是分析企业理论和公司治理结构中控制权的配置对激励和对信息获得的影响的最重要分析工具。GHM 模型直接承继科斯、威廉姆森等开创的交易费用理论，并对其进行了批判性发展。其中，1986 年的模型主要解决资产一体化问题，1990 年的模型发展成为一个资产所有权一般模型。GHM 模型与供需曲线图像模型、萨缪尔逊（Paul Samuelson）的重叠代模型、拉丰（Jean-Jacques Laffont）和梯若（Jean Tirole）的非对称信息模型、道格拉斯·戴蒙德（Douglas Diamond）和迪布维格（Philip Dybvig）的银行挤兑模型一起，被称为现代经济学五大标准分析工具。在企业理论、融资理论、资本结构理论和企业治理理论等方面得到广泛运用。参见 MBA 智库百科 "不完全契约理论"，http：//wiki. mbalib. com/wiki/%E4%B8%8D%E5%AE%8C% E5%85%A8%E5%A5%91%E7%BA%A6%E7%90%86%E8%AE%BA。

② ［美］奥利弗·哈特（Oliver Hart, 1948—　　）哈佛大学经济学教授，美国人文与科学院院士，英国科学院院士，不完全合约理论的开创者之一。

宜的成本超出了其收益会造成契约的不完全。成本中包括信息处理成本，因此第三条原因包括了由于有限理性而引起的不完全性。第四，由于存在不对称信息而导致契约的不完全。第五，一个最新的理论声称，只要至少市场的一方是异质的，且存在足够数量的偏好垄断经营的当事人时，则契约就是不完全的。总之，法律契约理论必须解决由以下原因引起的契约的不完全性问题：（1）语言的局限性；（2）疏忽；（3）解决契约纠纷的高成本；（4）由信息不对称引起的弱或强非契约性契约；（5）垄断经营的偏好。①

企业中普遍存在契约的不完备性。"企业的契约理论"中一个基本命题是：企业是一系列契约（合同）的组合②，是个人之间交易产权的一种方式，相对于市场而言，企业是一种不完备的契约。一个完备的契约是指这种契约准确地描述了与交易有关的所有未来可能出现的状态，以及每种状态下契约各方的权力和责任。具体到人力资源管理，契约的完备性意味着劳动合同不仅要规定工人上下班的时间、每月的工资，还要说明工人每天在什么地方干什么具体的工作；不仅要规定工人通过努力达到预定产出水平时应该得到的报酬，还要规定在未达到预定产出时对应于每一项努力水平应该获得的报酬等。但非常明显的事实是，这样的完备性契约在企业中不可能存在，它源于未来世界的不确定性。在一个不确定的世界里，要在签约时预测到所有可能出现的状态几乎是不可能的，每种状态下契约各方的权力和责任也不可能得到完全的明确。实

---

① ［美］艾伦·施瓦茨：《法律契约理论与不完全契约》，载［美］科斯、哈特、斯蒂格利茨等著，［瑞典］拉斯·沃因、汉斯·韦坎德编《契约经济学》，李风圣主译，经济科学出版社 2003 年版，第 102—103 页。

② 企业实质是一个合约结构，它拥有（1）联合投入的生产；（2）几个投入所有者；（3）有一个团体是所有联合投入的合约所共有的；（4）它拥有与任何投入合约进行再谈判的权利，在谈判时可独立于与其他投入所有者的合约；（5）它持有残余权利（现通译为剩余权利——笔者注）；（6）它拥有出售这一集中的合约的残余地位的权利。集中的代理人被称为企业的所有者和雇主。参见［美］A. 阿尔钦、H. 德姆塞茨《生产、信息费用与经济组织》（原载《美国经济评论》1972 年 6 月号——译者注），载［美］R. 科斯、A. 阿尔钦、D. 诺斯等《财产权利与制度变迁——产权学派与新制度学派译文集》，刘守英等译，上海三联书店、上海人民出版社 1994 年版，第 86 页。

质上，一个完备的契约无异于否定企业的存在。劳资合同的不可避免的"漏洞"表明：仅仅依靠契约不能形成对工人的有效管理。

企业中普遍存在的契约的不完备性和信息的非对称性，诱发了员工的机会主义行为。员工会尽可能选择以付出较少的努力换取较多的收入或报酬。假定经理目标是以利润最大化为准则的，那么他希望工人多努力以增加利润。如果契约是完备的、信息是对称的，个人的行为及目标选择都置于组织的监控之下，那么个人只有通过完成组织目标并在组织目标的约束下才能实现个人目标。但是，企业契约并不能明确规定未来所有各种可能出现的状态及各方的责权利关系，经理并不能完全观测到员工的工作方式和努力程度，那么，对于一个理性的员工来说，他就有动机利用契约的"漏洞"和行为的不可观测性为谋求自身效用最大化而背离经理所希望的目标。工人可以采用偷懒或"磨洋工"的方式，甚至利用组织资源（如偷窃、泄露企业技术秘密等）为个人谋取福利。这样，个人目标偏离组织目标，人力资源道德风险也由此而生。

对产权结构的经济意义进行研究的数学模型，最重要的应该算1986年格罗斯曼和哈特发表在《政治经济学杂志》上的文章。按照他们的论文，合约和一般现货买卖的差别是，前者对未来将发生的事情作了一些双方权利的规定。交易中的机会主义行为造成的事后交易费用使合约成为必要。例如发电厂就近煤矿建设一个只能用此矿的煤的工厂，如没有合约，煤矿就可能利用发电厂投产后改变资产性能的困难，在现货交易中剥削发电厂，比如把煤价抬高等等。而合约可以限制这类机会主义行为，例如预先对煤价作一些限制。一旦合约成为限制机会主义行为所必需的，则合约必须对一些无法预见的事发生后谁有处置权作规定。因此合约一定要规定这种所谓的剩余权归谁所有。如果合约双方遇到合约中未写明的事时，都有平等的权利重议合约条件，则此类合约的剩余权就是对称分配的（symmetrical distribution）。如果一个合约的剩余权是对称分配的，则合约双方不是雇与被雇的关系，企业也就不存在，如果合约的剩余权归一方所有，则剩余权持有者是雇主，没有剩余权的一方是雇员，这种非对称剩余结构（有时又被称为非对称权威分配）被视为企业的特点。

格罗斯曼和哈特发展了一个所谓的资产特异性（asset specificity）模型，按他们的数学模型，由于某些资产的特异性和信息不对称，剩余权的非对称分配有可能减少事后交易费用。这类模型产生了结论，即产权分配结构的差别并不是无关紧要的，而是对交易费用的大小有非常关键性的影响。这类模型与"高斯定理"的思想是不一致的，而且似乎是有意要证明高斯定理并不是在任何情况下都成立。①

GHM 理论虽然模型优美，但仅仅适用于古典资本主义企业的情形，因为该理论是建立在当事人不受财富约束的特殊假定之上的。阿洪（Aghion）和博尔顿（Bolton）通过将财富约束引入 GHM 分析框架，在交易费用和合约不完全性的基础上发展出一种最优融资结构理论。他们的论文重点研究了缺乏资本的企业家和富有资本的投资者之间的最优控制权结构。由于企业家既关心企业的货币收益，又关心自己的在职私人收益，而投资者只关心企业的货币收益，因此双方的目标之间存在利益冲突。为实现总收益的最大化，最优的控制权结构应当是：首先，当企业家或投资者的利益与总收益呈单调递增关系时，企业家或投资者的单边治理模式是最优的；然后，当上述双方的利益与总收益之间不存在单调递增关系时，那么控制权的相机配置将是最优解，"即企业家在企业经营状态良好时获得控制权，反之投资者获得控制权"。

由于 GHM 理论认为非人力资本的所有权是权利的来源，并且凭借其能够取得对人力资本的控制，因此只有非人力资本才能维护企业的稳定性。同时，该理论把所有权等同于控制权，而在现代企业中则存在所有权和控制权分离的现象。针对这些问题，拉詹（Rajan）和津加莱斯（Zingales）提出了他们的理论。有的学者将其称为关键资源理论，该理论认为对关键资源的控制才是权利的来源，拥有这种权力的一方可以赋予另一方"进入权"。关键资源可以是一个想法、好的客户关系、一种新工具或更为优越的管理技巧，进入权就是利用关键资源的能力或者是同关键资源一起工作的能力。由于物质资产并不是企业的唯一关键资

---

① 杨小凯：《企业理论的新发展》，《经济研究》1994 年第 7 期。

源，所以权利不仅仅来自物质资产所有权。因此，企业并不能够完全由非人力资本所规定，特别是那些人力资本已经成为企业存在和发展的关键性要素的新型企业更是如此。他们把企业定义为既包括独特的资产（物质资产或人力资产）也包括对这些资产拥有进入权的人的集合或纽结。强调企业并不是一个简单的物质资产集合，而是这样一个集合——不仅包括那些被共同所有的关键要素、天才和创意，还包括那些获得这些关键要素的使用权并且为之进行了相应的专用性人力资本投资的人们。总之，企业的经济本质是"一个难以被市场复制的专用性投资的网络"，而且是"围绕关键性资源而生成的专用性投资的网络"。

GHM 模型的发展主要分两个方向进行：一是将其不完全合约理论的应用范围从产权理论、企业边界理论扩展到组织理论、融资理论、公司治理结构理论等领域；二是放弃一些假设前提，对原模型进行扩展研究，使其更一般化。

哈特研究不完全合同理论的后期阶段，放弃了一些不现实的假设，研究了管理者与投资者之间的最佳控制权安排问题及其相关的公司治理理论和最佳融资合约，并从中发展出"状态依存"（state contingent）控制权理论，得出与一些与原模型不完全一样的结论。哈特将控制权与现金流权等分开，认为管理行为（如私利、努力程度等）是不可转让的，控制权是可转让的。在企业经营状况比较好时，控制权由股东或经理行使；当企业经营不善，面临清算、破产时，控制权由债权人行使；在企业完全是靠内部融资时，控制权就可能由员工行使。这是建立在企业融资结构或资本结构由债券或股权按一定比例构成的基础上的。①

不过，GHM 模型本身也在理论和实际两方面受到许多质疑、挑战和批判。尤其是 20 世纪 90 年代末以来，随着经济信息化和知识化的推广，所谓"知识经济"的来临，传统的企业性质和组织形式发生变化，人力资本的重要性得到增强，以新制度经济学为基础、物质资本所有权至上的主流企业理论受到了新的考验。GHM 模型以合约的不完全性证

---

① 参见 MBA 智库百科"不完全契约理论"，http：//wiki. mbalib. com/wiki/% E4% B8% 8D% E5% AE% 8C% E5% 85% A8% E5% A5% 91% E7% BA% A6% E7% 90% 86% E8% AE% BA。

明物质资本所有权的重要性，这一观点和逻辑自然也受到质疑和批判。由于这一模型的特殊地位和影响，加之对其存在不同的理解，对它进行重新审视，并厘清其渊源和发展趋向，无疑具有重要的理论和实践意义。

第三章

公司治理的民族文化根源性

第一节　民族文化与公司治理模式的内在关联性

公司治理的发展经过了漫长的过程，在漫长的实践过程中，股份公司的经营理念和各国的具体情况、民族文化相结合，逐渐形成各种公司治理模式。根据问题研究的需要，学术界将各国的公司治理模式进行了不同的分类，常见的分类包括内部型—外部型、距离型—控制型、基于市场型—关系导向型、基于市场型—基于银行型等。不难发现这些分类其实都是从公司治理的特征角度去划分的。其中，被广泛接受的是将公司治理模式划分为美英治理模式与德日治理模式，也就是莫兰德的经典"二分法"模式。①

其实，这种划分与上述观点在实质上并没有很大的区分。美英治理模式一般也是我们所说的外部型、距离型、基于市场型治理模式，而德日治理模式一般我们也可以称为内部型、控制型、基于银行型治理模式。下文将运用实证分析的方法，对当今世界上两种最为典型的公司治理模式，从民族文化根源性的角度进行分析，以探讨民族文化对于公司治理的深刻影响。

公司治理作为一种制度系统，其内部构成还存在诸多子制度。我们将分别从股权结构、股东类型、公司内部治理与外部治理、激励机制、职工参与和治理目标设计等七个方面对当今世界两大典型公司治理的民

---

① Pieter W. Moerland, "Corporate Ownership and Control Structures: An International Comparison", *Review of Industrial Organization*, Vol. 10, Issue 4, August 1995.

族文化根源性进行实证分析。①

一　股权结构、股东类型与公司治理目标

公司的股权关系是公司的基本法律关系，股权结构（Ownership Structure）是公司治理的基础。股权结构是指公司总股本中，不同产权主体的股份所占的比例及其相互关系，它至少包括两层含义：第一，投资比例，即在股本总额中股东投资所体现的结构比例；第二，权利关系，即股东以其投资比例而在企业控制权中所体现的权利分配格局。② 就此定义而言，前者侧重于股权结构的经济意义，而后者侧重股权结构的法律意义。股权结构的分布状态可以表现出两种明显的相反的表象，即股权的高度集中和高度分散两种结构形态。美英的股权是高度分散的，而德日的股权则是高度集中的，这一点从实证角度也得到有力支撑。根据欧洲公司治理网络的实证分析，从最大股东股权集中度和最大三个股东股权集中度来看，美国和英国公司的集中度要普遍低于欧洲大陆的七个发达国家。而德国上市公司最大股东股权集中度和最大三名股东股权集中度分别高达 61.5% 和 71.4%，高出美英公司指标近 2.5 倍。③

股东类型是对公司股东的人身属性进行的考察。从法律的角度，可以将人分为自然人和法人；法人按其性质又可以分为企业法人和机关、事业、团体法人；企业法人按其营业还可以进一步细分金融企业和工商企业。④ 在两大典型公司治理模式中，美英公司治理模式的股东以社会公众为主，而德日公司治理模式里，银行和法人是其主要股东。在美国，公司机构投资者股东和分散的社会公众股东占主导地位；并且机构投资者股东和分散的社会公众股东持股趋势正向两个相反的方向发展，

---

① 本书的这种细分仅是为了研究方便，理论上并无统一意见。具体细分的思路参见孙光焰《公司治理模式趋同化研究》，中国社会科学出版社 2007 年版，第 62—94 页。

② 王斌：《股权结构论》，中国财政经济出版社 2001 年版，序言。

③ Becht et al. , "Strong Blockholders, Weak Owners and the Need for European Mandatory Disclosure, in the Searation of Ownership and Control: A Survey of 7 European Countries", Preliminary Report to the European Commission, Vol. 1 - 4, Brussels: European Corporate Governance Network, 1997.

④ 孙光焰：《公司治理模式趋同化研究》，中国社会科学出版社 2007 年版，第 75 页。

即机构投资者股东持股比例越来越高，分散的社会公众股东持股比例呈下降趋势。① 美国企业目前最大的股东是机构投资者，如养老基金、人寿保险、互助基金以及大学基金、慈善团体等。② 然而，尽管机构所有的持股总量很大，一些持股机构也很庞大，资产甚至达几十亿美元，但机构投资者为了分散投资风险，大多数将投资分散到多个公司，这就使得他们成为多个公司的小股东，一般占某一公司股份总数的 0.5%—1%，因而在公司中一般只有有限的发言权，不足以对经理人员产生很大的压力。在美英国家，机构本身并不拥有股权，股权是属于最终所有人——信托收益人的，所有机构都是接受社会公众的委托从事证券的投资。所以，美英国家公司的股东类型最主要的其实就是广大的社会公众。

不同类型的股东在公司治理中的动机、能力和作用大不相同，都会导致公司治理目标的差异。由于美英模式的股东主要是社会公众，直接导致了公司治理目标是追求股东个人利益最大化的短期获利行为，而德日的银行和法人股东则引致了其公司治理目标以相关者利益为重的长期投资行为。通过对美国和日本公司治理目标的比较分析，可以发现美国高达 94.7% 的企业追求股东利益的最大化，而只有 5.3% 的企业考虑到利益相关者的利益；而在日本则明显呈相反的态势，这一比例分别为 20.4% 和 79.6%。③

（一）个人主义：股权高度分散与公众股东

在美国的民族文化中，个人主义是其重要内容，它最雄辩地、实在地、真正地表述了美国思想。第三版《韦伯斯特新世界词典》对个人主义（individualism）作了如下定义：（1）特性，个性；（2）独特性；（3）指国家为个人存在，而不是相反；（4）认为个人利益是人类一切

---

① 美国投资公司协会：《1997 年共同基金统计摘要》，转引自李维安等《公司治理》，南开大学出版社 2001 年版，第 135 页。

② 蔡继明、解树江：《公司治理结构的国际比较——兼论我国民营企业的治理结构与企业创新》，《南开经济研究》2000 年第 2 期。

③ ［日］深尾光洋、森田泰子：《企业治理结构的国际比较》，日本经济新闻社 1997 年版，第 140 页。转引自李维安等《现代公司治理研究——资本结构、公司治理和国有企业股份制改造》，中国人民大学出版社 2002 年版，第 122 页。

活动的理所当然的目标，自我主义；（5）我行我素，按照自己的生活方式生活，不与社会盛行的习俗保持一致。① 这一定义高度概括了美国个人主义的特点及表现形式，具有现实的借鉴意义。

　　个人主义在美国深深扎根于《独立宣言》和《美国宪法》中基于权力的政治理论。1776 年 7 月 4 日，杰斐逊在《独立宣言》中宣布"人人是生而平等的"，此后美国就使自己献身于这样一种个人主义的理想。② "人人平等"就把人看成了单个有思想独立的人，把个人人性强调了出来，个人主义因而有了政治依据。个人主义强调个人先于社会而存在，个人是本源，社会、国家是个人为了保障个人的某种权利或利益而组成的，除了个人的目的，社会或国家没有任何其他目的，国家权力由此掌握在多数人即人民手中，这也是美国共和国的鲜明特征。由于确定政府应是人民的公仆，而不是人民的老爷，就使大多数州宪法都包含有一个人权法案。个人权利进一步有了法律的保障，个人主义因而更加有了理直气壮的根据。

　　美英的个人主义完全不同于利己主义，它包含着"等价交换"的资产阶级信条，即"我信我的个人主义，但也尊重你的个人主义"。③ 它的基础是个性自由和平等，强调依靠自己，自力更生，个性自由发展。美国个人主义的中心内容是"自主动机，自主抉择，通过自力更生达到自我实现"④。因此，在美英国家，任何人都可以按照自己的生活方式生活，不与社会盛行的习俗保持一致，任何干预个人按自己认为正确的方式思考、判断、决策和生活的行为不仅是不道德的，而且是亵渎神圣的。所以在美英，社会个人追求自身利益的最大化是一件理所当然的事情，而能够最快实现利益最大化的市场当属资本市场，社会个体可以通过资本市场自我决定买与不买哪一家公司的股票，并通过高抛低吸的方

---

① 朱永涛：《美国价值观——一个中国学者的探讨》，外语教学与研究出版社 2002 年版，第 24 页。

② ［美］布卢姆等：《美国的历程》（下册 第二分册），戴瑞辉等译，商务印书馆 1995 年版，第 187—190 页。

③ 段连城：《美国人与中国人：中美文化的融合与撞击》，新世界出版社 1993 年版，第 6 页。

④ 端木义万主编：《美国社会文化透视》，南京大学出版社 1999 年版，第 52 页。

式实现自我价值的增值，正是这种根深蒂固的个人主义决定了这些社会主体的行为选择。因此，在美国，许多社会个体通过资本市场的买卖而成为公司的股东，反映到公司治理当中，则是股权结构的高度分散，股东类型也是以社会公众为主。美国的个人主义精神帮助美国人创建了全世界最发达的资本市场，为外部公司治理模式提供了客观环境，使其高度分散的股权分布特征成为可能。

同时，美国的个人主义强调个人追求自己经济利益的合法性，强调个人通过竞争和市场经济实现个人利益。美国人认为，无论是政府的权力集中，还是非政府的经济组织或私人组织内的权力集中，都可能控制普通人的生活和自由，限制普通人的愿望、能力和行为。因此，政府的权力集中，经济组织或私人组织内的权力集中自然是不可取的，都应该加以限制，各个股东应处于机会均等的位置上。这一传统使得美国对私人经济权力的集中感到十分不安，美国惧怕私人经济权力的集中造成竞争的阻断，从而会导致实体经济的崩溃并对整个金融制度造成影响，损害个人追求自身利益的可能性。因此，阻止银行等经济组织对企业进行有效投资并进入公司董事会一直是美国占统治地位的文化和政治氛围。与此相适应，法律抑制金融中介机构结成金融联盟，促进金融分散化，并致力于拆散其投资组合，现代美国企业不得不适应这种氛围。1933年的《格拉斯—斯蒂格尔法案》将商业银行与投资银行分开，并对它们所持股份数额进行了限制；1940 年出台的《投资公司法》限制投资基金对每家上市公司的投资额度。这些法律使银行、保险公司和基金等金融机构不能或不愿成为上市公司的大股东，也无法对公司的经营管理实行积极的干预。而这些法律的背后恰是文化的因素在推动，所以美国公司治理中的分散型股权结构和以社会公众为主的股东类型正是文化使然的结果。

冒险精神是个人主义极其重要的表现形式。"地球上没有任何地方自然条件如此优越，资源如此丰富，每一个有进取心和运气好的美国人都可以致富。由于大自然和经验都告诉他们应该保持乐观，美国人的乐观精神是异乎寻常的。"① 而这种乐观精神应源于美利坚民族的祖先——

---

① ［美］H. S. 康马杰：《美国精神》，南木等译，光明日报出版社 1988 年版，第 6 页。

第一批乘坐"五月花"号船抵达新大陆的人，他们的冒险精神以及勇敢与乐观的精神在这片土地上得到了实惠，最后在西部大开发中连同创新精神一起凝固成美国民族特色，这也是美利坚民族生存的需要和经验的总结。美国人这种天生的冒险精神，使得美国人热衷于资本市场上的投资，加之美英公司的委托人主要是社会公众，对社会公众而言，追求自身利益的最大化是最高目标，每个社会个体都追求个人利益，并且视其为不可剥夺的权利。因此，美英公司更加看重的是企业的短期效益，把股东价值最大化视为企业经营的最高目标，美英公司更愿意把收入中较大的比例作为红利，分配给公司股东，这样资金就重新回到了市场而不是留在企业组织内部，资金的流转加快，资本的积累加速。

（二）集体主义：股权高度集中与银行法人股东

日本是一个四面环海的岛国，其面积大约为 37.8 万平方千米，其中山地、丘陵占 80% 左右，可耕地缺乏，人口主要集中于狭窄的临海平原上。日本人就像是一叶孤舟上的人，面对神秘恐怖的大海，除了团结协作以外别无退路，大海将他们紧紧压向一起，面对浩瀚的海洋，身处孤岛上的日本人自然会体会到个体的渺小和对集体的向往。再加上日本地处环太平洋火山地震带，地震、火山活动频繁，为了从自然灾害中求生存，日本人必须团结起来，如果不讲究团结和集体行动，面对突如其来的自然灾害，只有死路一条。所以，日本民族就形成了藐视个人力量，注重集团力量和权威的特点。一直以来，日本都在宣传这种观念，包括在公司出现的初期，强调国家的绝对权威和利益，那时候的公司基本上都是由国家或者代表国家的利益集团所掌控。这种集体主义精神一直延续到现代，这就是为什么日本的公司治理中一直强调强权，提倡集中控制，不反对垄断的股权高度集中的原因。

日本实行主银行体制，主银行制是一种公司融资和治理的制度，该制度涉及工商企业、各类银行及其他各类金融机构和管制当局之间非正式的实践、制度安排和行为。[①] 主银行制使得银行成为日本公司的一个

---

① ［日］青木昌彦：《日本经济中的信息、激励和谈判》，朱泱、汪同三译，商务印书馆 1994 年版，第 42 页。

重要股东。在日本，最大 5 名股东中金融机构持股比例高达 25%，只比最大 5 名股东持股比例低 8.1 个百分点，即存在金融机构大股东控制地位的比例很大。① 这与日本主银行制有极大的相关性，由于主银行持股在于监控公司经营，所以其股权基本上处于不流动和高度集中状态。

集体主义在公司中表现为成员按照自己所属的集团抱成团儿，集团内外被明确地区分开来。同时，日本的所谓的集体主义表现为一种观念形态，其实际上是作为虚拟的血缘集团而存在。企业是虚拟的血缘集团的一种，是最坚强的共同体。② 日本的这种文化特征决定了日本的企业不希望国外机构投资者参与，也不希望圈外企业的参与。二战期间，为了保证军需生产，日本军政府为每一个军火企业指定一家银行向它提供资金，企业必须在指定的银行开设账户，以密切产业与金融的联系，这是主银行收支结算账户的原型。二战结束时，这种指定型银行体制涵盖了 2240 家企业，其中 1582 家被指定给五大财阀银行中的一家，主办银行制初步形成。③

20 世纪 50 年代，日本经济进入高速增长期，企业的扩张步伐加大、投资意愿强烈，但由于政府对债券发行和股权融资的严格管制，使得自有资金存量严重不足的企业面临资金来源缺乏、融资通道狭窄的窘况，从而不得不更多地依附于银行。恰逢当时银行为了确保营业收入的稳定性和自身的竞争力也需要稳定忠诚的客户（尤其是大客户）。在这两大因素合力作用下，主银行制得到了充分发展，并对日本经济的增长起了重要的推动作用。④ 事实上，日本绝大部分企业都拥有自己的主要交易

---

① S. D. Prowse, "The Structure of Corporate Ownership in Japan", *Journal of Finance*, Vol. 47, Issue 3, July 1992. 李向阳：《企业信誉、企业行为与市场机制——日本企业制度模式研究》，经济科学出版社 1999 年版，第 74 页。转引自于潇《美日公司治理结构比较研究》，中国社会科学出版社 2003 年版，第 168 页。

② ［日］丸山真男：《日本的思想》，区建英、刘岳兵译，生活·读书·新知三联书店 2009 年版，第 68 页。

③ ［日］青木昌彦：《比较制度分析》，周黎安译，上海远东出版社 2001 年版，第 336 页。

④ 何自力等：《公司治理：理论、机制和模式》，天津人民出版社 2006 年版，第 332 页。

银行，即主银行。①

日本公司的另一主要股东是财阀集团，这与日本特殊的政治文化背景有极大的联系。二战后，美国为了彻底摧毁日本赖以存在的经济基础，将股权分散到普通公众的手中，解散了财阀集团。但由于日本民族崇尚集体主义精神，分散到公众手中的股权并没有切实发挥应有的作用，再加之美国解散财阀集团的工作不够彻底，财阀联合结构和各个财阀的组成部分在这个过程中基本保持下来，管理工作仍由企业中负责长期投资规划的职业管理人员来执行，这为后来财阀集团的复辟提供了基础。1949 年，由于股票过度供给，公司的利润和利息较低，导致了股票价格的狂跌，雇员为了个人的短期利益纷纷卖出股票，其所有权地位大大降低，日本政府提出了以下方法来维持股票价格：一是政府鼓励金融机构持股；二是修改 1947 年美国倡导建立的《禁止垄断法》，提高金融机构的持股比例。1949—1955 年，个人所有权从 69% 降低到 53%，而金融机构特别是保险公司和信托银行持股比例大大上升。② 在 20 世纪50 年代中期，美国开始退出对日本经济的控制。为了防止来自日本之外的经济力量的侵入，也为了稳定经营活动，日本主要工业公司和银行发起了一场交叉持股的运动，原来被打破的、被分开的财阀的各个部分又重新恢复到一起。由于集体主义的民族特性，日本政府并未反对这种交叉持股的行为，并以此作为保持股东稳定的手段，从而实现公司的规模化，提高公司的竞争力，实现国家经济的快速复苏。

德国和日本都是单一的民族国家，在民族文化和民族精神上有很多相似之处。正如弗朗西斯·福山所说："两国都有高度发达的集体团结意识，两国均以有序和守纪律而闻名……两个社会的成员都以守规则而乐，从而增强了他们自己属于同一文化群体的意识。"③ 同大和民族一

---

① ［日］深尾光洋、森田泰子：《企业治理结构的国际比较》，日本经济新闻社 1997 年版，第 46 页。转引自茡景石《略论日本的公司治理结构及其改革趋势》，《世界经济》2000年第 7 期。

② 于潇：《日本主银行制度演变的路径分析》，《现代日本经济》2003 年第 6 期。

③ ［美］弗朗西斯·福山：《信任：社会美德与创造经济繁荣》，彭志华译，海南出版社2001 年版，第 31 页。

样，日耳曼民族也很崇尚集体主义精神。历史上的德国经历了太久的分裂，德意志民族遭受过多次的外族入侵和欺凌，痛苦的历史记忆使德意志民族更加向往民族的团结，共同捍卫民族的尊严。德国的民族文化特性在德国公司治理中得到了充分的反映，其中最主要的表现就是股权的高度集中。据调查，前五大股东所持股份比例中，2003 年德国上市公司的平均值为 61.5%。①

德国的主要股东是"全能银行"，其前身是在 1871 年德国统一过程中设立的大型银行。这些大型银行最初充当了风险投资公司的角色，为政府建立现代工业的目标服务，为企业提供融资服务。当贷款需要偿还时，德国银行没有简单地向企业收取现金，而是把企业变成了股份公司，把自己的债权转化成为向大众出售的股权。作为融资主体的银行深受政府政策和国家法律的保护，德国的《反托拉斯法》也没有对银行持有公司股份做出任何限制。二战后德国重建时期，银行不仅为企业提供贷款，还帮助企业发行股票、认购债券，还提供流动资金，更加巩固了其在德国金融体系中的核心地位。因此，德国的银行没有实现证券业与银行业的分离，银行有权收购或持有任何法律形式的公司的股份，被称为"全能银行"。

在德日国家，公司的委托人主要包括法人股东、银行、企业职工、政府。这些委托人都是坚持集体主义理念的，由于坚信集体的力量是最大的，个人是为集体服务的，所以价值的最终归宿为集体利益的实现。而作为集体，必定是由许多利益相关者共同组成的，因此，重视集体利益其实就是对利益相关者的关注。因此，在德日国家的公司治理目标设计上，与重视股东个人利益最大化的美国式公司治理形成对比，日本和德国的公司治理则更为重视利害关系者的利益。德日公司认为应着眼于公司的长期效益，承担社会责任和义务，企业的经营不仅要满足所有者，同时也应考虑其他相关受益人。

从以上论述可以看出，美英模式中股权高度分散，股东类型以社会

---

① ［日］佐久间信夫：『企業統治構造の国際比較』，ミネルヴァ書房 2003 年版，第 111 页。

公众为主和公司治理目标追求短期化的股东个人利益最大化的特点与美英民族文化中个人主义的民族精神是契合的；德日模式中股权高度集中，股东类型以银行和财团为主和公司治理目标追求长期化的利益相关者利益的特点与德日民族文化中的集体主义精神是契合的。

二　内部治理结构

所谓公司内部治理结构，是指由股东大会、董事会、监督机关和高级经理人员等组成的一种公司内部组织结构。美英公司和德日公司在股权结构和股东类型方面存在巨大的差异，直接导致了美英公司和德日公司在内部治理结构方面的显著不同。美英公司的内部治理结构是以外部董事为主的董事会制度，而德日公司则是以内部董事为主的董事会制度。

（一）民主自由精神：外部董事为主的董事会制度

美国社会首先是由欧洲移民组成的社会，其中最早的移民是英国移民，并且在相当长一段历史时期里英国裔移民都是人口最多的社会群体。这就决定了美国是个白人欧洲型社会，其主流文化是欧洲文化的移植物，即欧洲古典自由主义，尊重进步，不反对变革。曾经访问过北美的安德鲁·伯恩比称："美国人特别高傲而珍惜自己的自由，忍受不了任何限制，几乎不能容忍任何高高在上的权利控制，甚至有这种想法他们都受不了。"民主自由成为美利坚民族文化的重要组成部分，并造就了美国个人英雄主义，因为崇尚自由，所以思想不受束缚，比起亚洲文化来说，美国人更敢于藐视权威，更勇于相信自己，更善于超越前人，这就是美国个人英雄主义的根源。美国好莱坞式电影充满着个人英雄主义元素，从风靡全球的3D电影《阿凡达》中就不难发现这一点，往往在最关键和危险的时刻，总会有一个特立独行、伸张正义的英雄出现，从而拯救世界，拯救全人类。在公司治理中，也存在个人英雄主义的实例。20世纪80年代以来，亚科卡因拯救克莱斯勒汽车公司而成为美国人心目中的英雄，美国企业界由此认为首席执行官（以下简称CEO）是精英，为美国经济做出了巨大贡献，应给其充分空间，让其发挥创造性。所以在美国的公司治理中，由于个人英雄主义的影响，股东倾向于相信董事个人的能力，高级管理人员拥有很大的经营自主权，有利于经营者集中精力，保证经营者的工作热情和创造力，搞好经营，提高公司业绩。所以，美英公司特别注重公司董事的人员选择，尤其是公司 CEO 的选择，赋予公司董事会以极大的决策权。因而在美国，公司内部治理更注重通过董事会来发挥作用，并在股东大会、董事会和 CEO 三者组成的内部治理结构中，形成了以董事会为中心的内部治理制度。

在美英的内部治理制度中，股东将企业的经营决策权和监督权全部委托给董事会，由董事会全权代理股东负责管理公司的经营。由于美英公司在机构设置上没有独立的监事会，业务执行机构与监督机构合二为一，董事会既作为公司的决策执行机构行使业务执行职能，也作为公司的监督机构监督业务执行。这两种职能之间不可避免地存在着矛盾与冲突，甚至会产生内部人控制问题。基于对民主自由的强烈渴望和对董事会权力集中的深刻忧虑，为了平衡所有者与董事会成员之间的利益，实现对董事会成员和经理人员的监督与制衡，善于创新的美国人建立了外部董事制度。美国大公司的董事会由内部董事和外部董事两部分董事组成，内部董事主要由公司高级管理人员组成，他们主要负责公司各职能部门的经营和管理工作；外部董事则由公司外部拥有各种专业知识和技能的人员组成。美国人非常担心公司内部董事通过权力的垄断来控制公司，而实际上，在 20 世纪 60 年代发生的"水门事件"及其后的系列非法政治献金案和海外贿金案中，这种担心变成了现实，这些事件极大地破坏了企业内部民主自由的气氛，损害了公司和股东的利益。为了加强对大公司的治理，美国证监会开始积极推动对公司治理结构的改革，率先采用独立董事，以期制衡权力极度倾斜的董事会。因此，独立董事制度作为一种内部制衡机制被引入，其目的在于形成一定的监督制约力量，使董事会能够真正代表公司全体股东利益与公司整体利益。所以，在由内部董事和外部董事构成的董事会中，独立董事的比例不断提高。①在美国标准普尔指数 1500 家大公司中，独立董事的比例为全部董事的 62%。在英国金融时报指数 350 家公司的董事会中，非执行董事中独立

---

① 张维迎：《所有制、治理结构及委托—代理关系——兼评崔之元和周其仁的一些观点》，《经济研究》1996 年第 9 期。

董事的比例由 1993 年的 57.4% 上升到 1996 年的 68.5%。① 在美国大公司的董事会中，一般都建立有各种专门委员会。而这些委员会的全部或者绝大部分成员都是由独立董事担任的，因此，它不易受到股东和内部人员的干预，能够秉承客观的精神，作出独立的职业判断，有利于维护民主自由的市场秩序，促进公司的治理。②

基于民主自由理念诞生的委托—代理理论认为，外部董事比例的增加会客观地监督和评价公司的经营，加强董事会对公司经理阶层的监督与控制，维护股东的利益。③ 也正是受美国民主自由精神的深刻影响，所以在美国的公司治理中一直反对机会不均等的歧视性条款，反对壁垒，反对垄断，禁止内部交易和市场操纵，严格限制内部人利用未公开信息从事公司证券交易，一旦出现这些不公现象，总会出现"英雄人物"以"自由正义之剑""为民请命"。

（二）家族主义传统：内部董事为主的董事会制度

社会学家川岛武宜研究了日本的社会结构，提出了家族社会的理论，认为家族生活的原理也贯穿于家族以外的社会关系中，它主要表现为：（1）权威的支配和对权威的无条件追随；（2）个人性行动和责任感的欠缺；（3）不允许自主批判和反省的社会规范；（4）在长辈晚辈式的家族气氛中同外部保持着敌对意识。同时，日本的所谓家族不表现为血缘关系，而表现为一种观念形态，其实际上是作为虚拟的血缘集团而存在。④ 在日本，企业就是这样一种虚拟的血缘集团，在这个虚拟的血缘集团中，反对外部力量的介入，始终对外部力量保持敌对的意识，这就是在日本外部董事很难进入内部的原因。

日本的家族主义发源于中国传统文化中的"家国一体"理念，所谓

---

① 朱羿锟：《公司控制权配置论——制度与效率分析》，经济管理出版社 2001 年版，第368页。

② 李维安等：《公司治理》，南开大学出版社 2001 年版，第 75 页。

③ 张义忠：《美国公司内部治理剖析》，《中国石油大学学报》（社会科学版）2003 年第4期。

④ 左海华：《非正式制度对日俄公司治理演变的影响及对中国的启示》，硕士学位论文，东北师范大学，2006 年。

的"家国一体"即以家为本位，意味着"家"与"国"并不是两个对等的概念，甚至并不是两个核心，而是一个概念：国即是家，家即是国。确切点说，国是大家，家是小国。① 日本继承和改造了这种"家国一体"理念，将"家"的外延扩展至企业等经济组织，并且把这种对"家长"的崇拜和尊敬推及效忠天皇、效忠国家、效忠"主人"，并将这种效忠视为天职。所以在日本，公司即是自己的家，为公司服务也是在为国家服务，为国家服务即为自己的小家服务，每个人都尽心尽力做好自己的本职工作，个人与公司、公司与公司及公司与国家之间形成密切的关系网络，并通过广泛交叉所有权关系来实现。这里所谓的关系是一种能保证所有者和公司管理层之间产生长期互益的体制，其基础的内在因素从本质上限定了今天日本公司治理的主要参与者是以关系为纽带的家族网络，而这个家族网络其实就是一个日本公司治理的等级秩序图。本尼迪克特认为日本是"唯一真正彻底的等级国家"②。等级作为一种制度在当今日本社会已不合法，但等级制度下培养起来的等级意识是很难消除的。在这种观念下，社会关系有两个明显特点：一是参加集团的"唯一性"；二是强调"纵式关系"，每个人在社会中都有一个次序的位置。受这种等级意识的影响，公司治理的参与者一旦确定，就进入了虚拟的血缘家族企业之中，在这样一个企业内部，员工之间相互信任，和谐相处，每个人都在自己固定的次序位置上踏实做事，任何外部力量的进入都被视为破坏这种稳定关系而会被拒绝。所以，日本内部董事的比例就明显高于美国。③

德国和日本两个国家都是单一的民族国家，均有较长期的封建专制、君主专权和家族主义的传统，体现在政治上就是国家主义，这一点从两次世界大战就不难发现。没有国家主义的强烈支撑和普鲁士自强自傲精神的激励，很难想象德国成为两次世界大战的发起者。家族主义使

---

① 庞树奇、仇立平：《我国社会现阶段阶级阶层结构研究初探》，《社会学研究》1989 年第 3 期。

② ［美］鲁思·本尼迪克特：《菊与刀》，刘锋译，当代世界出版社 2008 年版，第 48 页。

③ 朱义坤：《公司治理论》，广东人民出版社 1999 年版，第 337 页。

得德国的公司治理结构具有很大的封闭性，不主张改革，反对全球化，多少年来不曾改变，其中最具特色的是德国的双层委员会制度。德国公司的内部治理由股东大会选举产生出监事会，再由监事会选举产生出董事会，形成了以监事会为主的独特的双层管理制度。该制度在德国的公司治理中占据重要地位，特别是近几年来，在该制度的保障下，尽管处于世界性的财务欺诈爆发年代，德国的经济环境却依旧保持风平浪静。虽然世界上一些国家也曾效仿这一制度，但是执行效果却是千差万别。究其原因，不同的文化特性便是其中之一。[①]

深受家族主义传统的影响，德国的公司治理中拒绝接受外部力量进入公司的内部治理之中，监事作为德国公司内部治理中的重要参与者，具有"家族式"族长的权利，这就是德国的监事会是凌驾于董事会之上的原因。[②]

因此，美英的民主自由精神促成了其内部治理是以外部董事为主导的董事会制度；而德日的家族主义传统最终导致了其内部治理是以公司内部董事（监事）为主的董事会制度。

三 外部治理手段

公司外部治理是指来自企业外部主体（如政府、中介机构等）和市场的监督约束机制，尤其是指产品市场、资本市场和劳动力市场等市场机制对企业利益相关者的权力和利益的作用和影响，例如并购和接管等市场机制对高级管理人员控制权的作用。[③]

（一）经济自由主义：外部治理较强与资本市场主导

作为一种信仰，经济自由主义成为美国人不言而喻的价值观。在现实中作为一种实在的力量与政府扩张相抗衡。20 世纪 70 年代以来，美国一直实行市场完全自由化的经济政策。20 世纪 90 年代初，随着新经济的崛起，美国经济繁荣，华尔街牛气冲天，社会一片乐观情绪，"市

① 赵璐：《文化因素对公司治理模式的影响》，《企业管理》2006 年第 2 期。

② 蒋大兴：《公司法的展开与评判：方法·判例·制度》，法律出版社 2001 年版，第 648 页。

③ 范晓莉：《上市公司外部治理机制分析及对策研究》，《牡丹江师范学院学报》（哲学社会科学版）2009 年第 4 期。

场之手"似乎无所不能，经济自由放任主义思潮在美国占据主流。① 由于深受经济自由主义的影响，美国公司控制权市场的主流理论认为，公司股票的市场价格与公司的经营管理存在着正比例关系。美国财务学会主席詹森指出，在资本市场、法律—政治—法规制度、产品和生产要素市场及内部控制制度这四种控制机制中，法律—政治—法规制度反应太迟钝；产品和生产要素市场反应太慢；内部控制制度从根本上是失败了。所以只有资本市场这种公司外部控制机制能起作用。② 虽然他的观点有些偏激，但不能否认他一语道破了证券资本市场在公司治理中的重要影响作用。资本市场对公司治理的最重要的贡献是创造了控制权市场（control market）。控制权市场提供了一个外部惩戒机制，这一机制能够在产品市场损失产生的危机之前实施变革，监督公司的绩效水平，从而使资本市场成为公司管理业绩的监督者和裁判员。③ 由于现实经营中，经营管理者在对公司进行经营过程中存在着道德风险，而比较完善的证券资本市场，可以运用公司接管方式，迫使企业与经营管理者之间就控制权问题重新签订一个更有效的合约，解决经营管理者的松怠问题。这时，管理者的地位受到被其他人替代的危险，使得他们不得不放弃过多的自利行为，而愿意努力为企业利益而勤奋工作。④ 在这种理论的推动下，同时也在美国证券市场繁荣的配合下，美英公司兼并、收购频频，至今，美国历史上已出现过五次并购浪潮。⑤ 并购浪潮对公司的经营者起到了重要的激励作用，恶意收购已成为市场活动中的一个重要方式。甚至有学者认为，全流通下的恶意并购已经成为一种有效的外部治理机制。⑥

---

① 张子余：《美国公司治理系统的文化分析》，《池州师专学报》2004 年第 2 期。

② 孙光焰：《公司治理模式趋同化研究》，中国社会科学出版社 2007 年版，第 93 页。

③ 控制权市场的外部接管压力也是股东主权（stockholder sovereignty）新古典范式的典型体现，外部股东可以通过有效的公司估价市场、控制权市场修正管理渎职等道德风险。

④ 陆明、管志明：《从代理成本看市场机制对公司董事会的影响》，《企业经济》2008 年第 2 期。

⑤ 于潇：《美日公司治理结构比较研究》，中国社会科学出版社 2003 年版，第 134 页。

⑥ 简建辉、何平林：《全流通下的恶意并购——一种有效的外部治理机制》，《中国流通经济》2008 年第 2 期。

在经济自由主义影响下，美英的证券市场高度发达，公司治理表现为由外部控制来实现。由于以股东价值最大化为目标，因此，其对公司及经理的评价以利润为主。股东的投资回报来自公司的股息和红利分配，从证券市场上股价升值中获得的资本增值收益。投资回报的多少和所有者权益是评价经理业绩的重要指标，因此，经营者就必须尽职尽责，通过提高公司业绩来回报股东。

另外，美国的清教主义对于美国文化有深刻的影响，清教传统像一条红线规范了从殖民时代到如今的美国的政治文化与社会文化，清教主义可以说是美国文化的根。① 美国人对宗教的痴迷，让美国人一贯秉承新教的传统——自我改善、劳动致富，加上美国人本身具有很强的成就意识，使得美国人的企业家精神能够得到社会普遍的承认和弘扬。社会鼓励并要求企业家作为企业法人产权的直接掌握者对所有者和其他利益相关者承担起应有的义务。在美国，公司管理者为了保持自身良好的形象，不得不做到自我约束，号召恪守良好的职业道德和诚信意识。这种高度的内部自律和良好的职业道德，使美英公司有更多的精力专注于公司的并购扩张，为美英公司所普遍采用的并购方式提供了重要保证。

（二）经济国家主义：外部治理弱化与债权约束

所谓的"经济国家主义"，即国家不奉行完全的经济自由主义，而强调国家在经济发展中的重要作用，以国家的名义来保护和发展经济。经济国家主义与经济自由主义是完全相反的两种理念，现代市场经济本身是反对过度的经济国家主义的。但是在德国和日本，由于其特殊的政治因素，经济国家主义反而受到推崇，并且实际也产生了巨大的效果。20世纪30年代初的世界经济危机爆发后，经济国家主义得到显著发展，各国政府加强了对经济的干预。如美国出现罗斯福新政，德、意、日等国实行的军事扩张等，都进一步强化了经济国家主义在社会公众中的影响力。尤其是二战结束后，德日国家作为战败国，国家经济受到严重削弱，为了尽快恢复国内经济，国家鼓励企业间相互联合，扩大企业规模，同时鼓励银行向企业融资，同意银行多种经营，逐渐形成了日本的

① 朱世达：《当代美国文化》，社会科学文献出版社2001年版，第1—2页。

主银行体制和德国的全能银行体制。从前述股东类型的分析中我们得知，德日国家的银行是公司的主要股东之一。德日银行通过作为债权人的形式，向企业提供短、中、长期贷款而形成对公司的财务压力，使公司受到银行的债权约束，银行借此可以及时进行相机治理。[①]

由于德日国家奉行经济国家主义，强调国家对于经济的整体干预，加之德日国家的银行体制对于整个国家经济的强力控制，致使德日的金融市场非常发达，但是资本市场却异常薄弱。德国的全能银行和日本的主银行体制都侧重于实体经济的发展，这与德日国家公司治理侧重于企业长期利益是一脉相承的。由于德日的证券市场远没有美英国家发达，外部市场上的兼并与收购并不活跃，恶意收购更是很少发生。据统计，1985—1989 年，美国和英国年均接管金额占股市总市值的比重分别为41.1% 和 18.7%；而德国和日本则要低得多，分别为 2.3% 和 3.1%。[②]这主要是因为，在德国和日本的上市公司中股权分散的只是少数，而在股权集中的上市公司里，国家和银行控制着绝大部分的股份，在没有取得大股东同意的情况下，很难通过股票市场上的收购取得公司一定比例的股份来实施接管，恶意接管更是无法想象。

所以，美英的经济自由主义直接决定了其外部治理是通过资本市场来实现的，具体表现为资本市场上的收购和兼并；而德日由于受经济国家主义的影响，公司的外部治理更多的是通过债权约束的方式进行的，资本市场并不活跃，兼并与收购很少发生。

四　激励机制

所谓激励机制，就是公司股东与公司的高管人员如何对企业的经营成果进行分享的一种机制，即如何在除了支付管理人员的薪酬之外再通

---

① 银行对公司的相机治理机制是指，银行作为最大债权人，在债务人的公司出现重大财务困难或资不抵债时而依法对公司实施的暂时接管，以避免公司财务进一步恶化和保护自己债权的措施，从而形成对公司经营管理者的外在压力而起到公司治理作用的机制。

② Bengt Holmstrom and Steven N. Kaplan, "Corporate Governance and Merger Activity in the U-nited States: Making Sense of the 1980s and 1990s", *The Journal of Ecoromic Perspectires*, Vol. 15, No. 2, Spring 2001.

过一系列的制度安排使公司的管理人员能为实现股东的利益最大化而工作。①

（一）实用主义：物质激励

实用主义（Pragmatism）是从希腊词 πραγμα（行动）派生出来的，产生于 19 世纪 70 年代的现代哲学派别，在 20 世纪的美国成为一种主流思潮，是对美国人求实进取精神的继承和总结，充分协调了求实进取与美国社会发展的关系。在美国资产阶级的青睐和扶持下，务实、实干和效用至上的实用主义精神最终发展为美国的民族精神，成为一种平民的哲学，在经济、教育、法律、政治等诸多领域均有表现。实用主义精神充斥在美国文化的每一根血管里，是指导人们行动的一个重要的价值观念，它反映了美国民族的特性，体现了美国人的性格。②

美国人对很多问题都是讲实际的。康马杰在《美国精神》一书中指出："美国人对商务往往带有浪漫色彩，但对政治、宗教、文化和科学都是讲究实际的。"③ 美国人的生活态度也是重视实效的，进入大学念学位是为了获得更好的职业、更高的薪金和社会地位，挑选职业时，如果有几个机会，那么哪里薪水高、待遇好，就去哪里。④ 这种实用主义反映在公司治理的激励机制上就是美国人认为物质激励是最有效用的，通过采用年薪和股票及股票期权的多样化组合的物质激励方式，可以充分调动经理人员的积极性，有利于克服经理人员的短期行为，使其收入与公司的成长和股东的利益密切相关。并且，美英国家普遍具有务实进取的精神，每个经理人员都想通过自己的不断进取实现自己的"百万富翁"梦想，而这从另一个方面反映了美英公司所采取的物质激励方式是符合进取精神的。在美英公司的所有物质激励中，股票和股票期权是占主体的。⑤

---

① 闫长乐：《公司治理》，人民邮电出版社 2008 年版，第 45 页。

② 罗朝秀：《美国实用主义价值观的清教渊源》，《南京林业大学学报》（人文社会科学版）2008 年第 4 期。

③ ［美］H. S. 康马杰：《美国精神》，南木等译，光明日报出版社 1988 年版，第 9 页。

④ 陈尧光：《大洋东岸——美国社会文化初探》，辽宁人民出版社 1986 年版，第 44 页。

⑤ 李维安等：《公司治理》，南开大学出版社 2001 年版，第 9 页。

　　而且，美英公司所采取的这种"股票期权制"的激励机制，与其证券市场的外部约束机制是相适应的。所谓股票期权制（stock option）又被称为认股权，是指给予以首席执行官为首的高级管理层按某一固定价格在未来某一段时间购买本公司股票的选择权。持有这种权利的经理人员有权在一定时期后将购入的股票在市场上出售，购买股票的价格与出售股票的市场价格之间的差额，就成为经理人员的收入，但股票期权本身不能转让。[①] 美英公司为激励经营者努力为股东创造利润，借助证券市场来实现对经营者的激励。由于股票价格的波动在一定程度上反映了经理人员的经营绩效，因此，设计了对经营者实行股票期权计划，以将经营者的利益和股东的利益与公司市场价值有机结合。这样，如果以后公司经营业绩良好，股价就会上涨，经营者就能赚得现价与以后股价上涨之间的差价。

　　（二）荣誉权力：精神激励

　　荣誉权力是指一种基于荣誉而获得的可以自己支配或受他人尊敬的精神力量。[②] 德日民族文化中的一个重要内容就是强调集体主义，具体细化出来就是对经过集体同意和认可的荣誉赋予权力。所以在德日的社会关系中，个人非常重视集体对于自己的评价，非常珍惜自己获得的集体荣誉。并且基于这种来之不易的荣誉，可以实现自己的价值和物质上的补偿。因此，在德日的公司治理中，公司倾向于通过事业提升的方式来实现对公司经理人员的激励。另外，因为荣誉维系着公司与经理人之间的关系，公司通过各种荣誉来鼓励经理人，以此带动企业的整体向上，并且通过赋予这种荣誉以一定的权力来激励经理人，使经理人有一个良好的事业预期。对社会声望、荣誉及地位的渴望和追求促使经理人员不遗余力地经营好公司，使其不断发展壮大，从而实现公司和个人目标。因此，德日公司主要采取经营者年薪制和年功序列制的精神激励机制，经理的报酬设计主要是固定年薪而非股票和股票期权制。在德国，

---

① 顾芳：《浅谈我国实行股票期权制的障碍》，《商业经济》2005年第3期。

② 在此仅从研究的角度进行诠释，至于理论上应当如何界定并不作详细考究，且这种考究对于本书的分析并无影响。

社会上的普遍看法是，在公司监事会占有一席之地是一种很高的荣誉；虽然日本公司的经理人员的薪水相比美英等国经理人员的薪水是很低的，但工作努力程度却不低。日本之所以能够以相对的低薪成功地对公司经理人员实现有效激励，关键在于日本公司注重对经营者进行事业型精神激励，而不是仅仅依靠物质型刺激。这种综合性、社会性的激励机制，对经营者更容易产生长期激励效应。

德日社会固有的等级意识是荣誉权力产生的基础，在德日，企业就是一个虚拟的血缘集团，同时也成为职工奉献"忠诚"的场所，在企业中就像家族的长幼秩序那样重视年功即资历，工资都是根据年龄和性别即类似在家族中的地位来决定的。所以，在德日公司中，资历就是一种无形的荣誉权力，是经理人员和职工追求的目标，正是这种荣誉权力的影响，德日公司中很少发生劳资纠纷，在企业中笼罩着强烈的"温情主义的""家族式的""同事般的"气氛，公司治理中以精神激励为主。

因此，美英的物质性激励方式是与其实用主义精神相吻合的，而德日的荣誉权力观念则形成了精神激励的特点。

五　职工参与

（一）股东至上理念：职工持股参与

美英公司以职工持股计划（Employee Stock Ownership Plans，ESOP）为职工参与公司治理的主要方式。所谓职工持股计划（ESOP）是指企业的职工通过拥有本企业的一部分股权成为本企业的股东，以股东的身份享有参加企业经营管理和分享企业剩余利润的权利，由此所形成的一套完整的企业运营体系。[①]

在美国这个充斥着"资本雇佣劳动"理念的社会里，职工不持有公司股份，要想取得与德国公司职工在公司治理中相同的权力几乎是不可能的。美英公司以职工持股推进职工以股东的身份参与公司治理是与其遵循"股东至上主义"的资本主权逻辑密切相关的。在美英国家看来，公司只是为股东赚钱的工具，公司的唯一目标就是追求股东利益的最大化，所以只有股东才有资格参与公司治理。职工要参与到公司治理中来，也只能以

---

① 何自力等：《公司治理：理论、机制和模式》，天津人民出版社 2006 年版，第 64 页。

股东的身份出现才有牢固的产权基础。通过职工持股计划（ESOP）的大力推广，美英公司职工参与公司治理得到了某种程度的改善。在美国，截至 2000 年，采用 ESOP 的公司已经增加到了 1.5 万家，参与职工人数达 1200 万人，遍布各行各业，占美国劳工的 10%。① 据不完全统计，ESOP 在超过 1 万家公司里处于绝对优势地位的大股东。目前英国大约有 1750 家公司实施职工持股计划，约 200 万职工参加了现有的政府批准的职工持股计划，不仅如此，政府还在不断地推出职工持股的新计划。

　　面对人力资本重要性上升的事实和重视人力资本所有者并允许人力资本所有者参与企业治理的趋势，美国公司依然遵循"股东至上"的理念，这就是为什么在美英公司中，更多的是通过职工持股计划来实现职工参与公司治理的原因。

　　（二）职工民主理念：职工直接参与

　　德国曾是历史上空想社会主义和工人运动极为活跃的国家，早在 200 多年前，早期社会主义者就提出职工民主管理的有关理论，这种职工民主管理的理念迅速发展，很快成为德国民族文化的一部分。受职工民主文化的影响，1848 年，在法兰克福国民议事会讨论《营业法》时就有人提议在企业建立工人委员会作为参与决定的机构。1891 年重新修订的《营业法》首次在法律上承认了工人委员会。德国魏玛共和国时期制定的著名的《魏玛宪法》也有关于工人和职员要平等地与企业家共同决定工资和劳动条件，工人和职员在企业应拥有法定代表并通过他们来保护自身的社会经济利益等规定。正是在这种职工民主思潮的影响下，德国的工人运动非常活跃，工人的政治觉悟较高，要求参与公司治理的呼声也高，德国公司治理模式中允许职工进入董事会的特点，适应了德国文化的这一特点。② 目前，在德国实行职工参与制的企业共有雇员 1860 万，占雇员总数的 85%。在德国的职工参与中，可分为三种形式。一是拥有 2000 名以上职工的股份有限公司、合资合作公司、有限

---

① 甘德安等：《中国家族企业研究》，中国社会科学出版社 2002 年版，第 406 页。

② 张林超、张新英、柴效武：《从文化的视角看国外典型公司治理模式》，《技术经济与管理研究》2005 年第 1 期。

责任公司的参与方式，其法律依据是 1976 年通过的《参与决定法》，它主要涉及监督董事会（简称监事会，下同）的人选。监督董事会的人数视企业规模而定。拥有 2000—10000 名职工的企业有监督董事会成员 20 名。进入监督董事会的代表中，职工和高级职员是按比例选举的，但每一群体至少有 1 名代表。二是拥有 1000 名以上职工的股份有限公司、有限责任公司等企业的参与决定涉及执行董事会（董事会）和监督董事会。执行董事会中要求有 1 名劳工经理参加。监督董事会人数定为 11 人，席位分配的过程是，劳资双方分别提出 4 名代表和 1 名"其他成员"，再加 1 名双方都能接受的"中立的"第三方。其中的"其他人员"规定为不允许与劳资双方有任何依赖关系，也不能来自那些与本企业有利害关系的企业。三是拥有 500 名以上职工的股份公司、合资合作公司等。规定雇员代表在监督董事会中占 1/3，在监督董事会席位总数多于 1 个席位时，至少要有 1 名工人代表和 1 名职工代表，职工代表由工人委员会提出候选人名单，再由职工直接选举。[1]

　　所以，美英所秉承的股东至上理念直接引致了职工以持股的方式参与公司治理，而德日由于其职工民主思潮的深刻影响，职工通过直接进入董事会的方式直接参与公司的治理。

六　小结

　　通过上述分析，我们可以将美英公司治理与德日公司治理的民族文化根源性差异比较如下。

表 3-1　美英公司治理与德日公司治理的民族文化根源性比较分析

公司治理构成	美英公司治理		德日公司治理	
	治理模式	文化根源	治理模式	文化根源
股权结构	高度分散		高度集中	
股东类型	以社会公众为主	个人主义精神	以银行和法人财团为主	集体主义精神
公司治理目标	以股东利益最大化为目标，具有短期性		以利益相关者利益为目标，具有长期性	

---

[1]　闫长乐：《公司治理》，人民邮电出版社 2008 年版，第 191 页。

续表

公司治理构成	美英公司治理		德日公司治理	
	治理模式	文化根源	治理模式	文化根源
内部治理	以外部董事为主的董事会制度	民主自由理念	以内部董事为主的董事会制度	家族主义传统
外部治理	通过资本市场实现，表现为企业的兼并与收购	经济自由主义	资本市场的影响非常弱，企业的并购很少	经济国家主义
激励机制	物质激励为主	实用主义精神	精神激励为主	荣誉权力理念
职工参与	职工持股的方式参与	股东至上理念	职工直接参与的方式	职工民主理念

第二节　新教文化对西方公司治理的影响

一　新教文化的产生及其社会价值

（一）新教文化产生的背景

众所周知，基督新教是伴随着中世纪欧洲的宗教改革运动产生的。这场声势浩大，对欧洲乃至世界文明进程都产生巨大影响的宗教改革运动从 16 世纪上半叶开始，由德国的马丁·路德发起和领导，并由法国的让·加尔文加以发展和完善。这场宗教改革运动几乎席卷了整个西欧，最终形成了路德宗、加尔文宗等一批脱离罗马教会的基督教新宗派，即基督新教。

诚如马克思说："一切历史人物、历史事件的出现，都是具体的、特定时代的产物。人类历史上每一项重大的变革，都有其必然的文化背景。"中世纪的宗教改革运动也不例外，其产生及壮大有着深刻的社会根源。

宗教改革的直接原因就是中世纪后期天主教会的衰落和腐朽。长期以来，天主教教皇不仅在宗教领域享有绝对的权威，而且还干涉国家的政治、经济、思想等领域，其专制独裁引起了欧洲各国上下各阶层的强烈不满。政治上，教皇掌握着教会至高无上的权力，对各国的纠纷拥有裁决权，不仅可以任意废止各国的法律，甚至还有任意废除各国国王的权力。教会还享有很多豁免权和特权，更有甚者，在有的国家，教会还拥有自己的军队、监狱等，完全可以算得上是国中之国，其权力之大骇人听闻。经济上，天主教会一直占有巨额的土地和财富，仅以 16 世纪的英国的天主教为例，"教会每年总收入和拥有的地产数量均占全国总收入和地产总数的三分之一左右"，"年经济收入超过当时欧洲各国国王之总和"。[①] 拥有如此多的财富，天主教皇仍然不满足，仍利用各种手段，搜刮民脂民膏，激起了人们的强烈不满。精神上，教会实行愚民政策控制了人们的思想，而且利用它绝对权威的地位，使艺术、美学、哲学、物理学、地理学等都成为神学的附庸，为神学服务。在实际生活中，许多教会人士道德沦丧，贪图享乐，把宗教职责当儿戏，无视教规，甚者买卖圣职，神父酗酒、嫖娼、赌博，总之吃喝玩乐无所不作。"教皇的腐败更是有过之而无不及。"[②] 十四五世纪的天主教会人士的糜烂生活与腐败愚昧，使其受到了来自各方面的挑战。要求改革天主教会的呼声日益高涨。

宗教改革的导火索源自德国的路德针对罗马教会强行推销"赎罪券"的虚伪行为在维登堡教堂张贴了《九十五条论纲》，自此宗教改革拉开序幕。马丁·路德通过对《圣经》的不断研读加之自身的经历和感悟，提出了"因信称义"学说。主张得救与否早已预定，与个人是否努力无关。从正面直接反驳了传统天主教会的"善行称义"。"善行称义"主张，人只要不断地通过宗教仪式行善，就会被上帝拣选，就会灵魂得救。"因信称义"首先强调的是信仰的作用，只要有虔诚信仰就可以与上帝交流，最终获得灵魂的救赎。这一思想对于 16 世纪讲究精神自由的资本主义的培养起到了促进作用。因为宗教改革之前，人要获得救赎，必须以教会为中介，必须遵守烦琐的教规和仪式，从而使人们处于种种束缚之中。而通过宗教改革，人们只要通过自己的信仰就可以自己自由地与神进行沟通，人们就获得精神上的自由与解脱。其次"因信称义"思想还强调了信徒与上帝之间的直接沟通。路德否定了教会的中介作用。也可以这样理解，在对上帝的信仰面前，人人都是平等的，没有

---

① 杨真：《基督教史纲》，生活·读书·新知三联书店 1979 年版，第 261 页。

② 同上书，第 175 页。

等级之分，更没有高低贵贱之分，信徒无须通过教会。为此，路德提出了"人人皆僧侣"的主张，强调信徒在信仰上的平等地位。

"马丁·路德只是点燃了宗教改革的火种，并没有将其一路传递下去，而这颗火种，却被加尔文教发展成新教中一直影响深远的支流，一路传递并燃成熊熊烈火。"① 加尔文提出了"预定论"，即尘世中的一切都是上帝事先预定的，人从一出生，有罪与否、得救与否已经被上帝以不容置疑的意志事先确定好了。无论人如何努力、如何行善都不能改变上帝的旨意，但人们也不应当放弃个人奋斗与努力，应积极努力使自己更符合上帝的要求。事业的成功、财富的积累等都是被上帝所鼓励和许可的，这些正是当时资产阶级的价值观。加尔文教使宗教生活世俗化，但是又不失宗教生活的神圣性。在加尔文教的信仰里，人间和天国一样，上帝也就是人的自由精神，勤奋劳动就是宗教虔敬。自此，人们就可以安心地享受生活，自由地生活在这片蕴含着民主、平等的广阔家园里，正当地追求自己的权益，而不用再受到良心的谴责了。

（二）新教文化的地位和作用

1. 新教文化对传统天主教文化的突破

宗教改革前的天主教讲究"善行称义"。"善行称义"是指：人依靠不断地救助别人来得到上帝的垂爱与救赎。宗教仪式和行善是积累善功的重要途径。这种宗教思想下的宗教仪式非常烦琐，天主教徒大多重视宗教形式而忽略内心精神建设。教会作为教徒和上帝沟通的中介人，享有很大的特权，教徒的个人价值很大程度上得不到重视，遭到泯灭。教职人员利用其享有的特权，不断搜刮民膏，还贪图享乐，使宗教改革前的天主教乌烟瘴气，引起社会各界人士的不满。

路德提出"因信称义"给原本死气沉沉、腐败糜烂的教会增添了生机和活力。"因信称义"较之宗教改革之前的天主教"新"在以下三个方面，更讲究诚信、自由、平等。

"因信称义"正是对罗马天主教会"善行称义"说的否定。路德强

---

① ［德］马克斯·韦伯：《新教伦理与资本主义精神》，于晓等译，陕西师范大学出版社2007年版，第9页。

调人是否获得上帝的救赎，最重要的是要有信仰，只要个人虔诚地与上帝交流，就可以最终获得上帝的认可与拣选。路德所称的信仰里面不仅包括了对神创世人及这位真主存在的认可，还包含了对自己已经是神的儿女的坚定，更包括坚守着上帝对作为神的儿女的基督徒的教导的恪守。因此从浅层次讲，"因信称义"的新教徒与改革前的天主教基督徒相比要讲究信义，讲究恪守主的言语，即基督徒要讲诚实信用。

"因信称义"还强调个人和上帝的直接沟通，否定教会作为中介机构参与其中，强调个人以及个人自由的重要性，向基督徒传输一个信念，即每个人在上帝眼中都是如同儿女般的无比珍贵，每个儿女都有独自和天父沟通交流的权利，每个人的得救与否靠的是自己的信仰。并且从属灵上讲，上帝拯救的不是作为教会的一个整体，而是个体。没有人仅仅因为是一名基督教的整体成员就能够跨进天堂。因此从深层次上讲，"因信称义"强调了个人的价值。个人通过虔诚信仰就可以获得灵魂救赎，实际上使人摆脱了各种教规和烦琐的仪式，把人从教会的种种束缚中解放了出来，给人一种精神上的自由。

"因信称义"强调个人可以与上帝进行直接沟通，不需要教会这个中介机构，也就是说，在信仰上帝面前，人人都是平等的，没有高低贵贱之分，信徒无须通过教会，为此，路德提出了"人人皆僧侣"的主张，强调信徒在信仰上的平等地位。路德的"人人皆僧侣"的主张，认为人人都能读懂《圣经》，大力宣扬信徒在信仰上的平等。这些对原始基督教教义的继承和改造，从根本上讲，是为了复兴基督教，保持基督教的活力和适应力，可以说，路德赋予了基督教这个古老的宗教一种新的时代意义。

加尔文的"预定论"与路德相比，更进一步地解放了人们的思想。加尔文认为："无论一个人如何努力都不可改变上帝的旨意，一切都是预先设定好的，尽管如此人们也应当积极求取事业上的成功。"从一定意义上讲，加尔文的"预定论"更有利于资本主义的发展，它注重现实中人们的积极作为，不是一味地与上帝"在一起"，恳求上帝救赎，而是积极努力工作，荣耀上帝，成就自己。总之宗教改革革掉了基督教教会中不合理的东西，把烦琐的教义简单化，从不重视人的价值到鼓励人们努力工作，提升自我价值从而得到上帝的认可。

宗教改革清除了传统天主教信仰中的虚假与道德堕落，使得改革后的新教更符合理性，更与时俱进，适应时代的发展需求。路德教宣扬人与神的直接沟通，使人的精神获得了自由，加尔文教将宗教相对神圣的生活拉入现实生活中，使日常工作具有了意义，不再像宗教改革之前人们对现实的世俗生活鄙弃。自此，人们就可以安心地享受生活，自由地生活在这片蕴含着民主、平等的广阔家园里，正当地追求自己的权益，而不再受到良心的谴责了。宗教改革后的新教把神从天上搬到了人间，把灵魂得救的钥匙从教会和神职人员手中转移到了每一个拥有真诚信仰的信徒心中，把人从外在性的善功和圣事的枷锁中解放出来，使人获得了精神上的自由和灵魂得救的自主权，使新教呈现出一派欣欣向荣的景象。

2. 新教文化的地位

西方国家虽然是一个教派林立的国家，但在这些国家里始终具有重要影响力的是新教。早在宗教改革时期，新教就已经奠定了在西方的主流文化地位。新教各教派通过不断摩擦和融合，逐渐达成共识，形成了在西方的特殊发展形式。新教文化中的核心价值观构成了西方民族意识的重要部分。

宗教改革之前的天主教，其教会拥有至高无上的权利，上至掌握国家政治大权，掌握国王的废黜权、一国法律的废除权，拥有自己的军队和监狱，甚至还拥有强大的司法特权，下至掌控国民的信仰，掌控国家神学、哲学、物理学等方方面面，改革之前的基督教作为国教的绝对权威地位毋庸置疑。

宗教改革后的新教，以全新的面目登场。一改以往基督教的霸权、腐败与奢靡，废除了烦琐的宗教仪式，更注重新教徒内在的精神修为，更加注重自由、民主、平等与道德诚信。在上至国王下至人民各阶层的强烈不满中，宗教改革顺应了历史潮流。新教改革使传统的文化地位受到挑战，并不得不做自我调整，以适应改革后的新教文化。因为改革后的新教更加与时俱进，适应时代潮流，更符合人性与理性，其价值观有利于解放中世纪长期以来备受压抑的人民的思想。这种思想更加符合资产阶级的伦理观，受到资产阶级的追捧，对资产阶级的发展起到了促进作用。因此新教文化得以不断强大，新教文化作为西方的主流传统文化，其地位不可撼动。在此之后新教文化更是不断重视自身建设，与时俱进，因此新教文化在西方文化中的主流地位得以延续至今。

3. 新教文化的作用

新教文化促进了人们的思想解放。中世纪宗教改革运动上承文艺复兴①，下接启蒙运动②，都对人们的思想观念的变革，产生了深远的影响。新教文化中的"因信称义"虽然是新教的思想基石，但是它瓦解了中古封建神权统治的心理结构，为新兴资产阶级提供了最理想的价值观和世界观，符合中世纪资产阶级的要求，完全是一场思想大解放运动。

新教文化促进了资本主义的发展。这在马克斯·韦伯的《新教伦理与资本主义精神》一书里得到强有力的论证。新教伦理中"因信称义"这一思想在 16 世纪有利于培养资产阶级的精神自由和个人主义，因为，个人通过虔诚信仰就可以获得灵魂救赎，这在事实上使人摆脱了各种烦琐的教会形式，把人从教会的种种束缚中解放了出来，给人一种精神上

---

① 文艺复兴（Renaissance）是盛行于 14 世纪到 17 世纪的一场欧洲思想文化运动。文艺复兴最先在意大利各城市兴起，之后扩展到西欧各国，于 16 世纪达到顶峰，带来一段科学与艺术革命时期，揭开了近代欧洲历史的序幕，被认为是中古时代和近代的分界。文艺复兴是西欧近代三大思想解放运动（文艺复兴、宗教改革与启蒙运动）之一。11 世纪后，随着经济的复苏与发展、城市的兴起与生活水平的提高，人们逐渐改变了以往对现实生活的悲观绝望态度，开始追求世俗人生的乐趣，而这些倾向是与基督教的主张相违背的。在 14 世纪城市经济繁荣的意大利，最先出现了对基督教文化的反抗。当时意大利的市民和世俗知识分子，一方面极度厌恶基督教的神权地位及其虚伪的禁欲主义，另一方面又没有成熟的文化体系取代基督教文化，于是他们借助兴复古代希腊、罗马文化的形式来表达自己的文化主张，这就是所谓的"文艺复兴"。意大利最早兴起资本主义萌芽且较多地保留了古希腊、古罗马的文化，所以文艺复兴最先起源于此。

② 启蒙运动（法文：Siècle des Lumières，英文：The Enlightenment，德文：die Aufklärung），通常是指在 17—18 世纪法国大革命之前的一个新思维不断涌现的时代，与理性主义等一起构成一个较长的文化运动时期。这个时期的启蒙运动，覆盖了各个知识领域，如自然科学、哲学、伦理学、政治学、经济学、历史学、文学、教育学等等。启蒙运动同时为美国独立战争与法国大革命提供了框架，并且导致了资本主义和社会主义的兴起，与音乐史上的巴洛克时期以及艺术史上的新古典主义时期是同一时期。

的解脱与安慰。此外，资产阶级的个人主义强调个人的价值。个人主义是资产阶级价值观的核心，实质上，它代表着作为个体的人的主体意识的觉醒，要求人们靠自己去获得成功，无论是赢得荣誉、地位，还是财富，一切都依靠自身的力量来达成。这种思想符合资产阶级的伦理观，受到资产阶级的追捧，也对资本主义的发展产生了积极作用。

新教文化推进了世界文明的进程。宗教改革运动首先站在自己的角度，对过去的自己进行了深刻的检讨与批判，而且还结合时代需求，提出了符合资产阶级发展的一系列价值观，即新教文化的教义。新教文化围绕着"因信得义"和"预定论"展开。宗教改革，摧毁了封建的专制神权，种下了有利于资产阶级发展的种子，使西欧大多数国家的政权摆脱了教权的干涉，国家机构逐渐独立。新的国家秩序在西欧建立。在这种良好的氛围下，人们的思想越来越得到解放，随后发生了启蒙运动，更是大大地解放了人们的思想，使蒙昧主义渐渐退出历史舞台。同时也促进了资本主义的发展，使欧洲理性主义氛围空前浓厚，这在欧洲历史上产生深远的影响。[①]

纵观现当代，每当社会处于重大转型的时期，新教就会发挥宗教对社会的特殊功能，起到了稳定社会，维持主流价值观的作用。从宗教的社会功能上来说，新教通过特殊的宗教组织形式将社会成员组织起来，又通过共同的信仰来规范人们的生活实践，是一种凝聚社会的重要力量。

（三）新教文化中影响公司治理的核心价值观

16 世纪由路德发起的宗教改革运动，不仅是欧洲历史，而且还是世界历史上的重大事件，是欧洲从中世纪向近代转变在精神文化层面上的标志。因而，国内外众多学者在认识上赋予宗教改革运动一些耀眼的光环，如：自由、民主、平等、诚信等。

1. 信义

所谓信义，乃诚实、守信也。诚实即实事求是、不说假话，反映在经

---

① 龙文武、周蓉：《从文化角度看宗教改革在欧洲历史上的作用和意义》，《大众文艺（理论）》2009 年第 3 期。

济行为中，诚实就是不"假冒伪劣"；守信，即信守承诺、说到做到，反映在经济行为中，守信就是"重合同、守信誉"。①企业信义是指企业作为市场主体在市场经济活动中要严明守纪、以诚待人、以信服人。

新教文化中"因信称义"奠定了诚信作为新教文化的核心价值观基础地位。"因信称义"包含着基督徒对天父的教导的严格恪守，外在表现出来就是对《圣经》的绝对遵从，《圣经》像契约一样得到基督徒的服从与遵守。基督徒们把对《圣经》的绝对遵守当作荣耀神的事情，也是成就自己的事情，他们信守着对神的诺言。《摩西十诫》："崇拜唯一上帝而不可拜别的神；不可制造和敬拜偶像；不可妄称上帝名字；须守安息日为圣日；须孝敬父母；不可杀人；不可奸淫；不可偷盗；不可作假见证陷害人；不可贪恋别人的妻子和财物。"《摩西十诫》从一定意义上算是一部西方人的法律宣言，其中"不可奸淫、不可偷盗、不可贪恋别人的妻子和财物"是对信义的要求。《箴言》：诚实人以公正待人；邪恶人只图谋欺诈。义人常检讨自己的行为；邪恶人往往身入迷途。义人的嘴唇发出智慧的话；他的舌头述说公义的事。他心里有上帝的法律；他的脚不至于滑倒。《圣经》可谓西方的道德经，《圣经》中的《箴言》为西方人正确的价值观的塑造起到了很好的导向作用，《圣经》字里行间闪耀着信义这一美好品德的光芒，为西方营造了良好的诚信氛围。

马克思的《资本论》讲道："竞争和信用是资本主义生产发展的两个最强有力的杠杆。"② 这充分肯定了信义的巨大作用。

亚当·斯密的《道德情操论》讲道："诚实、守信、公平以及公共道德等，这些都是人们进入市场之前必须具备的。"③ 我们的公司治理不断借鉴西方先进的制度设计，而没有提到诚信道德文化。在西方主要发达国家，企业的信用交易比例已占到全部交易的 90% 以上。再看中国，随着 2008 年河北出现三聚氰胺事件，2010 年海南爆出毒豇豆事件，

① 张东生：《诚信也是生产力》，《生产力研究》2009 年第 6 期。

② 吴汉东：《论信用权》，《法学》2001 年第 1 期。

③ 同上。

2011 年河南发生的"瘦肉精"事件等等的丑闻一而再、再而三地出现，在中国公司治理下的诚信堪忧的时候，我们是否该深思在经济飞速发展的中国，我们失去了什么？

2. 自由

"自由"是一种免于恐惧、免于奴役、免于伤害和满足自身欲望、实现自我价值的一种舒适和谐的心理状态。自由既有为所欲为的权力又有不损害他人的责任义务。

"自由"是一个令人倍感鼓舞、无限向往而又无法言明的哲学问题，是千百年来人类不断追求的理想王国和奋斗目标。从古至今的伟人对自由的考究经历了漫长又曲折的过程，不同的哲学家对"自由"的释义不同。康德用"二律背反"解决了自由与必然的矛盾。马克思认为，自由是人本身固有的内在属性，自由在现实性上是一切社会关系中的和谐共融，每个人的自由而全面发展是社会发展的基本尺度和最终目标。自由看似不言自明的道理，却被不同的哲学界予以不同的释义，可见自由内涵的博大精深。

"自由"，多么令人热血沸腾的字眼。"生命诚可贵，爱情价更高，若为自由故，二者皆可抛。"带着对自由这样的神往，欧洲在经历了文艺复兴、宗教改革和启蒙运动之后，人们普遍相信这样的一条真理——"人生而自由"。洛克、卢梭、霍布斯等纷纷著书立说来证明这一"天赋人权"。卢梭认为自由、民主是人的天赋权利，自由是人之为人的本性所在。霍布斯的自由思想主要体现在对个人、社会和国家的关系的思考上，他的主要思想集中反映在其代表作《利维坦》里面。霍布斯描绘的"自然状态"中，每个人都是自由而平等的，人类最初处于一种没有国家，没有统治，没有私有财产，没有"你"的和"我"的之分的状态。可以说中世纪的欧洲到处盛开着名叫自由的娇艳之花。

法国政治家、历史学家基佐对宗教改革的分析很到位："它是一次人类心灵追求自由的运动，是一次人们要求独立思考和判断迄今欧洲从权威方面接受或不得不接受的事实的思想的运动，这是一次人类心灵争取自治权的尝试，是对精神领域内的绝对权力发起的名副其实的反抗。"① 路德

---

① 〔法〕基佐：《欧洲文明史》，程洪逵、沅芷译，商务印书馆 1998 年版，第 78 页。

"因信称义"的改革,注重个人和上帝的直接沟通,废除了教会的中介作用,强调个人的自由和价值,人人都有阅读《圣经》的权利,人人都有和天父沟通的权利。自由是宗教改革者清除以往天主教腐朽和烦琐的仪式的最有力武器,为启蒙运动奠定了很好的自由氛围。

自由可以激发人的创造力,自由可以调动人们的积极性,表现在公司治理中会使员工更加心甘情愿地为公司效力,会使管理者更好地发挥主观能动性,使得公司机制更加灵活,更加适应现代经济迅速发展的信息时代的要求。自由小到影响人们的精神面貌、工作态度,大到影响一国的经济命脉,因此创建自由和谐的文化氛围至关重要。

3. 民主

民主一直是一个有争议的话题,现代的国家文明进步与否的标志就是是否实现了民主。众所周知,民主分为形式民主和实质民主。关于民主的含义,也如自由一样,众说纷纭,它既是一种价值、一种理想、一种制度、一种机制,也是一种形式。就民主的本质而言,民主所解决的是权力归属问题。自由主义式民主是一种形式民主。而权力制约监督才是实质民主。真正意义上的民主监督始于近代的权力分化。其间,从"三权分立"到"议行合一",不仅监督权力、规范权力,使其运行的内在机制更加科学、更趋完善,而且民众的主体地位逐渐凸显,民意主导权力运行的空间渐趋广阔。这一趋势必然要求我们不断扩大监督主体,拓展监督范围,规范监督行为,以推动民主监督的转型,挖掘其民主潜能,进而加快民主政治的进程。出于对"一切有权力的人都容易滥用权力"的担忧和对自由的追求,孟德斯鸠提出"要防止滥用权力,就必须以权力约束权力",为此他系统论证了"三权分立"学说。

路德的"因信称义"的主张中闪耀着新教文化民主的思想光芒。路德批判了旧时教会等级制与教士特权制的不合理性。他指出,人只要有信仰,在上帝面前就享有平等的义务和权利,即每个信徒都具有阅读《圣经》和参与教会事务的权利。

4. 平等

平等有三个层面的含义:第一,平等意味着在相互差异的个体中寻找相同的属性;第二,平等是相对而言的概念,平等是在群体的对比中得出的；第三，平等自身的价值在于它是一个道德上的根本性判断。平等是千百年来人们不懈追求的理想状态，经过多年的沉淀，平等已经被奉为原则性条款应用于生活当中。在日常生活中，人们不应该忽视作为一般性道德价值的平等。

新教文化影响西方公司治理的核心价值观中，平等精神对于中世纪的人们而言弥足珍贵，对于罗马帝国统治下受尽奴役和剥削压迫的弱势群体具有很大的吸引力。罗马帝国的被统治阶级既没有经济、政治上的最基本的权利和保障，原有的信仰又因为其腐败和烦琐而不能给人以慰藉。当他们听到基督教宣传耶稣的话——"凡遵行天父旨意的人，就是我的兄弟姐妹和母亲了"①，不仅感到异常的兴奋，而且还感到无限的宽慰。在这里众人平等，在这里大家相亲相爱，在这里，新教为下层人士提供了统治阶级所不能给予的东西，那就是希望和尊严，即平等的待遇。这种平等不止于教徒之间，而且天父的爱也是平等和公正的，是普世性的，绝不仅限于犹太人。大家都知道，信仰基督教的人家里大都贴着"神爱世人"的日历，春联也是"神爱世人"，在基督教的信仰里，你看到的大都是神的平等无私的爱。正因为这份独特的平等的爱，基督信徒们坚定自己的信仰，坚守着对耶稣基督神父的那份深沉的爱。平等最具有说服力，也最能打动人心，是最美的正义之花。"神爱世人"没有民族的偏见、没有种族的偏见、没有贫富的偏见，在这里只要是信仰耶稣的都会得到平等的对待，使人们倍感鼓舞与欣慰。核心理念"平等"，其实追求的是人与人之间的公平关系。

二　新教文化的信义观与西方公司治理精神

诚信作为道德层面的要求，在道德对公司治理产生的作用中有着举足轻重的地位。公司治理的存在，归根结底在于诚信。而人们对公司治理的信服主要在于这种治理制度必须符合一定的社会价值体系或者和特定的社会伦理道德相一致。法律制度的产生是以特定的道德为基础的，离开道德支持的法律是无法实现的法律。法律只是使人们服从政治权力的一种外在的手段，但是公司治理的活力在于人们的自愿服从，不自愿

---

① 《圣经》马太福音，第十二章，第49—50小节。

的服从最终将导致公司治理的消解，而这种自愿的服从实质上就是人们对公司治理在道德上的认可，或者说公司治理应符合道德的要求。

美国第一任总统华盛顿说："我们应当告诫自己不要耽于幻想，认为道德没有宗教支持也能维持，尽管良好的教育对于特殊结构的意识可能有所影响，但根据理智和经验，不容我们期望在排除宗教原则的情况下，国民道德仍能普遍存在。"① 第二任总统亚当斯写道："除非美国公民的道德行为以基督教的信条为引导，否则美国将难于维持自由体制。"② 第三任总统杰弗逊说："我没见过比基督教更好的道德。"③

我们不得不承认西方公司治理下的民众在现代有着相对更高的职业操守，即职业道德。如上文美国总统的发言，宗教对道德的塑造起到了很重要的作用，即新教文化作为宗教对西方人的道德产生了很深远的影响。

路德改革后的"因信称义"教义中包含着丰富的诚信思想，为公司法的制度创设提供了原则性的指导。新教的"因信称义"作为新教徒对基督的信仰而得到很好的遵守：一方面，新教徒通过遵守诚信，来得到上帝垂爱，来达到自身的属灵境界的提升；另一方面，新教徒内心关于诚信的约束机制也反映到社会的各方面，诸如在日常交易中的诚实守信，在公司法中的诚实守信原则的确立。众所周知，与欧美之外的大多数国家相比，欧美的产品质量、市场交易环境、法律法规等，都是相当好的。这些都与其现代西方人与生俱来的新教文化素养有关，就是对诚实守信原则的恪守。中西方公司治理的效果之所以有如此大的差距就在于诚信作为一种美好品德在中国公司治理市场上的缺失。这一问题值得国人深思。

三 新教文化的自由观与西方公司的股权结构

目前比较典型的公司治理模式是美英公司治理模式和德日公司治理

---

① ［美］艾克敏：《布什总统的信仰历程》，姚敏、王青山译，社会科学文献出版社2006年版，第230页。

② 同上书，第232页。

③ 同上书，第231页。

模式。西方盛行的美英股东中心模式,其典型的特征是股权分散,股东类型以中小投资者即社会公众为主。美国作为当今世界经济中的霸主,其公司治理相对来讲也是最完善的。下面以美国为代表来分析西方公司治理中股权分散性的成因。

在公司制企业发展初期,企业只有少数的个人股东,股东结构相对集中。但是随着资本市场的发展、企业规模的扩大,公司的股权结构渐渐地分散化,大量的公司股份分散到社会公众手中。但是从市场和规模的角度无法充分地解释美国股权分散的所有权形式。分散的证券市场并不是储蓄从家庭流向企业的唯一方式。证券市场至少有一个明显的竞争者,那就是强大的金融中介机构。

在美国金融机构主要有四种:银行、共同基金、保险公司和养老基金。金融中介机构可以凭借其强大的资金力量获得大份额的股份,但是在美国法律的作用下,它们无法系统地持有具有影响力的股份。相关法律削弱了金融机构持有大宗股票的能力。在美国金融机构中,拥有最多资金的银行被禁止持有股票或者在全国范围内经营。共同基金和保险公司不能拥有导致控制权的股票份额。尽管养老基金受到的限制较少,但是它们被分散化了,证券法规使它们难以联合经营来产生影响。私人养老基金处于管理阶层的控制之下,它们现在还无力发动一场能够对其上司施加控制的“宫廷政变”。[1]

美国的法律使金融机构没有谁能不受控制,凭借其巨额资产优势随便大额地拥有股份,控制公司。而个人则很少有足够的资金能力来拥有大份额的股票。因此美国公司的股权结构最主要的特征是股权分散。那么是什么因素使得法律的制定主体作出如此决策呢?

众所周知,法律的设置或者限制大都是为公共利益服务,服从于民众的意志情感。在美国,依靠选票来当权的政治家在设置法律时,即使不为公众利益服务,也会考虑公众利益。因为他们需要选票,并且民众的意志能影响选票,甚至起决定作用。因此也就得出:民众的意志情感

① [美]马克·J.洛:《强管理者 弱所有者》,郑文通等译,上海远东出版社1999年版,第26—27页。

通过作用于法律制定主体来间接影响西方公司治理的股权结构。

美国的民众有着平民主义的情怀，他们乐于让任何一家机构都不具有很重要的分量。民意调查表明，美国人对于权力集中有着持久的不信任感，不管这种权力的集中是政府权力的集中，还是私人权力的集中。而美国人的平民主义情怀要归于其新教文化的核心价值观——自由思潮的影响。

美国的新教文化影响了美国的自由观念，美国的自由观念又影响了美国的金融，美国的金融又反过来影响了美国大型上市公司的股权结构。美国的法律故意削弱和拆散金融中介机构，从而使管理人员获得了更大的权力。

四　新教文化的民主观与西方公司机关的结构

（一）西方公司机关的分权的类型

公司机关的权力配置实际上是一种制度安排，实质上解决的是所有权和经营权相分离而产生的代理问题，是市场经济条件下公司制企业建立的一种比较规范的企业管理制度。[①]

现在的公司机关不是单一的，而是依照公司权力的“制约与分衡”原则形成了三机关分立的状态。目前在西方两大公司治理模式类型中，日本公司的治理模式是明确地有三权分立机关，即由全体股东所构成的股东大会相当于权力机关，董事会是执行公司意思的决策机关，监事会是公司的监督机关。股东会、董事会、监事会就是所谓的机关的三权分立。以美英为代表的公司治理模式也是实行三机关分立的，但是和日本公司治理模式不同的是，其没有监事会，美国设计的独立董事和英国设计的公司审计人，这些特殊的制度设计都发挥着监事会的功能。因此可以说美英的公司也是三权分立的公司。

西方公司机关的基本构成是股东大会、董事会以及相当于监事会的相关监督机关，这种制度安排以公司治理权为核心。公司治理的本质就是要形成一种权利制约的平衡机制。公司治理通过权力分立和制衡形成

---

① 杨如彦、王珠林、刘孝红：《公司治理结构与控制权市场的分析》，《经济导刊》2002年第1期。

监控机制，令经营者没有诱因去做出道德危险行为。①

权利制约与平衡的思想渊源是什么，值得我们探讨。我们知道，最早提出三权分立学说的是英国著名思想家洛克，对分权学说做到进一步完善的是法国启蒙思想家孟德斯鸠，《论法的精神》是其代表作。毋庸置疑，三权分立思想是公司治理权利制约和平衡的直接渊源。那么它的间接渊源在何处则是我们重点要探讨的问题。

（二）新教文化的民主观对西方公司机关分权的作用

民主观包含着丰富的内涵，民主分为实质民主和形式民主，自由实际是一种形式民主，而实质民主则是依靠完善的监督体制来实现的。之所以将自由视为一种形式民主是因为：民主的前提条件是人人必须是自由的；自由主义争取的平等始终只是法律面前人人平等；自由主义把民主作为一种政治疗法与手段。可见，自由是包含在民主之中的。而在当今时代我们更追求实质上的民主，即完善的权利监督体制的设立。因为自由如果过分得大，一个理智的人都会在最大的自由范围内索取自己最大化的权益，从而就有可能损害他人的利益。在这种自由下的民主，就会因为权力的使用泛滥而最终制约民主的进程，因此民主归根结底是一种实质民主，相互监督下的自由更符合大众的利益。

新教文化中包含着丰富的民主思想。最早的权利监督思想是为国家的治理服务，是合理设计国家制度的依据。国家的公共性和共和性决定了国家治理需要分立与制衡相结合的三权分立机制，这为大型公众公司的治理提供了很好的范本。就共和制国家来说，一切权力属于人民，人民是国家和社会最高和最根本的权利主体，这是共和制国家以法律的形式确立的根本原则和目标。要实现权利监督和制衡还需要许多具体的权力运行机制来完成，即采取职权分工的形式，以立法权、行政权、司法权等形式来实现人民的权利。公司作为一个机构整体，如同国家一样，有各种权力和利益纠葛，只有明确的职权分工，各司其职，配之更好的问责机制，才可以更有效地运行。

---

① 孟翔：《论公司治理中的权力配置》，硕士学位论文，山东大学，2008 年。

五　新教文化的平等观与职工参与制度

(一) 职工参与制度

职工参与公司治理制度是职工以特定方式参与公司决策机构、介入公司决策程序、影响公司决策结果、监督公司决策实施的民主管理制度。[①] 财产所有权是公司进行权利配置的依据。因为股东的出资，公司才得以成立与运营，凭借其出资权享有至高无上的法律地位。在股东大会、董事会、监事会三权分立的公司治理中，股东会是最高的权力机关，其享有权利是正当的。职工和公司之间是纯粹的契约合同关系，其标的是劳动力使用权的转让；职工和公司表面上享有平等的地位，职工没有参与公司治理的权利，只有通过出卖劳动力获得报酬。但是随着人力资本概念的提出，传统的公司治理的资源配置规则受到了挑战。"企业契约说"认为，企业是一系列资源的组合，这里面的资源不仅包括资金投入，而且理应包括劳动所有者的劳动力。"企业契约说"扩大了公司关系人的范围。舒尔茨的"人力资本"证明了人是推动经济增长和发展的真正动力，使劳动对资本的从属关系发生了变化：人力资本成为与物质资本平等的社会资本形态，而公司则是"一个人力资本与非人力资本的特别合约"。[②]

德国的"共决制"是西方职工参与制度的代表。德国"共决制"下的职工可以通过以下方式参与公司管理：参与企业职工委员会，或者在公司监事会和执委会中设置一定比例的职工代表。美国的员工持股制度是职工的资本参与的一种表现形式。职工参与表现为职工参与企业的决策、监督、检查和管理的全过程。但综观西方发达国家职工参与方式，大体可归纳为以下四种方式：持股参与，经营参与，监督参与，信息参与。[③]

---

① 张燕：《论职工参与公司决策制度的理论基础》，《经济评论》2001 年第 3 期。

② 孙光焰：《公司治理的理论分析框架与法律制度配置》，中国社会科学出版社 2007 年版，第 239—240 页。

③ 蒋大兴：《公司法的展开与评判：方法·判例·制度》，法律出版社 2001 年版，第 614、654、672—674 页。

（二）新教文化的平等观极大地促进了职工参与制度的发展

新教文化中一个重要的核心价值观就是平等观。在黑暗的中世纪，"平等观"给当时的社会带来了黎明的曙光，对于罗马帝国统治下的被剥削奴役的弱势群体具有巨大的吸引力。罗马帝国社会的被统治阶级，既没有政治上的权利，也没有经济上的保障，原来的信仰又因为腐败烦琐而不能给人提供慰藉。而新教文化带给人黎明的曙光，照得人暖暖的。新教文化中的平等不止于教徒之间，还表现在上帝对众人的爱也是平等的、无任何偏见的，这种"爱"不分民族、种族、性别、贫富、老少，还体现在人与人之间的爱，而且这种"爱"也是像神对新教徒一样的爱，是无条件的、自我牺牲的。这种"爱"的核心理念是"平等"，其实追求的是人与人之间的公平关系。"神爱世人"就为广大失去精神家园的人们提供了精神寄托。

基督新教的平等的价值观通过深层心理积淀对每个置身其中的人产生深层影响。这种深层影响的力量之大，常常可以影响公司治理制度本身，对制定公司治理制度的当权者来讲，通过作用于他的世界观和价值观，影响他的制度选择。并且明智的当权者为了获得民众支持，都会选择顺从民意。反映在公司治理中，对于人数众多的职工而言喜好是什么，不言自明，当然是更多地参与公司治理的权利。股东会和董事会等作为公司的决策机关和管理机关，投资者理应拥有参与治理公司的权利，但是职工作为公司的一分子，参与公司的财富创作过程，为公司贡献了大量的体力与脑力，自然而然应当平等地享有相应的权利。西方公司治理注重职工参与，正是反映了平等的观念。

在西方基督新教盛行的国家，在新教文化成为西方民族文化的国家，当然基督徒的喜好就代表了大多数人的喜好，并且影响着周围的人。因此新教文化平等的核心价值观间接上促使了公司职工参与制度的建立。

第三节　我国公司治理与中华民族优秀文化的契合

随着时代的变迁，公司治理在不断演变，但它始终与人的行为、历史文化传统、风俗习惯密切相连。文明的发展只靠科学的推动是不够的，只有紧密结合本土的历史、文化和社会因素，融合成适合于本土民族文化的制度，才能建立有效的、稳定的、富有弹性的公司治理模式。我国的公司治理应与我国的民族精神相契合。在我国公司治理的完善过程中，只有充分融合我国特有的民族文化，才能最终建立适合我国国情的公司治理模式。当然，公司治理模式并非一成不变的，民族文化的变迁决定制度的变迁这一理论同样适用于我国的公司治理制度，通过我国民族文化的自我变迁，可以摒弃民族文化中不好的一面，进而改变公司治理中一些落后的文化因素。

一 民族精神与我国公司治理特征

我国的民族文化绚烂夺目，有着五千年的悠久历史，它所蕴含的民族精神博大精深，深刻影响着社会、经济、政治制度的方方面面。路径依赖理论告诉我们，深入研究我国民族文化的基本精神，对于我们进一步完善我国的公司治理制度有着重要的意义。

（一）集体主义精神与股权集中、国家法人股东

同德日国家一样，集体主义精神也是我国的民族精神之一。中华民族五千年的历史进程中，有过分分合合，在共同的民族生存中，中华民族发现唯有团结一心、抱团互助才能更好地生存下去。尤其是鸦片战争以来，中华民族备受欺凌，强烈的民族自尊心和耻辱感使中华民族变得更加团结，集体主义精神变得异常强大。随着时代的不断发展，集体主义又被不断赋予了新的内涵。1949年后，社会主义制度的确立，使得社会集体主义在我国扎根。所谓社会集体主义，是主张个人从属于社会，个人利益应当服从集团、民族、阶级和国家利益的一种思想理论，是一种精神。它的科学含义在于坚持个人服从集体，集体重于或大于个人。个人利益和集体利益发生矛盾时，个人利益要服从集体利益。社会集体主义是以一切言论和行动是否符合广大人民群众的集体利益为最高标准的思想，是共产主义道德和无产阶级世界观的重要内容。不管是西柏坡精神、抗美援朝精神、中国女排精神还是"非典"精神，抑或是抗洪精神、抗击冰雪灾害精神、汶川精神、玉树精神……它们都有一个共同点：坚持团结、发扬集体主义精神。因此，我国的公司治理理念认

为，只有将股权集中起来，才能做好事情，才能有更大的力量，所以我国的股权结构是比较集中的。根据李斌、赵玉勇 2007 年对上市公司股权结构的研究，国内第一大股东的持股比例的均值为 34.56%，最小值为 9.29%，最大值高达 63%。①

集体主义精神强调集体的力量，藐视个人的力量，个人更愿意将自己的利益与集体的利益相绑定，所以，我国公司治理的股东类型则以国家、国有企业和社会企业法人为主。根据相关学者的研究，2008 年在国内最大的股东中，有 284 家是国家股股东，占总样本的 53.6%；从总的股本结构来看，有 332 家公司有国家股，占总样本的 62.6%，国家股和法人股在总股本中所占的比例分别为 35.1% 和 27.6%。② 正因为如此，我国的公司治理注重于长远利益的追求。

集体主义对内强调个人对于集体的服从，对外则表现出强烈的对抗意识。在集体内部，成员之间是互爱互助的，人与人之间是非常和谐的。对集体利益的重视并不否认对个人利益的追求，但是在追求个人利益的时候则不能够损害公司的利益。当集体受到敌对力量的攻击时，集体会爆发出惊人的力量。我国的企业其实就是一个小型的集体，在这个集体内部重视员工的归属和培养，在集体外部则强调企业之间应当相互帮扶。因此，反映在具体的公司治理当中，则强调公司应当充分保护员工及其他利益相关者的利益，因为这些其他利益相关者都处于集体的内部，同属于应当被关注的对象。

（二）重伦理孝道的精神与内部董事为主

中国传统文化是一种伦理型文化，其最重要的社会根基，是以血缘关系为纽带的宗法制度，这一点不同于德日国家的虚拟血缘关系。这种血缘关系在很大程度上决定了中国的社会政治结构及其意识形态。孟子曾说："天下之本在国，国之本在家。"这高度概括了中国传统社会的实

---

① 李斌、赵玉勇：《智力资本信息披露与公司治理结构实证分析》，《财经问题研究》2009 年第 6 期。

② 舒岳：《公司治理结构对环境信息披露影响的实证研究——来自沪市上市公司 2008 年的经验证据》，《会计之友》2010 年第 1 期。

质。由家庭而家族，再集合为宗族，组成社会，进而构成国家。这种家国同构、家国一体的意识渗透到中国古代社会生活中的最深层。这种家国同构的宗法制度是形成中国传统文化重伦理道德的根本原因。

在家国同构的宗法观念的规范下，个人被重重包围在群体之中，因此特别重视家庭成员之间的人伦关系，如父慈、子孝、兄友、弟恭之类。这种人伦关系的实质是对家庭各个成员应尽的责任和义务加以规定，父母对子女有抚育的责任，子女对父母有奉养的义务。这就是儒家所倡导的"人道亲亲"。从"亲亲"的观念出发，引申出对君臣、夫妻、长幼、朋友等关系的整套处理原则，其中"孝道"是最基本的原则。所以梁漱溟先生称中国文化为"孝的文化"[①]。在这种重伦理孝道的文化氛围之下，整个社会形成一个以"伦理孝道"为节点的关系网络，每个人都是这个关系网络中的一分子。在具体的公司治理中，整个公司也是一个小的"伦理孝道"的关系网络，在这个网络中，每个人以公司为集体，彼此之间相互认同、互相帮助，但是，由于深受伦理孝道的影响，公司对于外部力量的介入是保持排斥的态度的，因此，这也是为什么我国的独立董事制度无法良好运作的深层次原因。

重伦理孝道的精神强调伦理和孝道，而伦理和孝道又是通过一定的等级次序的方式来实现的。伦理与孝道，强调人伦关系，在这种关系中必须有一个尊长爱幼的次序，通过次序的反映来实现伦理与孝道。虽然我国现在已不存在等级制度，但是，国民之中尚有严重的等级意识。正是受这种意识的影响，在具体的公司治理之中就非常讲究次序观念，每个人都处于这个次序中的固定位置，为了保持或者改变自己的次序，只有通过自己不断的努力来实现。而一旦非次序中的外部力量介入进来的时候，次序本身会产生强烈反映来排斥外部势力。因此，我国的公司治理更多地强调以内部董事为主。

（三）天人合一的精神与外部治理较弱

与西方文化重区别对立形成强烈对比的是中国文化重和谐统一。这一重大差异是商业文明和农耕文明的不同特性使然。中国传统文化植根

---

① 梁漱溟：《中国文化要义》，学林出版社1995年版，第1页。

于农耕文明，表现出一种"静态"的特征，重视自然的和谐、人与自然的和谐、人与社会的和谐、人与人之间的和谐以及人自身的身心和谐等。中国传统文化以和为贵的和合精神最为典型地体现在"天人合一"的思想传统中。"持中贵和"不仅是中国传统文化中的重要思想观念，而且也培育了中华民族的"尚中贵和"精神，在中国文化的各个领域均有明显体现。"极高明而道中庸""执其两端，用其中于民""致中和"等等，经过长期的历史积淀，逐渐演化为中华民族普遍的社会心理习惯。近代社会以来，特别是随着工业文明日益发达，天人对立所带来的生态失衡、环境污染、能源危机等令人忧虑的问题使不少西方学者日益认识到中国古代的"天人和谐""天人合一"思想的重要价值。① 现代国学大师钱穆先生认为："中国文化过去最伟大的贡献，在于对'天''人'关系的研究。"他认为，之所以"西方文化一衰则不易再兴，而中国文化则屡仆屡起，故能绵延数千年不断，这可说，因于中国传统文化精神，自古以来即能注意到不违背天，不违背自然，且又能与天命自然融合一体"，"深信中国文化对世界人类未来求生存之贡献，主要亦即在此"。②

"天人合一"强调人与人之间的和谐相处，引申出中华民族的"尚中贵和"精神，讲求人与人之间的友好相处，凡事以和为贵，在整个社会的关系网络中，极力避免冲突。具体到公司治理中，因为激烈的企业并购行为会严重破坏社会的和谐气氛，导致社会关系的紧张对抗，这一点是与"天人合一"的传统精神相违背的，因此不受推崇。再加之，我国的资本市场不活跃，金融体系不完善，无法通过资本市场上的股票买卖来完全实现公司的外部治理，也不能像德日一样通过银行的债权约束来监督公司。所以，我国公司外部治理的独特性，恰恰印证了"天人合一"这一传统文化精神。

（四）重义轻利精神与精神激励

中国传统文化中有重义轻利的思想，关于重义轻利，孔子说过：

---

① 朱哲：《中国文化讲义》，武汉理工大学出版社 2006 年版，第 6 页。
② 钱穆：《中国文化对人类未来可有的贡献》，《中国文化》1991 年第 1 期。

"君子喻于义，小人喻于利。"（《论语·里仁》）很多人认为这句话代表了孔子的义利观，即否定利的存在。但一些研究表明，孔子并不完全排斥个人利益，而是强调利要服从于义，即个人利益的获取要符合道德规范的要求，否则，"不义而富且贵，于我如浮云。"（《论语·卫灵公》）① 所以，在中国传统文化中，总是把"义"放在第一位，把"利"放在第二位，即"重义轻利""先义后利"，强调要以"义"来规范"利"、制约"利"；当"义"与"利"发生冲突时，要"舍利存义"。具体到市场经济下，这种重义轻利的观念要求始终把国家的需要和更大的公利放在自己人生追求的第一位或者说更重要的位置；要更多地为企业发展和为他人的利益着想，并能把它们放在个人利益之上。在此基础之上，也要承认个人私利，不能阻止个人对于正当利益的追求。

正是这种重义轻利观念的影响，使社会个人非常重视彼此之间的义理情谊，注重集体的荣誉感，企业的员工更愿意通过获得集体的认同来体现自己的价值。所以在公司治理中，企业的员工普遍接受年薪制和通过职位的晋升来实现自我的激励，这种在职位晋升以保持均衡的"义"的前提下，通过年薪制实现自己"利"的诉求，可谓恰是民族文化底蕴的反映。

（五）以人为本的精神与职工直接参与

美国哈佛大学教授杜维明先生认为"中国文化关注的对象是人"，可以说主要是一种"哲学人类学"。以人为本的人文主义，确实是中国文化精神的重要内容，《尚书·夏书》中就有"民惟邦本，本固邦宁"的说法。与古希腊文化重视人与自然的关系以及印度佛教文化重视人与神的关系不同，中国文化侧重于人与社会、人与人以及人与自身的关系。需要辨明的是，中国传统文化中的人本主义与西方的人本主义存在着本质的区别，不可混为一谈。中国的人本主义以家庭为本位，以人伦为中心；西方的人本主义以个人为本位，以法治为中心。中国文化重人主要是将个人融入群体之中，强调人伦，强调人对于宗教和国家的义

---

① 朱平平：《"重义轻利"与社会主义市场经济》，《首都师范大学学报》（社会科学版）1999 年第 1 期。

务，是一种宗法集体主义人学，是一种以道德修养为旨趣的道德人本主义。西方文化中的人本主义重个体价值，强调个人的权利与自由，强调人与人之间的平等契约关系，实质上是一种个性主义，它是西方民主制度和法律体系的重要思想基础。[①] 中国传统的人本主义经过变迁，被赋予了新的时代意义，现在我们所讲的"以人为本"是党的十七大报告中提出来的重要思想，并经过制度的强化和其自身的变迁发展，正式成为了具有现实意义的民族文化。现在的"以人为本"中的"人"指的是最广大的人民群众，在当代中国，就是以工人、农民、知识分子等劳动者为主体，包括社会各阶层在内的广大人民群众。以人为本的"本"，就是根本，就是一切工作的出发点和落脚点。具体到公司治理当中，以人为本就是强调人是公司的根本，人是公司发展的重要人力资本，公司要以职工的利益为根本出发点，保护好、维护好、实现好职工的根本利益。因此，应当支持个体的人参与到公司的治理中来，由于中国资本市场不活跃，这种参与更多的是直接参与。我国《公司法》有关监事会成员中要求有一定比例的职工代表的规定恰好说明了这一点。

　　另外，以人为本的精神与我国的社会主义制度是契合的。以人为本强调人的根本性，同时也强调人与人的和谐性。而在我国的社会主义制度中，人民是国家的主人，人民享有当家做主的权利，国家的一切都是人民的，所以在公司治理中，职工应当以国家主人的身份参与其中，这是理所当然的观念。

二　民族文化变迁与我国公司治理完善

　　民族文化并非是永恒、固定不变的，它始终处于一种相对的稳定和绝对的变迁之中。民族文化变迁的原因包括：民族文化的自我进化、民族文化的接触和传播。民族文化变迁必然会导致制度的变迁。我国公司治理体现了我国特有的民族精神。我国民族文化总体上是积极向上的，但也有民族文化的部分负面因素制约着公司治理的健康运行，这就需要我们从文化变迁的角度去进一步完善公司治理。

---

①　朱哲：《中国文化讲义》，武汉理工大学出版社 2006 年版，第 3 页。

（一）民族文化的自我进化与我国公司治理的完善

从民族文化自身的角度而言，民族文化可以通过自身进化达到变迁的目的。进化是指固有的思想和行为模式经长时期微弱变化的逐渐积累，最终成为本质上全新的东西。民族文化的自我进化有两个方面：一方面是民族文化的自我克服与积累，通过自我克服民族文化中不适应制度的部分，完成适应部分的积累，从而实现全新的蜕变；另一方面是民族文化的培育，通过培育新的民族文化，并不断通过制度强化，从而实现民族文化的自我变迁。

目前，我国公司治理尚有许多仍待完善的地方，从民族文化自我变迁的角度来分析，主要有以下方面。（1）要克服集体主义精神可能导致产权不清的问题。产权不清不利于经济的发展，尤其对于公司治理而言，个人财产界定不清，就无法产生现代公司治理结构，"产权清晰"是市场交易的前提，也是现代企业制度的首要特征。因此，有必要引导集体主义自我进化，逐渐克服集体主义所带来的不利影响，同时通过培育产权文化来补位，从而实现公司治理的完善。（2）要避免因重伦理孝道精神而产生的"官本位"和"唯上"文化。"官本位"和"唯上"文化容易导致公司治理出现"一言堂"现象，从而导致公司治理失灵。因此，在继续发扬重伦理孝道的精神的同时，克服其中的极端现象，培育社会主义核心价值体系，倡导以人为本的精神理念。（3）要防止以和为贵精神阻碍市场经济竞争的可能。"天人合一"强调人与人之间的和谐，人与人之间遵循以和为贵的指导思想，生活在熟人社会中的人们并不愿意通过激烈的市场竞争破坏彼此的和谐气氛，不利于市场经济下的充分竞争，企业的活力也得不到释放。因此，要克服"中庸"和"老好人"的思想，培育竞争文化，鼓励市场竞争行为，引导树立正确的竞争观念。（4）要继续弘扬并培育诚实守信的民族文化。诚实守信仍是市场经济中重要的道德诉求，要求每一个市场经济的主体依靠自己诚实的劳动，信守诺言，共同维护良好的市场竞争秩序。

（二）民族文化的接触和传播与我国公司治理的完善

从民族文化变迁的外部因素来讲，民族文化可以通过与其他民族的文化进行接触，进而通过外来文化在本民族文化中进行传播，从而实现本民族文化的变迁。这其中至少有两层意思：一是要多了解其他民族的民族文化；二是在了解的基础上进行融合、吸收、传播，实现变迁。中国的传统文化在自己的变迁过程中，从不抱残守缺，故步自封，而是以非凡的包容和会通精神来丰富和完善自己。特别值得推崇并予以继承的是，中国传统文化与外来文化交会时，既能包容吸纳，又始终以本土文化为本体。在外来文化中国化的过程中，中国传统文化也得到了丰富和充实，实现了文化的变迁。

具体到公司治理过程中，可以通过与其他民族的民族文化接触和传播，实现我国民族文化的变迁，进而完善公司治理。（1）借鉴美英国家个人主义中有利的一面，强调个人的独立自主和敢于冒险的精神，这有利于企业家的成长，加快实现创业精神的培养。（2）吸收美英国家民主自由的理念，加快培育有中国特色的社会主义民主制度，实现公司治理的民主管理，营造平等自由的公司治理氛围。（3）适当借鉴美英国家的权力制衡理念，并将其应用于公司治理之中，结合我国特殊的民族精神，建立符合我国国情的公司治理监督体系，完善独立董事的引入制度。（4）适当学习西方国家的法治文化，通过了解西方国家先进的法治理念，促进我国的法治进步，通过法律来规范公司行为，改革其中不利于现代公司治理机制成长的相关规定。

当然，民族文化变迁的内外两个因素并非孤立而毫无联系的，相反，一个完整的文化变迁通常都离不开两个因素的共同作用。民族文化的变迁必然引致公司治理制度的变迁，从而实现公司治理的完善。

第四章

中国传统商业伦理的变迁与
公司治理变迁的互动

第一节 中国传统商业伦理的形成

商业在中国具有悠久的历史，我国最早的交换可能发生在母系氏族社会时期。在北京的周口店山顶洞中，考古学家曾经发现了作为装饰使用的海蚶壳和布在尸骨上的赤铁矿碎块，这两种物品的原产地都离周口店山顶洞有几百里，因此推测可能是交换而来的。在中国，最早有记录的商业活动发生在神农氏时期，《周易·系辞》中就有记载："日中为市，致天下之民，聚天下之货，交易而退，各行其所。"① 到了殷商时期，商业作为独立的行业发展起来。另外还有大家熟悉的《诗经·卫风·氓》中的名句："氓之蚩蚩，抱布贸丝。"② 其中"布"为一种货币，而不是布匹的布，说明是用货币来买丝，而不是以物换物。这些说明中国商业具有悠久的历史。悠久的商业历史凝聚了几千年中国商人在商业活动中的智慧，中国传统商业伦理便是其中之一。

一 中国传统商业伦理的主要构成

商业是社会生产力发展的结果，社会生产力发展使得生活用品有了结余，商品交换也因此出现。中国传统商业伦理随着中国商业的发展而发展，其主要的内容有：公平、诚信不欺、仁义、勤俭节约、和为贵等。

---

① 周振甫：《周易译注》，江苏教育出版社 2006 年版，第 291 页。
② 严明编：《〈诗经〉精读》，上海古籍出版社 2012 年版，第 53 页。

公平这一商业的基本原则在西周时期被统治者确定下来。商朝时期，各种官僚有大量财富，垄断各类交换活动，从中牟利，所以这一时期的商业活动具有"官家买卖"的性质。周朝推翻商朝的统治之后，商族人变成了周朝的奴隶。由于商族人无一技之长，不能从事生产。为了生活，商族人只好出门跑买卖。为了控制"商族人"，周公姬旦规定商族人只能在官府的控制和监督之下经商，并要求"商族人"经商时要公平交易。公平因此成为商业伦理重要的一部分。郑国子产非常重视公平交易。《史记》记载："（子产）为相一年，竖子不戏狎，斑白不提挈，僮子不犁畔。二年，市不豫贾。"① 至明清时期，商人已经将公平放在首要地位。《明清苏州工商业碑刻集》中就有记载："经商首重公平。故各业皆有社会，创立公所。由董事组织评定甲乙价目。公道贸易，庶几有条不紊，进行发达之端。关于商业兴旺之一大宗旨也。"②

诚信是商业交往的"霸王条款"，也是从商最基本的原则。管子就说："非诚贾不得食于贾。"③ 早在春秋战国时期，"不豫"一词就经常被用来表示诚信，例如淮南子的"市不预（通豫）贾"④、晏子的"公市不豫"⑤、荀子的"鲁之粥牛马者不豫贾"⑥ 等。"豫"为大的意思，"不豫"就是不高抬物价、虚假伪冒，不欺骗顾客，以诚相待。在商品的质和量上，商人之间也要遵守诚信。《礼记·王制》记载："布帛精粗不中数，幅广狭不中量，不鬻于市。"⑦ 孔子提倡"卖羊豚者不加饰"⑧。商鞅提倡"夫释权衡而断轻重，废尺寸而意长短，虽察，商贾不用，为其不必也"⑨。荀子还说："商贾敦悫无诈，则商旅安，货通

---

① （汉）司马迁：《史记》，上海古籍出版社1997年版，第2340页。

② 苏州历史博物馆编：《明清苏州工商业碑刻集》，江苏人民出版社1981年版，第258页。

③ 刘柯、李克和：《管子译注》，黑龙江人民出版社2003年版，第30页。

④ 赵宗乙：《淮南子译注》，黑龙江人民出版社2003年版，第305页。

⑤ 石磊：《晏子春秋译注》，黑龙江人民出版社2003年版，第67页。

⑥ 高长山：《荀子译注》，黑龙江人民出版社2003年版，第105页。

⑦ 王梦鸥：《礼记今注今译》，新世界出版社2011年版，第123页。

⑧ 华文兄弟文化公司主编：《孔子家语》，湖南人民出版社2012年版，第6页。

⑨ 高亨：《商君书注释》，清华大学出版社2011年版，第121页。

财，而国求给矣。"① 战国时期农家学派的许行认为，在商业交换中应该做到"市价不二，国中无伪"②。春秋战国时期出现"良贾"和"诚贾"这样赞美商人的称号。"良贾"或"诚贾"通过从商谋取利益，但是拒绝以不正当的手段牟取不正当的利益。他们善于观察市场供求关系的变化，买卖合时，公平交易，薄利多销。例如战国时期的白圭是"诚贾"最为著名的代表，是继范蠡之后的又一商业理论家。根据《史记·货殖列传》的记载，白圭擅长经商，虽然也奉行"贱收贵出"的原则，但拒绝投机倒把或者囤积居奇，损害农民的利益。丰年收购粮食的时候则其他商家的价格高，荒年出卖粮食的时候也比其他商家便宜。进入封建社会之后，随着商业得到进一步的发展，商业伦理也在固有伦理的基础上进一步发展。"良贾"和"诚贾"在封建社会仍然备受提倡。唐代的典型"诚贾"就有宋清和李宽。宋清身为药商坚持保证药的质量；坚持对各种顾客一视同仁，不分亲疏贵贱；乐善好施，方便贫困顾客。李宽在收购粮食时，杜绝使用奸商"大斗进，小斗出"的欺诈手法，坚持"升斗出入皆同之"，不克扣顾客斤两，遵守买卖公平原则，坚持薄利多销原则。宋代周敦颐在《通书》中表明"诚"是"百行之源"，以示诚信的重要。到了明清时期，李晋德在《客商一览醒迷》中教诲要以诚从商。清人石成金说："为商者，诚欲通有无，权子母，总不出公、诚二字。公则无私，市不二价，三尺之童不欺。"（《传家宝全集·涉世方略》）《水窗春呓·四远驰名条》："如扬州之戴春林，苏州之孙春阳，嘉善之吴鼎盛，京城之王麻子，杭州之张小泉……得名之始亦只循'诚理'二字为之，遂食其报于一二百年。"

从商需要具有仁义的精神。早在战国时期，人们就认识到了为富不仁的危害。战国时期灾荒、战争、赋税重的年份，"贪贾"投机倒把，囤积居奇，杀价抑买的现象盛行，为富不仁的"贪贾"和奸商横行于市。由于农民粮食的买卖都离不开商人，商人的行为导致农民负担增加，食不果腹。当然也有许多仁义的商人，例如：范蠡"十九年之中三

---

① 高长山：《荀子译注》，黑龙江人民出版社2003年版，第227页。

② 吴慧主编：《中国商业通史》，中国财政经济出版社2004年版，第295页。

致千金，再分散与贫交疏昆弟。此所谓富而好行其德者也"①；唐代药商宋清"贫市清药，常多折券。人有急难，倾财救之"。

勤俭也是成为一名成功商人必备的要求。李商隐在《咏史》中说："历览前贤国与家，成由勤俭破由奢。"春秋战国时期，商人就提倡崇俭戒奢。《史记·货殖列传》中还有关于战国时期白圭勤俭节约的记载："能薄饮食，忍嗜欲，节衣服，与用事僮仆同苦乐。"② 还有关于鲁国的曹邴氏节约的记载，虽然有万贯家财，但"然家自父兄子孙约，俯有给，仰有取，贳贷行贾遍郡国"③。就是基于这些先人的经验和德行，后世的商人总结出了勤俭持家、集腋成裘、崇尚节俭的思想。经商致富离不开辛勤的劳动，而节俭也是商人自身的重要品德。勤以增收，俭以节支。明代"诚贾"李晋德在其著书《客商一览醒迷》中教诲商人做生意要诚实守信，勤俭不贪。

在商业交往中，商人还意识到"和"的重要性，并将其作为从商准则。与西方强调弱肉强食的商业竞争思想不同的是，中国商业思想特别重视和谐经营，和气生财。和气生财，是春秋战国时期商业道德思想的基本精神之一，这一时期商人就非常提倡"君子无所争，必也射乎！揖让而升，下而饮，其争也君子"（《论语·八佾》）。《孟子·公孙丑》中说："天时不如地利，地利不如人和。"④ 陶朱公范蠡，在其商业经营中提倡"农末俱利"和"平粜齐物"，指出"夫粜，二十病农，九十病末，末病则财不出，农病则草不辟矣"。他指出了粮价过高或过低必然对商人和农民之间的交换和生产都极为不利，合理的价格是维护双方利益的前提。在如何处理好商人内部的关系上，明代的商人还在中国传统文化中汲取了"和"的精神。商人们懂得"和"在买卖中的分量，"和为贵"因此成为许多老店的座右铭。要实现"和"，就必须先待人以诚，行事取"中"，不走极端。直到今天商人仍然意识到"和气生财"

---

① （汉）司马迁：《史记》，上海古籍出版社 1997 年版，第 2459 页。

② 同上书，第 2460 页。

③ 同上书，第 2472 页。

④ 杨伯峻：《孟子译注》，中华书局 1960 年版，第 86 页。

的重要性。《商贾三十六善》就说："暴以待人，祸患难免。"到了今天，"和"也具有相当重要的意义。"和"不仅仅有助于不同经营者之间的互相合作，还有助于协调企业内部的人际关系，降低运营成本，还有助于销售者和消费者之间友好关系的建立，形成良好的市场风气。

明清时期是我国传统商业伦理发展的成熟阶段。这种成熟主要表现在农业、手工业和商业的发展，传统重农抑商的政策有所削弱，商人地位有所提高，以及徽商、晋商等商帮的形成。在争夺市场的过程中，各个商帮为了争夺市场份额纷纷打出遵守商业伦理的旗号，以诚信经商为行为准则，以获取广大百姓的认可。明清时期，商人给自己的店铺取名或字号时，通常使用"诚""信""仁""义"等字，以彰显其从商的精神。商人队伍不断扩大，商业伦理自然有了丰富的发展，出现了一批总结经商经验的书。例如：明代闽商李晋德的《商贾一览醒迷》、清代王秉元的《生意世事初阶》、清代商人吴中孚的《商贾便览》。除此之外还有《营生集》《醉笔堂三十六善歌·商贾三十六善》等读物，以及散见于家规、族规、地方志和文艺小说中商业伦理。

二　深受"义与利之辨"影响的商业伦理

然而，中国悠久的商业历史并没有孕育出现代企业制度。究其原因有以下几点：首先是中国传统伦理道德崇尚"义"、轻视"利"的尚义主义精神，"重义轻利"的道德价值追求是中国传统伦理道德的基本特征之一；其次就是实行几千年未变的"重农抑商"政策，其巩固的"士农工商"的等级制度对商人组织的发展极为不利，历朝历代的封建王朝对商人都进行打压和限制，商人群体虽然不断发展壮大，但商业为末、商人地位低下的价值导向阻碍人们对发展商业的追求；最后，"重农抑商"政策催生出的"官本位"思想成为阻碍，一朝考取功名便是一人得道，鸡犬升天，就连富商也不能抵挡此种诱惑。

（一）"义与利之辨"的提出

在封建传统商业伦理中，儒家创始人孔子的"义利观"思想对中国后世商业伦理的发展影响深远。在"义"和"利"之间，孔子非常重视"义"，说道："君子义以为质，礼以行之，孙以出之，信以成之。君子哉！"但孔子也看重"利"。只是关于义与利之间的关系，孔子认为应当"先义后利"。有名的卫国大商人子贡是孔子的学生。有一次，子贡和孔子论玉，子贡问美玉是否"求善贾而沽诸"？孔子回答说："沽之哉！沽之哉！我待贾者也。"《荀子·儒效篇》中记载："仲尼将为司寇，沈犹氏不敢朝饮其羊，鲁之粥牛马者不豫贾。"① 商人的欺诈行为在孔子的整顿下得以制止，商业活动井然有序。由此说明孔子并不轻视利，只是追求利的前提是要遵守道德和法律。另外，孔子还提出了更为具体的要求，应当要"见利思义"。孔子说过"富与贵，是人之所欲也"②，但同时也说"不以其道得之，不处也"，提出"行义以达其道"，"不义而富且贵，于我如浮云"等观点。孔子既言利又讲义，求利要有限制，不能自由放纵，义是利的伦理规范。孔子的义利观是将义视为利的前提，求财利本于仁义的思想，对后世的经商者有很好的启示作用。后世的诚实商人懂得"财自道生，利缘义取""以礼接人，以义应事"以及"君子爱财，取之有道"。崇尚伦理道德的儒学有助于经商者自律自制，这是孔子思想中对商人积极影响的重要方面之一。孔子的思想虽被后人继承发扬，但同时也有错误舍弃其合理部分的现象。"义利观"的提出使得"义与利"的孰轻孰重、孰先孰后成了中国几千年封建社会争论的焦点。

（二）"义与利之辨"的发展

义利关系自春秋战国时期提出就不断被人进行辨析。孟子继承和发展孔子"重义轻利"的思想，提出了"有仁义而已矣"（《孟子·梁惠王上》）的论断，但也要满足人民基本的物质生活。而墨家则是持"利义并重"的观点。墨子把义和利统一起来，并强调以对人们是否产生"功利"为判断是非、善恶、巧拙、智愚的标准。并且墨子把"仁人"的奋斗目标看成是"兴天下之利，除天下之害"，因此着重强调发展生产、为民兴利、使民富裕的重要意义。法家"重利贱义"，管仲认为人是趋利避害的动物，并对道德和物质关系进行了初步探讨，提出"仓廪实而知礼节，衣食足而知荣辱"的论断。战国后期荀子并不同意

---

① 高长山：《荀子译注》，黑龙江人民出版社 2003 年版，第 105 页。

② 杨伯峻：《论语译注》，中华书局 1960 年版，第 36 页。

孔孟"重义轻利"的思想，提出"义与利者，人之所两有也"，即人既有"好利"的本能，也有"好义"的本能。荀子提出人在"利义"面前权衡比较，"见其可欲也，则必前后虑其可恶也者；见其可利也，则必前后虑其可害也者；而兼权之，孰计之，然后定其欲恶取舍。如是则常不失陷矣"①。到了汉朝，董仲舒提出"利以养体""义以养心"的义利观："天之生人也，使人生义与利，利以养其体，义以养其心。心不得义而不乐，体不得利而不安。"但比较之下，"义"应当先于"利"，还提出"正其谊不谋其利，明其道不计其功"。王充是比较彻底的唯物主义者，认为社会的治乱，人们的道德水平、思想品质不是由明君、圣贤决定的，而是由人们物质生活水平决定的，从而反对孔子的唯心主义的道德观。到了隋朝，王通则明确提出对义利的态度是判断君子和小人的唯一标准，提出"君子之学进于道，小人之学进于利"。汉朝董仲舒"正其谊不谋其利，明其道不计其功"之后，"尚义"便成了绝对的教条。魏晋崇尚玄学，对利不屑一顾。宋人发明道学，把重义轻利的思想推向了极端。宋朝时期，陈亮、叶适直接批判董仲舒的"正其谊不谋其利，明其道不计其功"。李觏针对孟子反对言利的思想提出"焉有仁义而不利""人非利不生"。邵雍把历史上的"义利之辨"与"王霸学说"结合，提出自己的"王霸义利"学说。在他看来，利是乱世害人的根源，其著《渔樵问对》集中地反映了他的义利观，认为"义可贵利可贱"。北宋王安石"义在利中"，重视人民的物质生活，认为物质生活和道德教化相比占首位。理学家在义利观上直接承继孔孟和董仲舒，与李觏、王安石、陈亮、叶适的功利思想展开激烈的争论。明朝中期以后，商品经济有所发展，中国早期的启蒙主义伦理思想产生。以李贽为先驱的顾炎武、王夫之等著名进步思想家共同反对封建专制主义伦理，构成早期中国启蒙主义的伦理思潮，着重强调义利统一。然而一直到鸦片战争以前，统治阶级依然以"重义轻利"的思想为统治思想。

（三）"义与利之辨"的结果及其影响

虽然有众多思想家对义利之间的关系进行了自己的辨析，但是由于

---

① 高长山：《荀子译注》，黑龙江人民出版社 2003 年版，第 45 页。

儒家"重义轻利"的思想更符合中国小农自然经济的需要，有助于维护封建社会的宗法制度和专制政治统治，从而深受历朝历代统治阶级的推崇。"重义轻利"最终被确立为中国封建社会的道德原则和规范的内容。"重义轻利"的思想同时成了封建统治者推行"重农抑商"的理论武器，被统治者大为推广。在统治阶级的改造下，追求利益是不道德的，商利成了"末利"，商业也就成了小人之事。人们受其影响，蔑视商人，认为从事商业是丢脸的事。商业在这种思想的控制下自然无法得到进一步发展。

三　"重农抑商"的思想对商业伦理发展的限制

（一）"重农抑商"思想的形成

"重农抑商"思想离不开中国地理环境的影响。中华文明起源于黄河和长江流域。相比中亚地区和地中海地区，这里的气候、地形、土壤等自然环境为农业的产生和繁荣的发展提供了必要的物质基础。但同时中国地处太平洋西岸，西部被中亚的沙漠隔离，西南又有青藏高原为屏障，这些地理因素阻断了中国大陆文明与世界其他文明的交流。独特的地理位置和得天独厚的自然环境使中国无须像地中海周边的国家那样进行海上贸易形成繁荣的商品经济。自此中国大陆的人们满足于自给自足的自然经济，只是一味地从事农业生产。中国也逐渐发展为以农业为立国之本的国家，孕育了独特的农业文明。在自然经济的基础上，宗族制度和封建专制主义形成，并在中国大陆确立了统治地位。中国的封建统治者深谙农业是国家立国之本的道理，历朝历代都非常重视农业。农业是封建统治阶级统治的基础，但是人的本质是趋利避害的。《商君书》记载，"农之用力最苦，而赢利少，不如商贾、技巧之人"，商业带来的好处会使大量的农民放弃劳累的农业去从事商业，从而动摇封建专制国家统治的经济基础。一方面，"重农抑商"成为封建社会统治阶层所必须采用的手段。统治阶级要维护自身的统治也必须维护这一经济基础，因此一系列"重农抑商"的政策被制定实施。另一方面，封建统治阶级还通过宣扬"重农抑商"文化的手段愚弄百姓，控制人民思想。无疑，"重农抑商"成功地巩固了封建统治。几千年的发展使得"重农抑商"的思想深深地扎根于中国人的脑中。

（二）"重农抑商"政策的实施及其思想的传播

封建统治阶级推行"重农抑商"的政策可谓是费尽功夫。春秋战国时期，诸侯国的国君都接受了农业是国家之本的思想，纷纷推行"重农抑商"的政策。最为成功的是公元前356年商鞅在秦国的变法，变法中的一个重要内容就是"重农抑商，奖励耕织"。具体措施主要体现在《商君书·垦令》中，包括"使商无得籴，农无得粜""重关市之赋""食贵，籴食不利"等，得到了"国以富强，百姓乐用，诸侯亲服"①的效果。汉王朝建立后也继续实行"重农抑商"的政策。《晋律》就有"侩卖者皆当着巾白贴额，题所侩卖者及姓名，一足着白履，一足着黑履"的规定。前秦的苻坚曾下令："金银锦绣，工商皂隶妇女不得服之，犯者弃市。"《北魏律》规定"工商皂隶不染清流"。唐宋统治者"重农"同时继续实行"抑商"政策。限制商人的穿着，如"贵贱异等，杂用五色。五品以上，通著紫袍，六品以上，兼用绯绿。胥吏以青，庶人以白，屠商以皂，士卒以黄"。在政治上压制商人，如《唐律》规定："食禄之家，不得与下人争利；工商杂类，不得预于士伍。""有市籍者不得官，父母、大父母有市籍者亦不得官。"《唐律》还规定："五品以上，不得入市。"明清统治者通过扩大垄断的范围推行"重农抑商"。盐、铁、茶为主要垄断的对象，还将金、银、铜、锡、硝、硫黄等商品进行进一步的垄断。雍正六年制定条例："凡拿获私贩，务须逐加究讯，买自何地，卖自何人，严缉窝顿之家，将该犯及窝顿之人一并照兴贩私盐例治罪；若私盐买自场灶，即将该管场司并沿途失察各官题参议处，其不行首报之灶丁均照贩私例治罪。"明清政府还推行海禁政策。明朝规定"仍禁濒海居民不得私出海"，"凡将牛、马、军需、铁货、铜钱、缎匹、绸绢、丝绵出外境货卖及下海者杖一百。挑担驮载之人，减一等。物货船车，并入官"。清初颁布"寸板不许下海"的禁海令；接着又颁布强制闽广苏浙沿海居民内迁50里的迁海令，并规定越界者立斩的严厉处罚，从而从根本上断绝了海外贸易的可能性。清政府还通过加强行会制度的方式进一步限制工商业的发展。

---

① 石磊译注：《商君书》，中华书局2009年版，第35页。

封建社会除了政治上对商人和商业进行限制，文化上也极力赞美农业、贬低商人和商业。封建统治者的各级官吏采用农技诗宣扬"重农"的政策。一些地方官员通过撰写劝农文，并以文告形式进行张贴，鼓励老百姓从事农业。更为糟糕的是，一些文人也对商人进行批判，起到了推波助澜的作用。这些文人通过商贾诗的形式，一方面批判商人奢华的生活，另一方面则描述一些小商人地位之低下和生活之艰辛。历代文人对商人的态度极其苛责，与商人艰苦创业、勤俭节约的品格相比，文人们刻画更多的是商人为富不仁、薄情寡义、贪婪成性、穷奢极欲等不良品质。如白居易的《琵琶行》中就有"商人重利轻别离"的描述。李白在《越女词五首·二》中写道："吴儿多白皙，好为荡舟剧。卖眼掷春心，折花调行客。"这都从侧面描述了商人常年沉溺于声色和挥霍的生活态度。李益《江南曲》中的"嫁得瞿塘贾，朝朝误妾期。早知潮有信，嫁与弄潮儿"则反映出商人的寡情薄义。

（三）"重农抑商"思想的影响

"重农抑商"阻碍了中国商品经济的发展。一直到明清时期，中国依然是一个自给自足的自然经济国家，资本主义始终处于萌芽状态。政治上高额的税收和政策限制使得商人无法积累资本，新的商业组织无法产生。中国社会的经济结构无法得到根本的改变。不论在经济上还是政治上，商品经济都缺乏相应的条件。与此同时，根深蒂固的"重农抑商"思想还巩固了"士农工商"的封建等级制度，中国人以商为耻，大多不去从事商业，商人阶层的素质无法得到提高。在"重农抑商"的环境中，广大民众改变命运的唯一方式就是做官，如此又催生出了"官本位"的思想。几千年来中国的读书人都以考中功名为目标，到了近乎疯狂的境界，以至于闹出"范进中举"的笑话。老百姓思想则深受统治阶级的专制主义的钳制，只是安心务农求个温饱，凡事都祈求上天能派个"青天大老爷"来做主，充满奴性。中国传统"官本位"思想和"士农工商"等级制度影响深远，导致的结果就是中国人缺乏企业家精神。大多西方学者在研究中国晚清时期的企业家后也得出类似的结论。费凯维在研究盛宣怀的专题中提出，官僚工业家缺乏主动性，原因是他们与中国上流社会体制的联系，尤其是参加科举考试以及担任官员的经历，妨碍了他们进行冒险，从而阻碍了企业家精神的形成。马里恩·利维从社会学的角度将这种缺失归咎于中国家庭结构和家庭观念，他在《近代中国商人阶级的兴起》一书中认为，商人把资本用于追求绅士地位，"最成功商人的标准，是他和他的后人不再是商人"①。结果是，中国商人领域出现人才缺失和资金的流失。

第二节　清末封建伦理的动摇和商业伦理的新发展

尽管传统封建伦理占据了大部分中国人的思想，但仍不乏有人对封建伦理进行言语上的"讨伐"。从历史的发展过程来看，"义利之辨"在纯粹的思想领域没有根本的定论，很少有人主张绝对的"义"或者绝对的"利"，更多的还是主张在"义利统一"的前提下讨论"义"和"利"的关系。更何况各种学说的持有者所理解的"义"和"利"的内涵并不完全相同，所提出的观点的时间也不同。古代有识之士时不时地会发出一些声讨过分崇尚"义"而不要"利"的论调，以及抨击"重农抑商"的政策。例如两宋时期，范仲淹认为"山海之货，本无穷竭，但国家轻变其法，深取于人，商贾不通，财用自困"；陈亮也主张通过富商来达到富国的目的，认为如果"大商无巨万之藏"，就会使"国势日以困竭"。但封建统治者为维护自身统治将"义利之辨"进行改造，利用绝对的"重利轻义"的思想将广大人民束缚在那几亩田地上，从而更有利于推行"重农抑商"的国策。这种局面一直到清末鸦片战争以后才得以打破。

一　从"重义轻利""重农抑商"到"重利重商"

1840年鸦片战争以后，中国封建传统伦理受到了西方思想的冲击。西方的商品经济也随着战争进入中国，动摇了中国几千年封建专制主义的经济基础——小农生产的自给自足的自然经济。在全新形势下，商业伦理得到了发展的空间和条件。片面强调"重义轻利"的局面发生改

---

① 吴晓波：《跌荡一百年：中国企业1870—1977》（上），中信出版社2009年版，第24页。

变，"重农抑商"的政策也无法继续实施下去。这一局面的改变最为重要的一方面是，在西方资本入侵之后，统治阶级也认为不能再奉行"崇本抑末"。在内忧外患的处境下，清政府开始了试图改变局面的洋务运动。洋务派不仅打着"求富"的旗号开始企业活动，还充分肯定了民间的争利行为。李鸿章认为，国家"必先富而后能强，尤必富在民生，而国本乃可益固"，为防止"外人争利"，还竭力主张兴办民用企业。左宗棠也认为求利是合情合理之事。郑观应在其《盛世危言》中提出"习兵战不如习商战"的思想，彻底否定商为末业的观点。在政府的影响之下，人们开始追求商业利润，弃农从商、弃官从商的现象日益增多。洋务运动时期，敢于追求利的人大大多于从前。商人阶层的地位开始上升，力量不断壮大。商业伦理也得到了前所未有的发展。但是，封建传统的"义"依然在"利"之前，洋务运动的宗旨是维护风雨飘摇的清政府的统治。在"利"的面前，封建传统的"三纲五常"等伦理依然是洋务运动倡导者们所先要维护的"义"。洋务运动的倡导者们没有看到国家的强大正是要变革封建传统的"义"，这也是洋务运动最后失败的原因之一。

二　"重利重商"的商业伦理与"官督商办"治理模式的建立

现代企业制度随着西方列强的入侵进入中国。清政府在战场上的节节败退使得一些有识之士开始探索强国之路。可惜的是，面对西方列强的进攻，这些有识之士看到了他们的船坚炮利，于是开启了以自强为目的的洋务运动（1861—1894 年），学习西方的工业技术（"师夷长技"），试图挽救清朝的危局。洋务运动之初，工业一般根据军事需求而定。早在 1855 年，曾国藩在江西设立了兵工厂，1862 年又在安庆设立了兵工厂和船坞。1865 年李鸿章设立江南制造总局，用于生产步枪和火炮等军事用品。与此同时，左宗棠在福建创建福州船政局，组建了第一支现代意义上的海军——福建水师。随后，洋务派打出"求富"口号，开始发展近代的民用企业。1842 年，魏源著的《海国图志·筹海篇》中介绍西方的公司制度，"西洋互市广东者十余国，皆散商无公司，惟英吉利有之。公司者，数十商辏资营运，出则通力合作，归则计本均分，其局大而联"。30 年后的 1872 年，李鸿章着手建立第一个非军事性的现代工业——轮船招商局，并引入了盛宣怀提出的"官督商办"的公司治理理念。轮船招商局是晚清时期第一个由军工企业转为民用企业、由完全的官办转向为"官督商办"的近代企业。在近30年中，又出现了许多"官督商办"的企业，例如1877年的开平煤矿、1878年的上海机器织布局、1881年的中国电报总局、1887年的漠河金矿、1896年的汉阳铁厂和1898年的大冶铁矿。至此西方企业制度真正在中国扎根下来，并开始成长为具有中国本土文化特色的企业制度。但中国传统的"士农工商"等级制度和"官本位"思想的影响依然存在，在"官督商办"的企业中，商人没有应有的权利，却要承担更多的义务。而且"官督商办"的企业中，破产风险分担是很不公平的。公司倒闭后，公司的剩余资产往往优先偿还官债。1893年烟台缫丝局破产，归还官府的债务之后，官方经理们只归还投资者每股10两，而先前商人投资达每股200两。轮船招商局也在1884年进行了一次洗牌，"官督商办"的提出人盛宣怀成功地将推崇民营治理理念的唐廷枢和徐润排挤出招商局，成为中国近代企业史上"官进商退"的典型案例。"官督商办"最终的结果是商人不再愿意依附政府成立企业，在与"官"的斗争中，逐渐明白了作为"商"应有的走向。只是此时的商人还不能为绝大多数群众所认可，依然被认为是四大阶层的底层，而商人自身的力量还十分弱小，无法形成一支独立的政治力量来争取自己的权益。

（一）"官督商办"模式及其优势

《轮船招商局章程》是近代中国第一个规范意义上的公司章程。根据《剑桥中国晚清史》的记载，李鸿章的"官督商办"事业也用传统的中国形式作为模式。西方的企业是召开股东会议以选出董事会，李鸿章的企业则不是这样，而是按照中国的传统方式雇一名经理，给予差不多绝对的管理大权。还总结出管理上的几大特点：由有捐官的商人背景的经理所领导；在李鸿章的控制范围内，商人经理像企业主一样拥有很大的自由行动权；早期大多数股东并不对这些领导的无权管理提出质疑。由此可见，"官督商办"的模式是西方企业制度和中国传统商业伦理结合的产物。"官督商办"企业实际就是利用富商的资金和经营才能，商人在官方的支持和监督下经营企业，受益由官方拿大头，而风险则由商人自己承担了。

企业在创立之初面临很多困难，特别是受到中国一些保守势力的阻挡。中国的铁路和电报事业是遭到抵制的最佳典型，而保守派能给出的最大理由就是毫无根据的"破坏风水"，就连建立工厂树立烟囱都被认为是大逆不道。尽管守旧势力依然强大，在内忧外患的国情下，洋务派创立"官督商办"企业的趋势不可阻挡。因为洋务运动的目标是政府自身的"自强"，那自然就少不了政府的撑腰。"官督商办"企业的优势表现为以下几个方面。首先，政府能够给予"官督商办"企业在某些行业的垄断权。例如：李鸿章在开办上海机器织布局的时候就要求政府给予 10—15 年的生产纺织品的垄断权；无独有偶，开平矿务局开办的时候，李鸿章也规定唐山十里内不准他人开采；就连张謇在办大生纱厂的时候也占了政策的便宜，取得了"南通百里之内二十年不准别家设立纺厂"的独家经营权。其次，因为有政府背景，企业得到人才和筹集资金相对比较容易。例如：李鸿章任命买办出身的唐廷枢为轮船招商局总办，徐润和盛宣怀为会办，一下得到三个商界人才；在商界历练多年的唐廷枢和徐润随即仿照外商洋行出售股票集资，"以一百两为一股，给票一张，认票不认人"，很快筹集到 50 万两民间资本。最后，政府还给予税收方面的优惠政策。轮船招商局在李鸿章的支持下，所承运的货品免征厘金。

（二）"官督商办"模式的缺陷

"官督商办"的公司治理制度是中国封建商业伦理和西方先进企业制度碰撞和妥协的产物。先进思想的注入使"官督商办"的公司一开始表现出强大的生命力。李鸿章创办的轮船招商局在一段时期内发展快速，直逼洋行。可是风光不久，"官督商办"公司的弊端毫无保留地显露出来。早在郑观应应邀加盟轮船招商局之前就表现出了两点顾虑：一是"所虑官督商办之局，权操在上，不若太古知我之真，有合同可恃，无意外之虑"；二是"虽然我公现蒙李傅相器重，恐将来招商局日有起色，北洋大臣不是李傅相，遽易他人，误听排挤者谗言，不问是非，不念昔日办事者之劳，任意黜陟，调剂私人"。[①] 郑观应所虑之一就是在

---

① 吴晓波：《跌荡一百年：中国企业 1870—1977》（上），中信出版社 2009 年版，第30 页。

"官督商办"的公司中，"官"始终保持着统治地位，而"商"则完全受到压制，公司的控制权被牢牢掌握在官的手中。其次就是"商"只有经营权，人事权也被"官"紧紧掌握，经理人的选择过程中，政治委托机制代替了经济委托机制。导致"官督商办"的公司中，"商"逐渐被官僚化。公司经理人应有的开拓进取、富于冒险的精神被压抑，代之为谨小慎微的保守态度及官僚态度。企业家精神的丧失使得公司中的官僚衙门气息越来越严重，管理混乱，任人唯亲、人浮于事、内部权力斗争充斥。例如 1894 年湖北纺纱局创立。一开始商人股东对机器和账目有一定的控制权，但在 1897 年，张之洞任命王常川道台做局里的常驻代表，负责督办，引起商人不满，最后矛盾公开，商人被迫要求退出。除此之外"官督商办"的企业账目混乱，官僚主义横行。张之洞为改组汉阳铁厂，利用职权从湖北纺纱局中抽走资金，共 34 万两，最终只归还了 6 万两。也就在 1890—1891 年，盛宣怀在轮船招商局私自将 30 万两资金转给上海机器织布局，1896 年又将轮船招商局的 80 万两和天津电报局的 20 万两转给他新办的中国通商银行。

三　商业伦理的传承和新发展

清末，商业伦理有巨大的新发展：重商主义思潮的兴起，人们对传统"贱商"的思想进行了彻底的批判，并在经济竞争中形成"尊商"的意识。这一改变冲击了固守了千年的"士农工商"等级制度，"义利观"也得到了全新的诠释。商业伦理的发展导致商人地位也逐渐发生了变化。《剑桥中国晚清史》记载：官绅背景的人涌入商人行列，在意识形态上重新确立了商人在中国社会中的地位。[1] 例如，1897 年保守派御史褚成博在上疏时谴责传统上对商人的歧视。另一位保守文人王先谦则认为，中国要变成资本主义国家，商人阶层必须领导全国的工业生产。[2] 梁启超对商人的态度也发生转变，从一开始的嘲笑转为认可商人具有创业精神。清政府开始制定官方奖励商人的制度。1906—1907 年建立了

---

[1]　Denis Twitchett and John K. Fairbank, *The Cambridge History of China*, Vol. 2. Cambridge: Cambridge University Press, 1980, p. 420.

[2]　Ibid.

全面的奖励制度，将奖励措施分为三类：第一，奖励高超技艺的手艺人和有所发明的技工；第二，奖励工业提倡者；第三，奖励投资者，包括对真正做出突出贡献的人授予终身贵族地位。① 1903 年商部颁布的《奖励公司章程》中还明确指出"现在朝廷重视商政，亟宜破除成见"，规定集股 5000 万元以上者，奖励商部头等顾问官职，并加一品顶戴；集股 2000 万元以上者可封一等子爵、一品顶戴以及双龙金牌；1000 万元以上者封男爵；500 万元以上、800 万元以下者奖励商部四等顾问官，加四品顶戴。这一举措提高了商人的地位，"重商"得以在中国真正树立了起来。另外，商业伦理还新增了法治伦理的内容，这是中国几千年以来最大的进步之一。洋务派的一些开明官僚在和西方交往之后，深刻感到要学西方一样进行详细的商事立法，从而促进国家商业的发展，展开与西方更严酷的商战。洋务运动开始之后，清政府也在一定程度上认识到了私营企业在国家工业的发展中的积极作用，开始了商事立法。清朝政府在北京设立的一些行政部门相应地制定了一些关于商人身份、公司设立等的相关实体和程序以及一些专利权利和企业破产程序的立法。例如，1904 年 1 月 21 日颁布《商人通例》共 9 条和《公司商律》共131 条；1905 年颁布《公司登记法》；1906 年颁布《破产法》。其中《公司商律》规定了五大企业类型，分别是无限合伙、有限合伙、无限公司、有限公司、独自经营和承担无限责任的商号。② 清末的商事立法改变了几千年商人不受法律保护的局面。政府的立法工作促进了商人法律意识觉醒，诚信、公平意识觉醒。1910 年，沪杭甬铁路公司负责修建沪杭铁路的汤寿潜总办被清朝皇帝降旨免职，众多股东集会于上海，通过决议认为任何人包括皇上在内，也不能把按照法律选出来的、经过正式入职手续的公司高级官员革职。③ 股东们援引北京政府颁布的《公司商律》，9 月连续召开了几次会议，甚至有些集会发展成为公开的游

---

① Denis Twitchett and John K. Fairbank, *The Cambridge History of China*, Vol. 2. Cambridge: Cambridge University Press, 1980, p. 447.

② Ibid., p. 446.

③ Ibid., p. 441.

行示威活动。由此可见，清末政策和法律的制定对商业伦理也产生了重大的影响。此外，封建伦理中的一些精髓也被传承下来。商业伦理中诚信、仁义等得到继续发扬。例如：晚清著名商人经元善为自己制定"不问人如何待我，只计我如何待人""宁人负我，无我负人"；周学熙为自己的墓碑写上"居士性拙，无他长，惟持躬涉世，一矢以诚。生不作欺人之语，死不变谀墓之文，故自为此志，以纪实云"；大成纱厂的刘国钧将"忠信笃敬"作为厂训；荣德生也提倡"正心诚意，实事求是"。

第三节　民国时期的传统商业伦理与公司治理立法

　　1912 年辛亥革命结束了清政府的统治，然而中国并没有迎来一个安定的社会。从辛亥革命成功到 1949 年新中国的成立，这一时期的中国经历了以下几个阶段：北洋政府时期；国民政府统治前十年（1927—1937 年）；抗战时期和抗战以后。辛亥革命成功后袁世凯窃取革命果实，建立北洋政府。北洋政府时期的中国军阀混战，中央权力出现真空。1912—1927 年，中国一直处于军阀割据的政治混乱当中。由于各路军阀治国理念和各自利益的冲突，联盟土崩瓦解，最后各自为战。1927 年蒋介石发动政变，建立南京国民政府，并于 1928 年在形式上统一了中国。1937 年日本发动全面侵华战争，直到 1945 年抗日战争的胜利后，面对共产党的崛起，国民党政府仍不改对民族企业的剥削，导致经济秩序的极大混乱。国内政治局势混乱，国外势力的强力入侵两大因素伴随着中国这一时期的发展。按常理来看，政治的混乱理应导致经济的衰败。然而事实上，中央政府权力的缺失给中国经济带来一个相对自由的政治环境。这一时期的国有企业发展劲头明显不敌民营企业的发展。在国外势力上，第一次世界大战的爆发，欧洲列强均无暇东顾，客观上又给了中国的民营企业喘息的机会。这一时期的商业伦理也有了长足的进步，显现出鲜明的时代特征。

　　一　商业伦理新元素——企业家精神的彰显和发展

　　企业家精神是现代社会商业发展的产物，同属于一个人的伦理观念，对人的行为具有指导作用。如果一个人富于创业、勇于冒险和创新，我们可以认为他具有企业家精神。经过洋务运动、戊戌变法和辛亥革命等一系列的社会变革后，人们开始从中国传统的伦理道德的束缚中解脱出来，商人不再被认为是社会的底层。一批又一批的企业家开始涌现出来，出现在各行各业，并表现出强劲的发展势头。例如：范旭东从日本京都帝国大学毕业后于1915年在天津创办久大精盐，站稳脚跟之后又进军制碱业；荣氏家族创办一系列的纱厂、面粉厂，于1912—1917年连开九家工厂；四川卢作孚1926年创办民生实业股份有限公司。最值得一提的是，文人出身的卢作孚却拥有企业家的胆识，看似面庞瘦削、个子不大，但做起事来干劲十足。在拜访状元实业家张謇之后，下决心投身于实业。1929年从谭谦禄手中买回"民望"号轮船后，民生成长为重庆长江水段主要的民营航运企业。卢作孚创办民生之后，对长江航线的民营船运业的发展发挥了很大的推动作用，一改原来航期混乱、客运和货运混杂的状况，稳定了运价。卢作孚还制定了许多公司的基本管理规则，比如"经理须知""船长须知""驾驶员须知""水手须知"等，同时改变了船上脏乱差的环境。[①] 民生越做越大，但卢作孚依然保持苦行僧般的自律生活。美国出版的《亚洲和美国》杂志中有一段关于卢作孚家居条件的报道："在他的新船的头等舱里，他不惜从霍菲尔德进口刀叉餐具，从柏林进口陶瓷，从布拉格进口玻璃器皿，但是在他自己的餐桌上却放着几只普通的碗和竹筷子。甚至这些船上的三等舱中也有瓷浴盆、电器设备和带垫子的沙发椅，但成为强烈对比的是，他那被称为家的六间改修过的农民小屋中，围着破旧桌子的却是一些跛脚的旧式木椅。"[②] 卢作孚作为民生公司的最高管理者并没忘记给公司员工带来更好的福利，他在重庆为公司的职工修建了一个全部由平房组成的"民生村"宿舍，一家住一套。然而他自己却没有搬进去。

二　民族主义和爱国主义主导下的商业伦理

从鸦片战争西方列强侵入中国，特别是甲午战争之后，中华民族一

---

① 吴晓波：《跌荡一百年：中国企业1870—1977》（上），中信出版社2009年版，第227页。

② 同上书，第229页。

直处于严峻的危急关头。民族主义和爱国主义思想在这一时期发展起来。商人们逐渐清晰地意识到自己的身家性命和财产都和国家的存亡息息相关，并开始关注整个国家和民族的命运，开展了一系列实业救国的创举。一战之后，上海冠生园创始人冼冠生（1887—1957 年）认识到了外国食品厂家在中国疯狂地抢占市场，为了应对这种情况，提出了"提倡国货，改良食品"的经营方略。① 同时，还提出"三本主义"（本心、本领、本钱）和"三个至上"（信誉、顾客、质量）的经营思想。天津实业家宋则久（1867—1956 年）为了维护国货的市场地位，1913年接办"天津工业售品总所"之后不断地举办相关的"国货展览会""国货大竞赛"等活动。② 这一时期不乏中外企业之间的对峙情形。例如在制盐产业中，由于中国人缺少化工人才，没有人能够涉足该产业。中国的食盐氯化钠含量不足 50%，而在西方国家，氯化钠含量 85% 以下的盐都不能拿来做饲料。为此中国的精盐市场长期被英商和日商垄断。1915 年毕业于日本京都帝国大学理学院化学系的范旭东在天津创办久大精盐公司，开始了与国外盐商的角逐。③ 荣宗敬于 1917 年出资 40 万两买下了日本人经营的纱厂，改名申新二厂，大大鼓舞了中国商人的斗志。除此之外，还有棉纺市场的张謇和日本株式会社的竞争；华资大隆机器厂在纺织机械市场上和美国维定机器厂的竞争；刘鸿生的大中华火柴公司与瑞典火柴公司、日本铃木会社的竞争；商务印书馆和中华书局与英资兆祥洋行的竞争；周学熙的启新洋灰厂和日本水泥公司的竞争等等。对于这些中外的商战，其中重要的一点就是民族主义和爱国主义的精神力量支撑着企业家，成了他们在商场上竞争的武器。在抗日战争时期，这股精神也指导着企业家们不忘国难，义无反顾加入抗日救亡大军。在日本全面侵华之际，各大企业为保存国家经济命脉纷纷随政府西迁，不把有价值的东西留给侵略者。卢沟桥事变后，日军南下攻打上

---

① 江雪莲：《现代商业伦理》，中央编译出版社 2002 年版，第 46 页。

② 同上。

③ 吴晓波：《跌荡一百年：中国企业 1870—1977》（上），中信出版社 2009 年版，第140 页。

海，为了阻挡日军沿长江水路进攻，上海民族企业沉船江底。虞洽卿的三北公司和杜月笙的大达公司沉船吨位达 2 万吨和 1 万吨。在宜昌大撤退中，民生公司担负了 90% 以上的运输量，为报效国家只收取低廉的运费，抢运兵工厂和民营企业机器设备。

三　商业伦理中社会责任感的凸显

民国的建立并没有给中国带来稳定祥和的政治经济环境，这一时期的中国依旧是内忧外患。但是这一时期的企业承担起了政府应当承担的责任，社会责任感在一系列的事件中得到体现。中国企业家以振兴民族经济为己任，投身于实业，利用所学知识创办企业与国外企业进行竞争。企业家还具有爱国济民的特征。例如：上海冠生园创始人冼冠生（1887—1957）经营有方，严格培训徒工，从业人员福利优厚，经营账目公开，自奉艰苦俭朴。四川实业家肖则可（1897—1968 年）先后在四川、重庆开设"宝元通百货商店"，抗日战争时期提出"经营百货为过程，发展生产事业为目的，发展民族经营为终结"的经营方针。注重从业人员福利，实行"包干制"，从业人员家属的伙食、医药、子女入托等均由企业共计。同时，企业家也不忘用实际行动回报社会。张謇在创办实业成功以后，一直致力于家乡南通的建设，大生纱厂的很多利润被用于南通的公共事业建设。荣氏兄弟也在家乡无锡进行城市公共基础设施的建设，为职工建立宿舍，兴办了食堂、储蓄所、合作社、医院、工人夜校、图书馆、电影场等，工人的生活、教育、文化娱乐、劳动保险等都得到了一定程度的保障。陈嘉庚（1874—1961 年）被毛泽东誉为"华侨旗帜，民族光辉"。[①] 先在新加坡经营橡胶实业拥有巨资之后，立志报效祖国和建设家乡。他于 1914 年回到家乡创办集美高初两等小学校，此后还相继创办了女子小学、师范、中学、幼儿园、水产、商科、农林、国学专科等学校，还在校内建立了医院、科学馆、图书馆、体育场等配套设施，还于 1919 年发起筹办厦门大学，将所存资产几乎全部用于开办厦门大学。这一时期的中国企业承担起了社会重担，甚至

---

① 吴晓波：《跌荡一百年：中国企业 1870—1977》（上），中信出版社 2009 年版，第 269 页。

做出了许多超过政府的成就。公司的社会责任进一步地转化为商业伦理的一部分。

四　商人法律意识的进步和民国商事法的制定

辛亥革命以后，商人更加深刻认识到法律对保护工商业的重要作用。[①] 不断要求政府制定有利于企业独立发展的法律法规，并通过法律保护自己的利益。民国元年，南京政府工商部召集的全国临时工商会议上，参会的商业人士都明确要求政府参照中国商事习惯，迅速制定商法和公司律，从而能够保护已有的工商企业并对其改良，也有利于后来新工商业企业的兴起。

（一）北洋政府时期公司治理的立法

1914年北洋政府废除了清政府制定的《商人通则》和《公司律》。并于1914年3月2日将《公司律》和《大清商律草案》中的《商法总则》分别修改为《公司条例》和《商人通例》以予实施，不久之后颁布了《商人通例施行细则》。这些法令基本上是在清政府制定的法律基础上制定而成的，但不能否认它们在历史上的积极意义。袁世凯还邀请实业家张謇出任北洋政府农商总长。其间，张謇明确指出了公司法律制度的重要性。在任职期间，他于1914年颁布了《公司条例》《公司注册规则》《公司注册规定实施细则》等法规。这些法规的出台直接推动了近代中国公司制度的发展。其中《公司条例》第三条明确规定"凡公司均为法人"，对公司法内容的完善和对公司法人地位的确立具有重大意义。其中最为重要的影响就是股东会权威的树立。公司法人地位的确立表明公司同自然人一样可以拥有自身的财产，结束了公司财产和股东财产的混同状态。不同于"官督商办"企业，股东开始关心公司的经营状况，并参与到公司的治理中来。1914年《公司条例》颁布后，公司法人治理机制初步形成，近代中国公司制度发展取得长足的进步。股东会、董事会、监事会、经理层开始分工协作，互相监督。在公司内部，各方的利益得到平衡，权利也得到制衡，有利于公司正确决策的提

---

① 朱英主编：《辛亥革命与近代中国社会变迁》，华中师范大学出版社2001年版，第503页。

出和长远的发展。在这一阶段，股东会逐渐成为公司的最高权力机构，股东开始关心公司的命运，捍卫自己的权利。公司管理人员受到股东会的监督和激励，为公司创造更大的价值出力。1916 年北洋政府策划发行不兑现纸币以应对财政危机，消息走漏引发银行挤兑，段祺瑞遂下令停止兑现。但上海中行召开股东大会，宣布为保护股东的利益，维持银行信誉，拒绝停止兑现的命令。该举措大大提高了上海中行的信誉，赢得了更多的客户。

（二）南京国民政府公司治理的立法

蒋介石的南京国民政府进行了两次公司法的制定。第一部《公司法》制定于 1929 年，并于 1931 年施行。南京国民政府成立之后，受新兴商业伦理的影响，各行各业都希望有相应的法律制度来保障他们的利益。商界和学界都希望国民政府出台新的《公司法》。受此推动，南京国民政府于 1929 年成立立法院，决定采用"民商合一"的立法原则，编纂统一的民商法典。1929 年 12 月 10 日立法院通过《公司法》案，该法案综合了《商人通例》《公司条例》《公司注册规则》中公司制度的相关条例。总体上来说这是一部比较完整的现代公司法。该法一共有 6 章 233 条，内容分别为：第一章通则，共 11 条；第二章无限公司，分为设立公司内部之关系、公司对外之关系、退役、公司之解散、清算等 6 节，共 58 条；第三章两合公司，共 17 条；第四章股份有限公司，分为设立股份、股东会、董事、监察人、会计、公司债、变更章程、解散、清算等 10 节，共 128 条；第五章股份两合公司，共 16 条；第六章罚则，共 3 条。该公司法的效力直到 1946 年第二部公司法施行后才失去效力。第二部《公司法》是在抗战胜利之后制定的。1945 年中华民国立法院商法委员会对 1929 年的《公司法》进行修订，于 1946 年实施。新《公司法》在篇幅和内容上都有修改和完善。篇幅上增加至 10 章 361 条，增加了定义、有限公司、外国公司和公司之登记及认许四个章节。内容包括定义、通则、无限公司、两合公司、有限公司、股份有限公司、股份两合公司、外国公司、公司之登记及认许和附则。规定的公司类型包括无限公司、两合公司、有限公司、股份有限公司、股份两合公司和外国公司。

与北洋政府的《公司条例》相比，南京国民政府时期制定的 1929 年《公司法》在公司的定义、种类、资本结构和组织机构等内容上更加充实。首先，1929 年《公司法》的制定对中国公司治理最大的意义在于确立了公司的"营利"目标，被认为是公司治理思想方面的明显的进步。① 如此一来，中国的公司成了真正意义上的企业，而不是政治上的附庸，过多地承担着一些社会和政治功能。其次就是 1929 年《公司法》首次引进了西方公司制度中的"参与制"，规定"公司不得为他公司之无限责任股东。如为他公司之有限责任股东时，其所有股份总额，不得超过本公司实受股本总数四分之一"。这为公司之间互相持股、兼并和收购提供了法律依据，从而促进了不同公司之间治理制度的交流，有助于公司规模的进一步发展。与 1929 年《公司法》相比，1946 年实施的新《公司法》对各类公司的定义更加准确，并且第一次增加了"外国公司"为专门的一章，将外国企业法人也纳入了中国商事法律的法人范围之内。1946 年《公司法》进一步肯定了"参与制"，规定公司"为他公司之有限责任股东时，其所有投资总额不得超过本公司实受股本二分之一"。1946 年《公司法》再经过 1966 年、1968 年、1969 年、1970 年、1980 年、1983 年、1990 年多次修改之后，成为台湾地区现行公司法的主干内容。②

第四节　计划经济时期的商业伦理的政治化与公司治理

一　社会主义改造及其对商业伦理的影响

以马克思主义为理论武器的中国共产党夺取政权之后，经过一系列的努力统一了中国的货币、稳定了物价，开始了社会主义经济的建设。为了实现社会主义经济，政府决定对私营工商业进行社会主义改造。经过上海的"银元大战"后，金融投机商全军覆没，金融业已经彻底国营

---

① 杨勇：《近代中国公司治理思想研究》，博士学位论文，复旦大学，2005 年。

② 江平：《新编公司法教程》，法律出版社 1994 年版，第 16 页。

化。根据陈云的思路，从流通入手，通过生产资料供应和产成品销售的垄断对制造业进行控制。原料供应、产品销售和金融被控制住之后，处于中间的制造业企业自然会被控制住。中财委于 1949 年 10 月开始组建全国性的贸易公司，如全国性的纺织公司（负责纺织原料和产成品的供应和销售），全国性的土产公司（负责各地特产销售）等。华北贸易总公司改组为 11 个专业公司（以内地调剂为主的有粮食、百货、煤炭和盐业，出口为主的有猪鬃、土产、皮毛、油脂和蛋品），还设立了一个进口公司，各专业公司按经济区划和交通要道在中小城市设立分支公司，资金和干部统一调度。[①] 与此同时，共产党还在政治上对民族工商业进行定位，制定与其相关的政策。其中以卢作孚民生公司的公私合营为标志。1950 年 8 月 10 日，卢作孚和交通部部长章伯钧签署《民生公司公私合营协议书》，民生成为新中国第一个公私合营企业。新政府对民族资本的接收制定了相对温和的政策。接收过程中，毛泽东强调要好好保护民族工商业，接受工作要"原封原样，原封不动"，让企业开工，恢复生产。在没有一套更有效的制度来代替旧的制度中不合理的部分时，宁肯不轻举妄动，以免影响生产组织。1949 年 5 月 2 日，刘少奇与128 位民族资本家座谈，在天津展开了"合营过渡，和平赎买"。[②] 在中国共产党的带领下，各地的民族资本接收有序进行。

1951 年 12 月开始了"三反""五反"运动。通过"五反"运动对资本主义工商业者进行了反行贿、反偷税漏税、反盗骗国家财产、反偷工减料、反盗窃国家经济情报调查。"五反"运动彻底摧毁了私有经济在中国的产业基础和产权基础，民间资本集团全面分崩离析，为四年后的全国国有化扫除了障碍。1952 年 7 月，国家计划委员会成立，开始对全国经济进行统一管理，计划经济体系完全建立起来。1954 年，全国人民代表大会颁布了新中国第一部宪法，确定了国有经济在中国经济中的主导地位。虽然也提出国家对资本主义私营工商业进行利用、限制和

---

① 吴晓波：《跌荡一百年：中国企业 1870—1977》（下），中信出版社 2009 年版，第 111 页。

② 同上书，第 125 页。

改造，但全民所有制开始全面取代资本家所有制。此后，公私合营成了私营企业唯一的选择和出路。中国公私合营的高潮发生在 1956 年 1 月，北京市私营工商业者主动提出了实行全行业公私合营的申请，全市的私营工商业仅仅用了 10 天就宣布实现了全行业公司合营。薄一波在《若干重大决策与事件的回顾》中说："应于 1967 年完成对资本主义工商业的社会主义改造，现在基本完成，比原计划提前 12 年。"[①]

新中国成立以后的一系列政治运动对中国的商业伦理影响巨大。在"三反""五反"运动中，企业家均被认定是资本家阶级，政治上必须打倒。在中国成长没多久的"企业家精神"，受到了严重的打击，催生了不少悲剧。[②] 例如：企业家卢作孚在"五反"运动被批斗，最后自尽于家中；对中国计划经济有深刻认识的顾准被免职，至死也没能走出来再次实践他的理念。公众道德层面上，企业家勤劳节俭置业、勇于挑战创新的精神被完全抹杀，取而代之的是公众的无尽批斗、鄙视和唾骂，以至于企业家对自身价值的认定也发生了质疑，产生无尽的羞耻感。这种意识形态上的塑造影响极其深远，为自己谋求经济福利和从事商业活动都被人们视为一种不道德、无耻的行为。一直到改革开放很多年后，"商贩""个体户"等都是贬义词。在随后的"文化大革命"中，企业更是难以为继了。不可置否的是，这一时期的人们树立了"全心全意为人民服务"的价值目标，弘扬集体主义和"只讲付出，不求回报"的奉献精神，涌现出了"铁人"王进喜这样的典型人物，一时间成为全中国国有企业学习的榜样。除此之外，还总结出了一系列的道德准则。如："三老四严"——对待革命事业要当老实人、说老实话、办老实事，对待工作要有严格的要求、严密的组织、严肃的态度、严明的纪律；"四个一样"——黑天和白天工作一个样，坏天气和好天气工作一个样，领导不在场和领导在场工作一个样，没有人检查和有人检查工作一个样。

---

① 吴晓波：《跌荡一百年：中国企业 1870—1977》（下），中信出版社 2009 年版，第 169 页。

② 同上书，第 133 页。

二　计划经济体系下国有公司治理的弊端

计划经济体系建立后，私营企业基本退出中国市场，市场调节作用完全被否定。新中国"一五"规划建设期间，私人企业和资本参与度为零。国家实行"全统全包"的投资分配和管理制度，国家需要什么工厂、生产什么产品、配制多大的生产能力，以及产品的产量和投资规模都由国家通过计划直接安排。在计划经济体制下，一切新老企业用于固定资产建设的项目和投资都由国家统一计划；企业所需的资金也由国家统一分配，无偿拨款；建设和生产用的物资，由国家通过商业和物资部门统一调拨；从事建设的施工队伍，由国家统一安排；从事生产的新增劳动力，由国家统一培养和分配；生产出来的产品，由国家统购统销；企业有赢利，全部上缴国家财政；有亏损，也由国家财政补贴。这一时期，国家既在宏观上进行投资规模、投资结构、投资布局等宏观决策，又在微观上担负着项目决策管理。强大的计划经济大大提高了资源聚集的能力，能够以"举国之力"办成大事。在"一五"规划建设期间，中国成功地制造出了汽车和飞机，建成了至今仍在使用的武汉长江大桥，建立了鞍山钢铁公司和包头大型炼钢厂，还在洛阳建成了拖拉机厂，哈尔滨建成了轴承厂，兰州建成了大型炼油基地等。

在取得成就的同时，计划经济还带来了不少的问题。首先是企业效率低、浪费和反应迟缓。担任中国汽车产业领导者的陈祖涛描述说："我们的生产计划由国家计委下达，生产的汽车直接入国库，再由计委来分配，用户对汽车的意见到不了我们手里。我们如果要自己对产品进行改进，要先登报告，然后由国家组织专家来评审，评审完成后才能立项，立项完了后再在国家财政等拨款，款到了后才能动手，这里面环节众多，手续复杂，随便哪一关都能卡死你。而且，这种修改对我们生产厂家没有任何利益。既劳神费力又没有任何利益，企业怎么可能有积极性呢？所以多一事不如少一事。这就是典型的计划经济体制的弊病。"① 计划经济下，企业对产品的改进没有积极性。长春一汽在1956—1983

---

① 吴晓波：《跌荡一百年：中国企业1870—1977》（下），中信出版社2009年版，第153页。

年只会生产一种车型，而且吨位小、油耗大、车速慢。更严重的还有官僚主义的伴生。1957 年三门峡水库的建设，黄万里针对苏联专家的规划方案提出质疑，在规划会上与其他专家激烈辩论七日，但由于苏联专家和领导都说能修，以至于其他专家跟风，致使三门峡的失败成为新中国成立后争议最大的水利工程之一。

　　另一方面，企业在公私合营之后的管理也是问题百出。公私合营后，一些盲目的制度设置导致产品质量下降。例如北京的东来顺饭馆和全聚德烤鸭的问题。① 东来顺的涮羊肉非常出名，已经具有 150 年历史，是不折不扣的老字号饭馆，通常用小尾巴羊肉作为原料。合营之后，原料供给从小尾巴羊改成了山羊、绵羊，甚至是冻羊肉，原本一天一个人切 30 斤羊肉增加到 50 斤，羊肉因此由薄变厚，涮出来的羊肉味道大不如前。全聚德烤鸭原来用的是喂养 100 天左右的鸭子，一般以绿豆和小米为喂养饲料，粮食统购统销和合营之后，烤鸭店的原料就开始由国家统一调配，老鸭子也成为烤鸭的原料，产品质量自然下滑严重。还有就是公私合营之后，工作作风的严重恶化。企业扩大之后，讲排场的作风滋长。一般工厂设有八大科，每个车间又在科的系统下设立八大员，机构庞大、人浮于事的现象严重。并且公方和私方人员的关系十分紧张，私方精打细算的习惯和经验被公方认为是小家子气，作坊作风。公方人员还经常以改造者的身份自居，总是强调阶级关系，利用政治权力压迫私方人员，更不用谈采纳私方的建议了。企业治理水平因此一落千丈。

第五节　改革开放后的商业伦理的新内涵和公司治理立法

一　改革开放后的新景象

　　改革开放前夕，中国经济似乎走到了山穷水尽的地步。到 1977 年，中国计划经济体制的弊端已经完全显现出来。由于在产业战略上片面强

---

① 吴晓波：《跌荡一百年：中国企业 1870—1977》（下），中信出版社 2009 年版，第 169 页。

调重工业的优先发展，导致生活物资极其短缺。一场接一场的政治运动并没有给人们带来多少收益的增加，其结果却是生活还要受到各种分配票据的限制，收入也没见上涨。1959—1977 年，20 年间中国城镇居民的人均收入增长不到 4 元，农民的则不到 2.6 元。在物价上，出现了日用食品价格较低廉，但是家用工业品却无比昂贵的现象。1976 年，1 块钱可以买 12—13 个鸡蛋，1 碗素面 8 分钱，肉面 1 毛 4 分钱，1 个成人每月的粮食定量标准 30 斤，1 斤大米价格不到 3 毛钱，1 斤菜籽油不到 6 毛钱，肉凭票供应，分四等——最肥的 1 斤 8 毛钱左右，最瘦的 1 斤 4 毛钱左右。而一般家用工业品的价格要贵很多。例如：1 辆凤凰牌自行车要 156 元，1 台蝴蝶牌缝纫机售价 187 元，1 块上海牌手表售价 120 元。另一方面，中国市场可谓是百业萧条，陷入绝境。到 1976 年底，私营经济在中国几近绝迹，个体经济也微乎其微，全国城镇个体工商业者只剩下 19 万人。在上海，全市的日用工业品集体商业网点只有 1283 个，个人仅剩下 3085 人。一场变革正在酝酿之中。

（一）激情澎湃的"下海"创业浪潮

十一届三中全会之后，人们"下海"创业激情的浪潮不断，下海经商的人迅速增多，成就了中国改革开放后的第一批企业家。

1983 年，王石从广东省外经委辞职来到深圳，创办了"深圳现代科教仪器展销中心"，并通过转卖玉米到香港的生意赚到了原始积累资金。这就是万科集团的前身。深圳万科股份有限公司成立之后，随即发行了 2800 万股股票，为进入房地产行业做好了十足的准备。7 年之后，万科直接在深圳证券交易所上市融资。经过几十年发展，万科成为中国房地产第一品牌。除了像王石这样的官员"下海"，还有国有企事业单位的科技人员也集体"下海"创业。北京中关村在 1984 年就有 40 家科技企业接二连三地开业，成就了北京中关村"电子一条街"的称号。由信通、四通、京海、科海组成的"两通两海"公司的创始人无一例外是中关村原来就职的科研工作人员。中关村"电子一条街"上科技企业最早的雏形是陈春先于 1980 年成立的"先进技术发展服务部"，而陈春先则被称为"中关村第一人"，原先他就职于中科院物理所。中科院计算所工程师王洪德为了能够辞职创业，递交了一份"四走报告"——要求调走，如果不能调走，无论"聘请走""辞职走"还是"开除走"，只要能走就行。随后，王洪德创办了京海计算机技术开发公司。联想集团创始人柳传志也不耐寂寞，于当年 10 月在一间 20 平方米的小平房里创办了北京计算机新技术发展公司，没有任何开业仪式，连公司的招牌也没有悬挂。在 1984 年创业之初，计算所拨给他 20 万元开办费，但被骗走了 14 万元。历经艰辛之后，联想成为中国计算机产业的领头公司。在"下海"创业热潮的带动下，1984 年成为中国现代企业创建最为集中的一年。例如：张瑞敏出任青岛冰箱总厂的厂长，在他的支持下引进了德国利勃海尔的冰箱生产线和技术，并且将企业的名字改为"海尔"，就是现在在中国广为人知的并且打入美国市场的家电企业；马胜利出任石家庄造纸厂厂长之后就组建年产值曾达到 4 亿元的"中国马胜利造纸企业集团"，一开始通过推行承包的方式，逐步承包 100 多家横跨全国的企业；从南京师范大学毕业的张近东创办了苏宁电器等。正是因为如此，"下海"成了标志一个时代的名词。中国在改革开放后一共有三次下海经商的浪潮，分别是 1984 年第一次下海经商浪潮、1987 年下海经商浪潮和 1993 年下海经商浪潮。在"下海"的浪潮中，人们的创业激情勃发，通过自己的努力迅速致富，从此人们也不只是一味地追求国家政府机构或者企事业单位的"铁饭碗"。

（二）外资引进对中国市场竞争和公司治理的影响

改革开放中的重要一步就是引进外资。邓小平领导的中国政府推行经济改革和开放政策，通过引进国外资金和先进科学技术，加快中国现代化的进程，提高中国在国际上的竞争力。1978 年，邓小平访问日本，对日本企业现代化产生极大的兴趣。邓小平访问日本期间与松下电器的松下幸之助交流，松下电器由此成为在中国投资的第一家外资企业。紧接着可口可乐也重返中国市场，与中国粮油集团签订了可乐销售合同。可口可乐公司被允许在中国建厂，生产罐装可乐，并在中国市场销售。1984 年，可口可乐在中国设立了瓶装厂。1979 年国际商业机器公司（IBM）也因改革开放回到中国，并在沈阳鼓风机厂安装了中国第一台 IBM 中型计算机。IBM 于 80 年代中后期先后在北京和上海设立办事处，1992 年又在北京成立国际商业机器中国有限公司。第一家驻京日本制造企业日立在 1979 年向中国传输了大批量的设备及技术，其中包括火力发电设备、轧钢成套设备、气象探测用计算机、港口货物装卸设备和彩电组装成套设备等。1980 年 4 月，外商直接投资的北京航空食品、建国饭店、长城饭店获得批准成立。同年 7 月丰田公司在北京成立首个丰田汽车维修服务中心，并于 10 月在北京设立丰田汽车公司代表处。1983 年，埃克森石油公司、菲利普斯石油公司和壳牌公司合作在中国海域进行石油的勘探。1984 年德国大众汽车进入中国市场，成为第一批在中国开展汽车销售业务的国际汽车制造商。1985 年英特尔进入中国市场。1986 年法国标致汽车进入中国市场。1987 年肯德基的第一家餐厅在北京开业。同年摩托罗拉公司进入中国，在北京设立办事处，并于 1992 年成立摩托罗拉（中国）电子有限公司。1988 年宝洁公司在广州成立中国第一家合资企业——广州宝洁有限公司。1990 年麦当劳的第一家餐厅在深圳市解放路光华楼西华宫正式开业。1993 年，宏基到苏州投资建厂。其后还不断有外资企业进驻中国市场。

外资的引进对中国国内公司的治理产生了不小的影响。首先产生的就是"鲶鱼效应"。外资的引进激活了中国原本沉闷的国内市场，国内公司顿时充满危机意识，公司在治理制度上不断寻求革新，增强自身的市场竞争力，从而避免被市场淘汰。其次外资的引进带来了先进的公司治理制度，为国内公司提供了学习的榜样。参照国外先进的公司治理制度有助于国内公司治理制度的改革，提高公司治理的效率和效果。最后，外资的引进有助于国内公司治理诚信体系的建立。中国市场上假冒伪劣产品盛行、投机取巧的现象十分严重，违反诚信行为严重影响中国公司治理的进步和市场的发展，更多外国公司的进入让中国公司面临巨大的挑战，要想生存就必须做出改变。

二　改革开放后商业伦理的新发展

（一）对计划经济时期伦理的冲击

改革开放后，在计划经济时期形成的正统伦理观念受到冲击。计划经济时期，出于政治目的的考虑和政治运动的需要，政府一直都大力宣传"工人是工厂的主人翁"，工人阶级是中国的统治阶级，以及"企业是党领导下的工人组织"。在伦理认识上，工人是企业的绝对的主人。

由于工人阶级在政治中的地位，企业中的管理者往往不敢对工人进行更多的管制。正因如此，才会闹出张瑞敏上任后制定"不准在车间里随地大小便"制度的笑话。1984年5月10日，国务院出台了《关于进一步扩大国营工业企业自主权的暂行规定》，随后做出《中共中央关于城市经济体制改革的决定》。两年之后，国务院发文全面推行厂长经理负责制，明确规定全民所有制工业企业厂长（经理）是一厂之长，是企业法人代表，对企业负有全面的责任，处于中心地位，起中心作用。在国有企业中，工人阶级为大的传统理念受到了厂长负责制理念的挑战。还有一个复杂的问题，就是在一个工厂之中到底是党委书记具有决策权还是厂长具有决策权。毫无疑问，在改革之前的旧的治理结构之中，党委书记是企业的领导者，而在新的企业治理结构中，厂长上升到了企业负责人的地位，那么他是否还要接受党委书记的领导呢？有关争论一直到1998年《公司法》出台之后才有了定论。也就是从这个时候开始，现代企业管理制度被社会大众普遍接受。此外，国营机构里的科技工作人员是否能够到其他企业中兼职也是争论不少的话题。改革开放初期长三角一带出现了"星期六工程师"的现象，引起了人们的关注。工程师利用周末闲暇时间到乡镇企业中提供技术服务，担当技术顾问，并赚取额外的收入，因此引发争论。1988年1月18日，国务院下达专门的文件终结了这次的争论，其中规定"允许科技干部利用周末的时间兼职"。

（二）企业家精神的再度觉醒

经过计划经济时期的压抑之后，"改革开放"让一度沉寂的企业家们再次活跃起来。虽然在改革开放初期，人们蔑视"私营企业"或者"个体户"的现象暂时没有发生转变，但是已经有人敢于"下海"创业，争做"吃螃蟹的第一人"，中国企业家的精神被发挥得淋漓尽致。

首先是企业家产权意识的觉醒。企业家开始为保护自身的权利做出实际的行动。在改革开放初期，有相当多的一部分企业是带着集体的性质到这个世界上来的。但是在企业的发展过程中，真正做出努力的却是一小部分人，他们仅仅是给自己创办的企业挂了个集体的牌而已。例如，珠江电冰箱厂虽然由潘宁创办，但是在产权上属于镇政府。然而这种产权结构在后来极大地限制了企业的发展。珠江电冰箱厂的"容声"

冰箱畅销全国后，由于"容声"品牌所有权归镇政府所有，一些镇属企业就乘机用"容声"品牌生产其他的小家电，严重损害了珠江电冰箱厂的声誉。因此，潘宁一直向镇政府提出产权的要求。

其次是企业家企业管理意识的觉醒。早在改革开放前，中国就有人大胆地对企业制度进行改革。这些改革不仅仅有工资制度上的改革，还有管理制度上的改革和营业制度上的改革。1969 年鲁冠球建厂的时候就尝试新的工厂管理办法，开始实行基本工资制——工人工资额固定，按月出勤结算发放。[①] 1971 年鲁冠球又提出计件（计时）工资制，即根据工人劳动的多少来分配具体的收入。张瑞敏在调入濒临倒闭的青岛日用电器厂后，开始进行企业管理上的改革。原来青岛日用电器厂的工作作风是"上午 8 点钟来，9 点钟就走人，10 点钟随便在大院里扔一个手榴弹也炸不死人"。张瑞敏走马上任后，随即制定 13 条规章制度："不准在车间里随地大小便""不准迟到早退""不准在工作时间喝酒""车间内不准吸烟""不准哄抢工厂物资"等。张瑞敏还作出了退出洗衣机市场的决策，生产电冰箱，将工厂更名为"青岛电冰箱总厂"。后来引进德国利勃海尔的技术，正式将工厂命名为"海尔"。[②] 1989 年 5 月 6 日，郑州亚细亚商场正式开业，一举打破了中国短缺经济时代商场内部环境陈旧不堪、营业员白眼朝天的服务态度，以及货物摆放混乱的状况。王遂舟按照五星级宾馆的标准打造亚细亚，商场清新宽敞，里面到处摆放着鲜花和绿草，货物摆放可谓是井井有条。在服务态度上，营业员要衣着统一，要求都讲普通话，见到顾客必须鞠躬问好，给人耳目一新的感受。王遂舟还提出一系列的服务理念，比如"顾客是上帝""微笑服务""服务事故"等。[③]

最后是企业家诚信意识的觉醒。企业家在经营的过程中，越来越注重产品和服务的质量。产品和服务质量的保障更多就表现在企业家诚信

[①] 吴晓波：《跌荡三十年：中国企业 1978—2008》（上），中信出版社、浙江人民出版社 2007 年版，第 19 页。

[②] 同上书，第 126 页。

[③] 吴晓波：《大败局》，浙江人民出版社 2001 年版，第 243 页。

经营的精神上。鲁冠球的萧山万向节厂于 1980 年生产的万向节出现了质量问题。安徽芜湖一家客户寄来退货信上说万向节有裂痕。收到来信后，鲁冠球立马组织了 30 个人对全国各地的客户的收货进行检查，召回 3 万多套万向节。为了以示警诫，鲁冠球亲自带领全厂工人将不合格的万向节卖给废品回收站，损失 43 万元。"海尔"的张瑞敏也面临着同样的问题。在一次产品检查中，发现了 76 台冰箱存在质量问题。张瑞敏拒不接受低价出售的建议，将 76 台不合格的冰箱全部砸毁。

（三）社会主义核心价值体系对传统商业伦理的高度概括

经过几十年的社会主义市场经济的发展，2006 年，在党的十六届六中全会上通过了《中共中央关于构建社会主义和谐社会若干重大问题的决定》，其中明确地提出了社会主义核心价值体系的概念和内容。当前，社会主义核心价值体系居于中国的社会价值体系中的核心地位，主导着整个社会价值体系的基本特征和方向。社会主义核心价值体系包括马克思主义指导思想、中国特色社会主义共同理想、以爱国主义为核心的民族精神和以改革创新为核心的时代精神等。社会主义核心价值体系是对当代中国各方面伦理道德的高度概括，其中也包括了中国传统商业伦理的新发展。在当前国际形势下，抵御外侮和救国于危难不再是主要矛盾，相对于 1949 年之前，爱国主义和民族主义精神理应具有新发展。其中，社会主义核心价值体系的精髓就是以爱国主义为核心的民族精神和以改革创新为核心的时代精神。爱国主义和民族主义精神与改革创新精神相结合也成为商业伦理的内容之一。社会主义核心价值体系的基础——社会主义荣辱观对商业伦理有更为详细的阐述。社会主义荣辱观的内容符合社会主义市场经济的发展，增强了人们的民主法治意识、竞争意识、效率意识、自立意识和开拓创新精神。同时也增强了人们抵抗市场经济中消极因素的能力，例如违反诚实守信、见利忘义、拜金、损公肥私等，从而有利于社会主义市场经济的有序发展。

第六节　传统商业伦理对当下公司治理实践的影响

一　公平、诚信、仁义是当代公司治理实践的伦理基石

公司治理实践首先需要遵守商业伦理，其中诚信、公平和仁义的原

则是有效公司治理存在的前提，同时直接影响公司治理的效果。正所谓无规矩不成方圆，公司的良好运行需要规章制度的支撑，规章制度又需要人来遵守，而决定是否遵守规章制度的就是人们心中的伦理观念。人类文明之所以发展到今天这个程度，伦理发挥的积极作用不可忽略，公司治理同样如此。公司制度虽然不是中国本土商品经济发展的产物，但中国传统的商业伦理中诚信、公平和仁义的原则与西方市场交易中遵守的伦理原则高度契合，应当在现代公司治理中得到继承。

首先，公平是公司治理制度能够得以存在的前提。从制度建立的角度来看，不论是公司内部治理，还是公司外部治理，公司治理制度的建立都需要遵守一项基本的商业伦理，即这项制度的建立是公平的。只有当这些制度是公平的，人们才会觉得值得去遵守，因为一项公平的制度必须考虑到所有人的利益。如果这项制度过于偏袒于某一群体的利益，那么受到损害的群体则将会认为这项制度是不公平的，自然也就不会去遵守了，甚至会对得到偏袒的群体进行更加不公平的报复。在公司治理中，这显得尤为重要。公司是法律拟制的"人"，但其真正的运作还需要自然人来完成。公司发展庞大之后，各个部门的合作是必不可少的。公司里所有的人都是组成公司的一部分，公司治理制度一定要将所有人的利益全部考虑到，才是公平。特别是当公司治理制度并不是那么完善的时候，个人的职业道德更显得重要。无论多么严谨的制度设计都会存在漏洞或者是瑕疵，但是人的伦理道德可以弥补制度上的缺陷。

其次，遵守公平、诚信和仁义的原则有利于公司治理中各个部门的合作，保障公司治理的有效运行。公司治理发展至今所呈现出来的特征之一就是资产所有权和管理权的分离，股东和经理层之间委托代理关系的产生。与此同时，随着证券市场的发展，公司还面临着多方面利益的博弈。在公司的内部就有股东与股东之间、股东（会）与董事（会）之间、董事（会）与监事（会）之间复杂的互相制约和制衡的关系。此外，公司还要处理公司与员工之间、公司和其债权人、消费者等其他利益相关者之间的关系。这些关系的处理的每个环节显得十分重要，甚至会直接影响到公司的命运。这些环节自身的良好运作及其互相之间的紧密相连，正是建立在商业伦理的基础之上。有学者认为公司治理是一种契约关系，亦有学者认为公司制度是一种制度安排。不论学者们持何种观点，都不能否认商业伦理在公司治理中的作用。股东和经理层之间的委托代理关系，需要相互之间的信任为基础，这要求股东和经理层都必须遵守基本的诚信原则。公司与员工之间也需要遵守商业伦理，公司对员工的政策公平仁义，员工基于诚信尽到工作的勤勉义务。公司和消费者之间同样需要遵守公平、诚信、仁义，如此交易才能更好地进行。

最后，我们应当认识到违反公平、诚信和仁义的原则不利于公司有效治理的实现。其中重要的一个表现就是大股东利用其控股优势对小股东利益的侵害。现在的公司基本上采取资本占有比例的标准来确定股东在公司事务上决策权的大小。资本占有比例的初衷是为公司治理创造一个公平的环境，确保公司决策的民主性，毕竟大股东的利益和公司经营状况联系更为紧密。然而，这一方式并没有给公司决策带来完全的民主，反倒成为一些大股东牟取不正当利益的工具，从而滥用控股股东地位和决策权来损害中小股东的利益。控股股东侵害中小股东的方式多种多样，例如：利用决策权阻扰中小股东担任高级管理人员；向大股东担任的管理人员发放不合理的薪酬；或者利用控股股东的地位与公司进行关联交易等。从公司自身来看，控股股东的独断专权必将影响公司的长远发展。从整个社会的角度来看，中小股东的利益如果没法得到合理的保护，其投资的积极性也将受挫，从而进一步影响到整个社会经济的发展。控股股东能够直接影响公司事务的决策，控制公司人事及其经营活动，因此控股股东在公司治理中遵守公平原则显得尤为重要。除此之外还有内幕交易、公司虚假账目等违反商业伦理的情形。违反商业伦理直接的结果可能会影响公司提供的商品和服务的质量。近几年，食品安全问题一直为人们所关注。引发人们对食品安全关注的事件是"三鹿毒奶粉事件"，即在 2008 年，食用三鹿集团生产的婴幼儿奶粉的婴儿被发现患有肾结石，在奶粉中发现原为化工原料的三聚氰胺。随后又发生河南"瘦肉精"事件，双汇深陷其中。诸如此类的还有金华毒火腿、地沟油、甲醛奶糖、假牛肉、染色花椒、爆炸西瓜、面粉增白剂、漂白大米、避孕药养黄鳝、合肥染色蛋糕等食品安全问题事件。除了食品安全之外，人们的生活家居产品质量也无法得到保障。就连房地产知名品牌万科也一度陷入有毒地板事件。网络爆料称，万科在近几年的项目上使用甲醛严重超标的安信品牌地板，不仅危害人体健康，且劣质地板面层厚度达不到标准，寿命不足合格产品的两成。由于当今社会人们用的产品大多由企业生产，且这些产品已经渗透到人们衣食住行的日常生活当中，因此如今企业家的道德伦理显得尤为重要。

二　"和为贵"对公司治理的积极和消极影响

"和为贵"是中国伦理思想中独特的一部分，来自于圣人孔子的伦理思想。《论语》记载："礼之用，和为贵，先王之道，斯为美。"如前文所述，中国的商人已经充分认识到了"和"在商品交换过程中的重要作用，这一点与西方残酷的市场竞争非常不同。不论在哪个行业，中国人都以"和气生财"为交易准则，保持人与人之间和谐共处的社会关系。在当代公司规模不断扩大、公司职员不断增多的大背景下，"和"在公司治理的过程中显得尤为重要。公司内部"一团和气"，有助于公司各个部门之间矛盾的化解和分工协作的有序进行，有助于增进股东（会）、董事（会）和监事（会）之间的信任，从而促进公司治理的有效进行。"和"是公司治理过程中绝好的黏合剂和润滑剂。倘若股东与股东之间、股东与董事之间、董事与监事之间关系过于僵化，各行其是，又谈何治理？在公司外部治理的过程中，"和为贵"也显得非常重要，有利于处理公司及其相关利益者之间的关系。例如国美集团成功的原因之一就是国美在早期的业务发展中就贯彻"商者无域、相融共生"的企业发展理念，和作为自己供货商的家电企业保持良好的关系，同时还充分考虑到消费者的利益，达到共赢的目的。当然讲究"和"有时候也会对公司治理带来不利的影响，这取决于不同的人对"和"的不同理解。有些人认为，做人做事都应该"多种花少栽刺"，还认为人与人之间是"此一时彼一时"，所以"得饶人处且饶人"。因此在公司治理中，一些部门执行其职责的时候往往会出现玩忽职守的现象。例如：监事会对董事会应当承担起监督的职责，然而由于极个别监事会成员为维持所谓公司祥和的局面对董事会违反制度的行为睁一只眼闭一只眼。虽然这样做表面上维持了"和"的局面，但是给将来的不稳定局面埋下了祸根。所以对中国传统商业伦理中"和为贵"的伦理思想我们应该进行批判的接受，并为"和"注入新的时代特征。

"和"不仅仅体现在人与人之间、人与社会之间的关系，还和中国传统伦理中"天人合一"的思想紧密地联系在一起。在如今人类社会高速发展的时代，人与自然之间的和谐关系也应当是"和为贵"中的一部分，正如中国政府提出的"可持续发展"。因此人与自然之间的"和"也是公司治理过程中应当注意的问题。我们应当认识到违反这一伦理的巨大代价。中国近几年的经济发展所付出的环境成本始终高居不下，企业家为追求利润无视环境的保护便是其中的原因之一。人们的生活水平上去了，但绿水青山没有了，生活质量也无法真正提高。商业伦理的缺失引发的环境问题不仅仅危害着人类自身的生存，也破坏了地球其他生物的生存环境。如紫金矿业环境污染就是一个十分典型的事例。2010年7月3日，紫金矿业集团有限公司所属的福建省上杭县紫金山（金）铜矿发生铜酸水渗漏事故，造成汀江部分水域严重污染。该事故被瞒报9天，直到12日才发布环境污染公告。经过一系列的调查，相关人士指出该事故发生的原因之一是紫金矿业集团有限公司在环保方面投入甚少。2007年，紫金矿业收购了湖北鑫丰矿业，鑫丰矿业通过利用氰化工艺以及提纯工艺冶炼金矿。然而在被紫金矿业收购后，这两个工艺就停止使用，改为浮选，即根据不同矿物的属性使用不同的化学药剂，将所需矿物质和其他的物质分开，此举就是为了减少环保的投入。除了2010年发生的重大污染事故之外，紫金矿业还涉嫌其他的污染事故。2006年紫金矿业所属的位于贵州省贞丰县境内的贞丰水银洞金矿发生溃坝事故，导致下游两座水库受到严重污染，原因是尾矿库中有含有氰化钾等剧毒成分的废水的排放。2009年紫金矿业所属的位于河北省张家口市崇礼县的东坪旧矿尾矿库回水系统发生泄漏事故。

三　"勤俭节约"对公司治理的促进作用

"历览前贤国与家，成由勤俭破由奢"，说的就是勤俭才能兴国兴家，公司治理也不例外。公司治理中，由于所有权和管理权的分离，经理层的"勤俭节约"在公司治理中显得尤为重要。首先，"勤俭节约"伦理有助于增进股东和经理人之间的信任，也是经理人基于诚信原则应当遵守的伦理。公司治理的一大问题就是股东权益的保护，如何让股东在公司经营中获取更多的利益。有效地降低公司治理的成本是途径之一，这要求经理人在管理公司的过程中应当尽到合理管理的义务，杜绝没有必要的铺张浪费。经理人"勤俭节约"可以有效地缓解和股东之间的矛盾，获得股东的信任，从而更好地经营公司。其次，公司治理中贯彻"勤俭节约"能够促进公司治理制度的完善，尤其是财务方面的制度。在公司治理过程中的精打细算能够充分发挥每一笔资金的作用，杜绝不合理的浪费。如此一来，公司资产能够得到合理的应用，有助于公司经营收益的最大化。最后，公司治理中贯彻"勤俭节约"有助于公司后期的发展。随着证券市场的发展，越来越多的投资者会关注公司的经营状况，其中公司运营成本是投资者决定是否对其进行投资所要考虑的重要因素之一。一个公司如果能够做到"勤俭节约"，对投资者将会具有巨大的吸引力，公司能够筹集到更多的发展资金。但是，在中国有不少公司中存在着铺张浪费的情形，特别是在一些国有企业当中。

第七节　传统优秀商业伦理促进良好
公司治理的实践路径创新

一　公司内部治理中伦理准则制定和伦理委员会建立

在公司中制定相应的伦理准则显得十分必要。根据国外的一项统计表明，伦理准则在当今全球大公司中的制定十分普遍，其中制定伦理准则的大公司在美国占 90% 多；在加拿大占 85%；在欧洲，英国是 57%，德国是 51%，法国是 39% 的占有率。① 具有借鉴意义的是 2004 年 9 月 29 日摩托罗拉制定的商业行为准则，在其开篇就明确其宗旨，重申了摩托罗拉员工遵循的理念：坚持原则，永不妥协。并在各个部分都明确了公司内部各个部门应当遵守的伦理准则。例如，摩托罗拉要求经理必须尊重和体贴每一位同人，还要审慎注视已发生的不道德或违法行为的迹象。

除了加强商业伦理的教育之外，必要的制度保障也是不可少的。有

---

①　薛有志等：《公司治理伦理研究》，南开大学出版社 2011 年版，第 33 页。

学者认为，可以在董事会下面设立一个专门的伦理委员会，由专门的首席伦理官领导公司基本的商业伦理准则的制定和宣传。当然考虑更多的还是在能够控制公司治理成本的前提下，在原本的治理制度上进行改革，完善股东会、董事会、经理层等之间的制衡关系。

首先，加强对中小股东权利的保护。在保障股东收益权利的前提下，为保护中小股东的利益，对大股东的权利进行必要的限制。其实早在民国时期，中国的企业家就已经找到了保护中小股东利益的方法，即对大股东权利的限制。民生公司在公司章程规定：“股东每股有一议决权，但一股东如有十一股以上者，从十一股起每二股有一决议权，三十股以上之股东概以二十股为限。”还有学者认为公司治理的改革不应把更多的权利和控制权留给股东，要将管理层从股东给予的压力中分离出来，将权利交给其他的利害相关者，例如职工、消费者、供应商、公司所在的社区等。还可以实行代理投票制度、书面投票制度或者累计投票制度来限制大股东的权利。

其次对董事会的权利进行合理的限制。因为“几乎所有的决策都使一些群体和个人受益，而使另一些人遭损；几乎所有的企业决策都有助于一些群体实现其目标和计划，而妨碍另一些群体实现其目标和计划”，所以可以通过制定董事会伦理准则，要求董事会在做决策的时候要考虑到伦理因素，不能仅仅考虑到企业自身的利益，还要考虑到员工、顾客、竞争者、供应者、社区、政府、公众乃至整个社会等利益相关者的利益。对决策效果既要看重经济指标，也要重视社会绩效指标。甚至可以成立专门的部门对董事会做出的战略决策进行整体上的伦理评价。弗里德里克·伯德和杰弗里·甘兹非常重视伦理评价的重要性，认为“如果管理者能更多地意识到他们的价值观、社会准则和伦理规范，并把它们用于决策就可以改善决策；如果决策时能考虑到社会分析和伦理选择，那么对管理本身、企业和社会都是有益的；各种伦理分析工具能够帮助管理者做出更好的决策，更清晰地向利益相关者解释其行为的理由”[1]。决策过程的公正与否

---

① 魏文斌、高伟江：《中国企业管理的道德困境及其对策》，《道德与文明》2003年第3期。

及其结果合理与否都能通过伦理评价显示出来。董事会在追求股东利益最大化的同时，也要追求社会效益的最大化，如此一来将会更好地体现出董事会的价值。

最后，要加强经理层的伦理建设。除了建立经理层的商业伦理培育和完善机制之外，还可以通过建立公开透明的企业信息系统进行对经理层的监督，建立成本承担和补偿损失机制。

伦理和制度归根结底还是需要人们自觉地遵守。每个生活在这个社会的人都应当认识到社会不断的分工要求人们更要遵守商业伦理。我们的衣食住行都不再像从前一样是自己动手的成果，而是不断在外购买。我们吃的用的都是由别人生产，而我们自己则生产给别人消费的产品。1906 年美国的一部名为《丛林》的书描述了芝加哥肉品厂的生产场面：病死的动物被用作肉制品的加工原料，就连毒死的老鼠也和肉放在一起做成香肠，腐臭发酸的肉也没有放过。再回头看下中国，存在着各种各样的食品安全问题。如果商家都不遵守商业伦理，其后果可想而知。

二　公司外部治理中商业伦理的保障机制

除了通过公司治理内部商业伦理的保障机制的建立外，还应当加强法律制度的建设和完善，为政府执行职能和利益相关者维护自身权利提供法律保障。法律处罚力度不够，违法成本低，容易引发道德风险。制造假冒伪劣产品受到的处罚远远低于获得的利益，当然会使一些人心存侥幸，从而铤而走险。《食品安全法》中规定了 10 倍的赔偿标准，但是日常生活用品的价格纵使 10 倍也无法伤及造假者的根本，造假带来的利润何止 10 倍。况且消费者维权成本十分昂贵，不仅仅是金钱上的，更多是时间上和精力上的消耗。

商业伦理的法律保障是多方面的，不仅仅是在立法上，也表现在司法上。立法应当充分考虑到治理机制中各个部分的权利义务关系。例如公司内部股东（大会）、董事（会）、监事（会）之间的关系和公司与雇员、债权人、顾客、社区等相关利益人之间的关系。司法上则更需要注重效果和效率。还可以建立以政府为主导的公司外部治理商业伦理的保障机制。首先我们需要认识到政府在公司外部治理商业伦理监督中的重要地位，公司法人从成立到终结都需要政府力量的介入。其次政府代表着广大人民的利益，当某一公司治理出现问题并且危急到公众利益的时候，政府必须发挥其应有的作用。对于一些大型公司，个人的力量过于弱小处于不利地位，当出现权益受到公司侵害无法得到保障的时候是无法和公司抗衡的，此时政府就应当扮演好其应有角色。政府在执行职能的时候应当遵守相应的法律规范，杜绝不作为行为。政府还应当注意和公司之间的关系，不能有太多的利益关联，以免被公司给予的利益所绑架。三株集团的吴思伟就曾经提出"利益共同体"理论，通过和政府搞好关系达到公司的目的。例如：和药政部门搞联营，承担药政部门每个月的宣传费；与工商行政管理部门协作，提供资金的帮助；为基层政府机关和医药部门提供资金；利用政府的关系做宣传和销售。如此一来，当三株集团这样的公司治理出现问题的时候，政府部门基于利益关系无法对其进行执法，自然也无法保障利益相关人的利益。

充分发挥社会力量促进公司商业伦理的遵守也是必要的。新闻媒体对公司的信息披露是对公司治理商业伦理监督的好方式，对此可以借鉴国外的一些做法。例如：1987 年《企业伦理》杂志（*Business Ethics*）就开始推出企业伦理年度奖（Business Ethic Annual Award）；2000 年开始还在全美范围内每年都出版"企业公民 100 佳"的报告专集。[1] 结合政府和媒体对公司的伦理评价信息，劳动者、消费者、供应商和银行都可以做出相应的举措对公司治理商业伦理进行规范。例如：劳动者可以通过选择就职的公司的方式进行评价，因为人们都喜欢进入遵守伦理规范的公司中工作；消费者也可以通过购买公司的产品和消费与否进行评价；供应商也可以考虑是否与公司建立合作伙伴关系进行评价；银行可以通过考虑是否对公司进行贷款进行评价等。诸多的社会限制和评价机制必然会使得决策者在公司治理时做出遵守商业伦理的决定。

---

① 张世云、温平川：《公司治理伦理：概念模型及作用机制》，四川大学出版社 2009 年版，第 102 页。

第五章

中国公司治理中的政治性因素

第一节 政治性因素影响公司治理的一般理论

中国市场经济体制初步建立，市场经济还不是很完善，公司的治理结构还在不断地完善中，所以中国的公司想要更好地运行，不只需要完善的内部治理结构，还应考虑一定的外部环境因素。在公司的运营中，不可避免地要与政府和执政党产生联系。公司为了有更好的收益，取得更强的竞争力，就会需要与政府、执政党建立和发展起密切的联系，从而使公司获得政治背景。

我国学术界并没有对公司的政治背景，也可叫作政治联系有着统一的定义。从现在的研究可以总结出以下三种理论。第一种即政治公关行为理论，指出政治联系是动态的对策，是一个企业与政府建立联系的过程，这个过程需要企业主动发挥自己的主观能动性。第二种即政治关系网络理论，指出政治联系是一种静态的政治资源，它是客观存在的。第三种即产权理论，指出一个企业的产权只有具有政府的性质，受到政府的控制，这个企业才具有政治背景。[1] 从三个理论来看，产权理论是最明显的可以判定一个公司是不是有政治联系，但是会显得有些片面，这种联系显示不出是企业出于自身利益主动建立的还是政府硬加给公司的。

我们认为，政治背景应是一个既包含动态又包含静态政府资源的，且有公司的高管和大股东参与到政治中，即高管具有政治关系的背景。西方

---

[1] 胡明涛：《不同公司治理水平下高管政治背景对企业价值影响的实证研究》，硕士学位论文，哈尔滨工业大学，2011年。

学者将高管政治联系看作是企业高管和政府高层之间往来的密切私人关系。如法乔（Faccio）认为除了国家首脑外，企业高管与政府高层包括政府部长、国会议员等的密切关系，都可视为政治关联。克莱森斯（Claessens）等提到企业高管通过竞选捐款而获得与当选者之间的关系也算高管政治关联。由此可见，高管政治关联实质上是企业高管和政府之间存在的一种特殊关系，这种关系一般体现在企业关键性人物（高管人员、董事会成员或大股东）与政治人物或政府高层之间的密切关系，其具体形式表现为两方的私人关系、企业高管的政治参与或者是政治人物的经济参与等。

综上，在我国成为人大代表、政协委员、党代表都是高管拥有政治背景的方式，当选为十八大代表就是公司具有政治背景的途径。表 5-1 对十八大代表人员统计出的公司董事长、总经理的政治身份，就是公司政治背景的一个具体化。

第二节　十八大代表中的企业人员情况分析

一　十八大代表中的国有企业人员情况

（一）国企的十八大代表的来源

在中国共产党的第十八次代表大会的 2270 位党代表中，共有 106 位国有企业和金融机构的高管人员成功当选，占总人数的比例近 4.7%。来自央企的党代表如时任的中石油党委书记蒋洁敏[①]、中海油党委书记王宜林、

---

① 2013 年 3 月，蒋洁敏调任国务院国有资产监督管理委员会主任、党组副书记。

2013 年 9 月 1 日，据中央纪委监察部网站消息，国务院国资委主任、党委副书记蒋洁敏涉嫌严重违纪，接受组织调查。

2014 年 6 月 30 日，经中共中央批准，中共中央纪委对第十八届中央委员、国务院国资委原主任、党委副书记蒋洁敏严重违纪违法问题进行了立案审查。经查，蒋洁敏利用职务上的便利为他人牟取利益，索取、收受巨额贿赂。蒋洁敏的上述行为已构成严重违纪，其中受贿问题涉嫌违法犯罪。依据《中国共产党纪律处分条例》等有关规定，经中央纪委常委会会议研究并报中共中央政治局会议审议，决定给予蒋洁敏开除党籍处分，待召开中央委员会全体会议时予以追认；由监察部报请国务院批准给予其行政开除处分；将其涉嫌犯罪问题及线索移送司法机关依法处理。

2014 年 7 月 14 日，最高人民检察院经审查决定，依法对国务院国有资产监督管理委员会

中国联通集团公司党委书记常小兵①、中国医药集团董事长宋志平。也有来自地方国企的时任的河南煤化集团公司董事长、党组书记陈祥恩，上海汽车集团公司的董事长、党组书记陈虹等。详细的企业性质分布见表5-1。

表5-1　　　　　　　　　十八大代表所在企业性质分布情况

企业家来源	人数
央企	43

（接上页注）原主任、党委原副书记蒋洁敏以涉嫌受贿罪立案侦查并采取强制措施。

2014年10月23日，中共十八届四中全会审议并通过中共中央纪律检查委员会关于蒋洁敏严重违纪问题审查报告，确认中央政治局之前作出的给予蒋洁敏开除党籍的处分。

经最高人民检察院侦查，国务院国有资产监督管理委员会原主任、党委副书记蒋洁敏涉嫌受贿、巨额财产来源不明、国有公司人员滥用职权一案，由最高人民检察院侦查终结，经依法指定管辖，移送湖北省人民检察院汉江分院审查起诉。

2015年3月19日，湖北省人民检察院汉江分院已向湖北省汉江中级人民法院提起公诉。湖北省人民检察院汉江分院起诉书指控：被告人蒋洁敏利用其担任中国石油天然气集团公司副总经理、总经理、董事长、党组书记，中国石油天然气股份有限公司副董事长、董事长、总裁等职务上的便利，为他人牟取利益，索取、非法收受他人巨额财物；财产、支出明显超过合法收入，差额特别巨大且不能说明来源；滥用职权，致使国家利益遭受特别重大损失，应当以受贿罪、巨额财产来源不明罪、国有公司人员滥用职权罪追究其刑事责任。

2015年4月13日8时30分，汉江中院一审依法公开开庭审理国务院国有资产监督管理委员会原主任、中国石油天然气集团公司原董事长、中国石油天然气股份有限公司原总裁蒋洁敏受贿、巨额财产来源不明、国有公司人员滥用职权一案。

2015年10月12日，湖北汉江中院公开宣判国务院国有资产监督管理委员会原主任蒋洁敏受贿、巨额财产来源不明、国有公司人员滥用职权案，一审判处有期徒刑16年，并处没收个人财产人民币100万元。蒋洁敏当庭表示服判，不上诉。

① 2015年8月，常小兵调任中国电信集团公司董事长、党组书记。2015年12月27日，据中央纪委监察部网站消息，"中国联合网络通信集团有限公司原党组书记、董事长，现中国电信集团公司党组书记、董事长常小兵涉嫌严重违纪，接受组织调查"。2015年12月30日，常小兵辞任中国电信执行董事、董事长兼首席执行官。2016年7月，经中共中央批准，中共中央纪委对中国电信集团公司原党组书记、董事长常小兵严重违纪问题进行立案审查。2016年8月9日，据高检网消息，最高人民检察院经审查决定，依法对中国电信集团公司原党组书记、董事长常小兵以涉嫌受贿罪立案侦查并采取强制措施。

企业家来源	人数
地方国企	39
金融机构	24
合计	106

当选为十八大的代表都是各行各业的精英，基本囊括了各个行业，据统计来自 24 个行业，将近 90 家公司企业。其中有 31 位来自电力、煤炭、石油化工能源领域；中国十大军工企业中就有八家企业的代表当选；在金融机构中，四大国有银行的负责人全部当选。

十八大代表所在的国有企业都是足以影响国民经济发展或国家安全的重点国有大中型企业，其也都是国内目前效益较好、发展较快的国有企业。

表 5-2　　　　　　　　十八大代表来自的行业分布情况

行业	公司家数	行业	公司家数
军工企业	8	建筑工程业	3
石油和天然气开采业	9	汽车行业	4
水利水电、电力系统	9	制造业	5
电信行业	2	电气	1
集成电路	1	钢铁重金属业	6
航空公司	3	海运	1
铁路运输	1	食品行业	3
道路运输业	1	采矿业	4
酒、饮料和精制茶制造业	1	林业	1
邮政业	1	银行金融业	11
旅游行业	1	金属矿采选业	5
印刷业	1	医药业	2
合计	84		

（二）十八大代表中国有企业负责人所在职位情况

能够当选为党代表是其所担任的职位和所在国有企业在国民经济中

的位置决定的，这不仅是对其所在企业的肯定，同时也是对其工作的肯定。对十八大代表所在的职位分析，可看出国有企业的负责人多担任公司要职，有公司的董事长、总裁，还有来自中国第一重型机械集团公司、湖北宜化集团有限责任公司、北京燕山石化公司、天津医药集团公司的四位代表同时担任了公司的董事长和总经理，其他则为国有独资企业的总经理。对106位高管所在的职位进行划分，可得到表5-3的数据。

表5-3　　　　　　　十八大国企代表在公司中的职位情况

公司职位	董事长	副董事长	董事	总裁	总经理	副总经理	合计
人数	63	7	2	5	25	4	106

（三）十八大代表中国有企业代表的学历状况

公司治理也是在完善的制度体系下由人进行管理的，在公司中有着决策权的董事长对公司的治理起着至关重要的作用。由于国有企业的特殊性质，我国国有企业的负责人大多为政府委派任职，代表国家管理着国有公司。作为国有企业和控制国家经济命脉的银行金融系统的"一、二把手"，这些企业负责人均为党组成员，在公司中作为董事长、总经理的，同时兼任着公司党委书记，其个人素质对公司的发展有着重要的作用。这106位来自国有企业和银行金融系统的企业负责人中较大一部分有较高的学历和丰富的从业经历。据可查的94位企业负责人的相关资料，得出统计结果见表5-4。

表5-4　　　　　　来自国有企业的十八大代表的学历状况

学历、学位	人数
大专	1
大学本科	20
硕士	39
博士	33
合计	93

在这些负责人中，如时任中国航天科技集团公司总经理、党组书记的马兴瑞，有着博士研究生的学历，同样也是国际宇航科学院的院士。时任招商局集团有限公司董事长的傅育宁，博士学历，也是英国布鲁内尔大学博士后研究员。由此我们可以看出，政府在选任国有企业的负责人、董事长时，力图发展一批拥有专业管理知识的人才来管理国家经济命脉。

（四）国企高管当选十八届中央委员会委员情况

在106位当选的国有企业的企业家代表中，就有36位企业家曾经或仍在政府任职，是具有行政级别的董事长、总经理。而在当选的205名第十八届中央委员会委员中，就有29位是来自国有企业的负责人，占代表总数的比例为14%。具体情况见表5-5。

表 5-5　　　　　　　　国企高管当选十八届中央委员会委员情况

类型	人数
委员	7
候补委员	13
纪委监察委员会委员	9
合计	29

除去公司的负责人、高管领导，包括时任国务院国有资产监督管理委员会（下称国资委）主任、党委书记的王勇在内的6名国资委代表也在本次十八大代表的行列。国资委作为出资人、监管人，在包括国有独资公司在内的国有企业的公司治理中担任着重要的一环，同时也是政府的代表，其双重的身份在国有公司的治理中是一个值得探讨的政治性因素。

（五）十八大代表中的国企职工代表情况

在党的2270名十八大代表中，不但有来自各龙头企业的负责人，还有一些来自企业的职工代表，他们同样对公司的治理有着不可或缺的作用。其中有7位来自中央企业系统的职工代表和7位来自金融系统的职工代表，他们为公司的发展贡献着自己的力量。如时任的中国建设银行北京市分行长安支行行长助理、西四环支行行长刘艳，主持推出银医一卡通的业务，同时是全国五一劳动奖章获得者，在工作中积极带动他人，同时也为公司带来了一定的效益。

二　十八大代表中的民营企业人员情况

（一）十八大代表中民营企业家代表概况

2007 年，党的十七大代表选举方案中就有提到，"要有适当数量的新经济组织和新社会组织的党员"。于是，民营企业家代表成为这称作"双新组织"代表的主要组成部分。在 2007 年，梁稳根、周海江等 17 位民营企业家成功当选为十七大党代表。在 2012 年党的十八次代表大会上，这个数字由 17 增加到了 34，其中有 24 位是企业法人代表。民营企业家中，问鼎 2011 年中国福布斯和胡润排行榜第一、成为"双料首富"的梁稳根、周海江以及山西沁新能源集团股份有限公司党委书记、董事长孙宏原等人连续当选。

当选为十八大代表使 34 位民营企业家有了一定的政府背景，并有13 位除是党代表外，还与政府有着更密切的联系。例如时任的华西集团党委书记、董事长吴协恩，既为省的人大常委会委员。时任的红豆集团总裁周海江，拥有诸多头衔，包括中华全国青年联合会常委、中国青年企业家协会副会长、中华全国工商业联合会常委、中国社科院民营经济研究中心执行理事长、中国民营经济研究会副会长、江苏省人大常委、江苏省工商业联合会副主席、江苏省青年联合会副主席、无锡市工商业联合会主席等。三一重工集团董事长梁稳根，也是有着一定的政治背景，他不仅当选了三届全国人大代表，还当选了两届的党代表，作为全国工商联常务执委的同时，还担任着中国青年企业家协会副会长一职。另外时任的海南航空董事长陈峰，时任的苏酒集团董事长、党委书记张雨柏都曾在政府任职。

（二）十八大民营企业家代表所在公司的地区分布

民营企业的发展是在市场经济的不断完善中逐渐壮大的，民营公司凭着较强的活力逐渐在市场竞争中占有一席之地。因是选举的党代表，当选的民营企业家所在的企业的党建工作应该是比较好的。他们来自 22 个省份，其中江苏省和山东省的民营企业发展和党建工作是比较完善的，34 位十八大民营企业家党代表中仅江苏的就有 5 人之多。吴协恩、刘春海、雷洋洲、原贵生和王金书 5 人除是企业家外，还是"村干部"。

表 5-6 十八大民营企业家代表情况一览①

序号	所在省份	代表人数	代表姓名	公司名称	时任职位	持股比例	其他社会职位	备注
1	江苏省	5	吴协恩	江苏华西集团有限公司	董事长	未披露	江苏省江阴市华西村党委书记、主任；江苏省人民代表大会常务委员会委员	
			周海江	红豆集团有限公司	总裁	6.82%	中华全国青年联合会常委；中国青年企业家协会副会长；中华全国工商业联合会常委；中国社科院民营经济研究中心执行理事长；中国民营经济研究会副会长；江苏省人大常委；江苏省工商业联合会副主席；江苏省青年联合会副主席；无锡市工商业联合会主席等	
			张雨柏	江苏洋河酒厂（苏酒集团）股份有限公司	董事长	0.73%	江苏省泗阳县副县长	
			常德盛	江苏常盛集团有限公司	董事长	未披露	江苏省常熟市蒋巷村党支部书记	个人投资成立的民营企业
			唐慧娟	江苏海门海盛生猪专业生产合作社	理事长	未披露	无	

---

① 本表数据截至 2013 年 3 月。

续表

序号	所在省份	代表人数	代表姓名	公司名称	时任职位	持股比例	其他社会职位	备注
2	山东省	3	王金书	山东玉皇化工有限责任公司	董事长	未披露	山东省菏泽市东明县武胜桥乡玉皇庙村党总支书记	山东省民营企业100强之一
			陈学利	威高集团有限公司	董事长	未披露	无	
			李登海	山东登海种业股份有限公司	董事长	未披露	无	
3	海南省	2	邢诒川	海南现代科技集团有限公司	董事长	未披露	无	
			陈峰	海航集团有限公司	董事长	未披露	海南省人民代表大会常务委员会委员；中国企业联合会副会长；海南省企业家协会会长；海南省总商会第一副会长；中国交通运输系统工程学会副会长；国际创新论坛副理事长	入选全国民营企业100强之一
4	山西省	3	孙宏原	山西沁新能源集团股份有限公司	董事长	未披露	2007年中国共产党第十七次全国代表大会代表；2010年中国共产党第十七届中央委员会第五次会议特邀基层代表	
			原贵生	龙门科技集团有限公司	董事长	未披露	山西省河津市清涧街道龙门村党委书记	全国民营企业500强之一
			王栋	甘肃大禹节水股份有限公司	董事长	52.77%	无	
5	内蒙古自治区	1	丁新民	东方路桥集团股份有限公司	董事长	未披露	内蒙古自治区工商联常委、鄂尔多斯市工商联副会长	

续表

序号	所在省份	代表人数	代表姓名	公司名称	时任职位	持股比例	其他社会职位	备注
6	福建省	1	李凤荣	善艺（李氏）工艺有限公司	董事长	未披露	无	
7	陕西省	2	雷洋洲	渭南华盈工贸有限责任公司	董事长	未披露	陕西省渭南市临渭区盈田村党支部书记	
			崔荣华	西安荣华集团有限公司	董事长	未披露	陕西省第十届政协常委；全国女企业家协会副会长；陕西省工商联副会长；陕西省女企业家协会副会长；陕西省光彩事业促进会副会长以及香港（西安）商会副会长等职务	
8	辽宁省	1	李晓东	盘锦光合蟹业有限公司	董事长	未披露	无	
9	湖北省	1	王波	百步亭集团有限公司	总裁	未披露	无	全国民营企业500强之一
10	安徽省	1	葛浩新	寿县新丰种业有限责任公司	董事长	未披露	无	
11	江西省	1	丁友生	新余市蒙山实业有限公司	董事长	未披露	无	
12	四川省	1	刘荣富	成都彩虹电器（集团）股份有限公司	董事长	未披露	2002年当选为中国轻工业联合会理事；曾任四川省第八届、第九届、第十届、第十一届人民代表大会代表和成都市武侯区人民代表大会代表	

续表

序号	所在省份	代表人数	代表姓名	公司名称	时任职位	持股比例	其他社会职位	备注
13	吉林省	2	王志霞	长春汇通驾驶员培训学校	校长	未披露	无	
			曹和平	长春欧亚集团股份有限公司	董事长	未披露	第九届全国人民代表大会代表；中国共产党第十六、十七次全国代表大会代表；兼任中共吉林省委决策咨询委员会委员等职务	
14	湖南省	1	梁稳根	三一重工股份有限公司	董事长	3.77%	第八、九、十届全国人民代表大会代表；中国共产党第十七、十八次全国代表大会；全国工商联常务执委；中国青年企业家协会副会长	2011 年首次入围英国《金融时报》全球 500 强
15	河北省	1	魏建军	长城汽车股份有限公司	董事长	未披露	无	连续入选中国企业500强，中国机械500强，中国民营企业上市公司十强，河北省民营企业100强之首，成为最优秀的民族汽车品牌之一
16	天津市	2	刘春海	天津双街置业集团有限公司	董事长	未披露	天津市北辰区双街镇双街村党委书记	
			戴林	天津天地伟业数码科技有限公司	董事长	未披露	无	

续表

序号	所在省份	代表人数	代表姓名	公司名称	时任职位	持股比例	其他社会职位	备注
17	浙江省	1	冯亚丽	海亮集团有限公司	董事长	未披露	无	
18	广西壮族自治区	1	黄丹红	广西大玉余甘果有限责任公司	董事长	未披露	无	
19	广东省	1	杜晓娟	茂名诚信家政公司	总经理	未披露	无	
20	重庆市	1	刘英	重庆阿兴记产业集团有限公司	董事长	未披露	无	
21	贵州省	1	李豫滇	贵州力帆时骏振兴集团公司	副董事长	未披露	无	
22	青海省	1	才层玛	青海省德令哈市牧人福利有限公司	总经理	未披露	无	

（三）当选十八大代表的民营企业家在公司中的职位

从 34 位民企代表在公司中都是公司高管人员。作为公司的董事长，全部在党组织中担任着党委书记一职。如周海江担任公司总裁和党委书记。34 位民营企业家作为公司的核心领导人，他们在公司治理中起着举足轻重的作用，并在公司中作为一个主要的政治因素，对公司的发展和党建工作具有绝对的指导作用。具体职位统计可见表 5-7。

表 5-7 十八代表的民营企业家在公司中的职位一览

公司职位	人数
董事长兼党委书记	28
董事局主席	1
副董事长	1
总裁	2

公司职位	人数
校长兼党委书记	1
总经理	1
总计	34

第三节　十八大代表所在企业的公司治理情况分析

一　十八大代表所在企业的股权结构

（一）十八大代表所在国有公司的股权结构

能够当选为党的代表大会代表的企业家，很大一部分原因是由其所在企业在国民经济中的地位决定的。对于军工、电网电力、石油石化、电信、煤炭、民航、航运七大行业，国家保持绝对的控股地位，来自这些企业的负责人毫无意外地入选为十八大代表。分析十八大代表所在的公司，可以将公司性质分为国有独资公司、股份有限公司和国有独资企业，十八大代表中的董事长多同时担任集团公司和集团控股公司的董事长。下列统计结果是根据106位代表所在的企业为样本分析得到的数据，参见表5-8。

表5-8　　　　　十八大国有企业代表所在的公司类型

公司类型		公司家数
国有独资公司		33
股份有限公司	上市公司	33
	未上市	4
国有独资企业		20
合计		90

注：十八大国企代表同时担任集团公司和所属股份公司高管的，在分类中以所在股份公司归类。

根据《公司法》第217条的规定，股东出资额占50%以上即为控股股东。国家统计局在2003年《关于征求对国有公司企业认定问题意见的函》中对国有控股企业、国有参股企业进行了划分，以比例 50% 为界限。

对于 23 家股份公司的分析可知，十八大代表所在的国有企业大都处于国有绝对控股的地位，呈现出了"一股独大"的现象。

表 5-9　　　　十八大国企代表所在公司的国家控股比例情况

国家控制的股权比例	0—30%	30%—50%	50% 以上
公司家数	1	4	18
占比（约）	5%	17%	78%

资料来源：根据国有上市公司披露信息整理。

（二）十八大代表所在民营公司的股权结构

在十八大代表所在的 34 家代表企业中，有 11 家股份制公司（其中有 7 家在 A 股上市），22 家有限责任公司，1 家培训学校。因有限责任公司的相关信息不易全面得到，现仅以 7 家上市公司的第一大股东来看我国民营企业的股权结构特征。

表 5-10　　　　十八大代表所在上市公司第一大股东持股情况①

十八大代表	公司名称	第一大股东	持股比例（%）
吴协恩	华西村股份有限公司	华西集团公司	41
王栋	大禹节水集团股份有限公司	王栋	53
曹和平	长春欧亚集团股份有限公司	长春市汽车城商业总公司	23
梁稳根	三一重工股份有限公司	三一集团有限公司	56
张雨柏	江苏洋河酒厂股份有限公司	江苏洋河集团有限公司	34
魏建军	长城汽车股份有限公司	保定创新长城资产管理有限公司	56
冯亚丽	浙江海亮集团股份有限公司	海亮集团有限公司	30

资料来源：根据十八大代表所在公司披露信息整理。

从表 5-10 可以看出，十八大代表所在民营企业中的 7 家上市公司中，有 3 家公司第一大股东持股比例在 50% 以上，3 家持股比例在 30%—50%，1 家公司在 20%—30%。且 7 家公司中有 6 家企业的第一

_____

① 本表数据截至 2013 年 3 月。

大股东为企业法人，没有明显呈现出民营企业固有的"家族化"的特征，却有着"一股独大"的现象。

二　十八大代表所在国有企业的董事会

（一）十八大代表所在国有企业的董事会情况

由表 5-11 可知，十八大代表所在国有企业中，有 20 家企业没有设置董事会，而是按照《全民所有制工业企业法》的规定实行总经理负责制。其余十八大代表所在国有企业，都是依照《公司法》的规定设置董事会，并由董事长作为公司党委书记。在十八大代表所在的国有独资公司中，董事会由国资委或者地方国资委派驻。

在国有独资企业中，进行董事会试点的有 10 家公司，根据公司公布数据，以其中 9 家公司为例来看，这些均建立了符合《公司法》要求的董事会结构，建立了外部董事制度，董事会中有职工董事。

表 5-11　　进行董事会试点的十八大代表所在的国有企业董事会情况

序号	公司名称	内部董事（人）	外部董事（人）	职工董事（人）	董事会成员总数（人）
1	宝钢有限集团公司	3	5	1	9
2	中国海洋石油集团有限公司	3	5	1	9
3	新兴际华集团有限公司	3	5	1	9
4	中国科研科技集团有限公司	2	4	1	7
5	中国机械工业集团有限公司	4	6	1	11
6	中国电子信息产业集团有限公司	3	5	1	9
7	中国医药集团总公司	3	6	1	10
8	神华集团有限责任公司	3	5	1	9
9	中国建筑材料集团有限公司	4	6	1	11

而从十八大代表的董事长的任命情况来看，其均由中共中央组织部（下称"中组部"）和国资委任命。从中不难看出，即使是已经上市参与市场竞争的股份制公司的董事长仍旧受政府控制，掺杂着政治因素。

（二）十八大代表所在民营企业的董事会情况

在十八大代表所在民营企业的上市公司中，都按照《公司法》等的规定，建立了完善的董事会。董事会人数在 4—19 人不等。

表 5-12　　　　　　　十八大代表所在民营上市公司董事会一览

公司名称	内部董事（人）	独立董事（人）	董事会成员总数（人）
华西村股份有限公司	8	3	11
大禹节水集团股份有限公司	7	5	12
长春欧亚集团股份有限公司	6	4	10
三一重工股份有限公司	7	5	12
江苏洋河酒厂股份有限公司	11	4	15
长城汽车股份有限公司	8	3	11
浙江海亮股份有限公司	6	3	9

　　统计十八大代表所在的企业披露的董事会成员中，除几位当选为党代表的董事长外，三一重工股份有限公司中有三位独立董事曾在政府任职，海航集团有两位，江苏洋河酒厂股份有限公司有一位。可见民营公司中的政治因素在董事会中也存在着。

三　十八大代表所在国有企业的激励机制

　　十八大国企代表的薪酬一直被人们所关注。从十八大代表所在上市公司披露的信息中可以看到，我国国企高管的年薪多为百万以上。而曾任中石化董事长的傅成玉，在担任中海油的董事长时，年薪高达 1330.6 万元，傅成玉离任时自愿将千万年薪上交。而其他国企高管的巨额薪酬，是否真正拿到，是否符合《公司法》对于薪酬激励机制的本意，不禁让人怀疑。

表 5-13　　　　　　　十八大部分国企高管代表年薪一览

序号	公司名称	高管姓名	年薪（万元）
1	交通银行股份有限公司	胡怀邦	108
2	交通银行股份有限公司	牛锡明	99
3	中国银行股份有限公司	肖钢	119
4	中国银行股份有限公司	李礼辉	101
5	中国工商银行股份有限公司	姜建清	114

续表

序号	公司名称	高管姓名	年薪（万元）
6	中国工商银行股份有限公司	杨凯生	105
7	中国农业银行股份有限公司	张云	107
8	中国农业银行股份有限公司	蒋超良	113
9	中国建设银行股份有限公司	王洪章	108
10	中国建设银行股份有限公司	张建国	106
11	中国人寿保险股份有限公司	杨明生	57
12	中国联合网络通信集团有限公司	常小兵	321
13	中国石油天然气集团公司	蒋洁敏	92
14	中国电信集团公司	王晓初	291
15	中国铁路工程总公司	李长进	109
16	中国建筑工程总公司	易军	91
17	中国铝业股份有限公司	熊维平	58
18	上海汽车集团股份有限公司	陈虹	137
19	上海建工集团股份有限公司	徐征	68
20	中青旅控股股份有限公司	张立军	279
21	特变电工股份有限公司	张新	109

资料来源：根据国有上市公司披露信息整理。

　　从上表可以看出，在十八大代表所在的国有企业中，有 33 家上市公司，但是根据国有上市公司披露的信息，只能看到 16 家公司的 21 位代表的薪酬。我国《公司法》要求上市公司对管理层的薪酬进行披露，由此可见我国国企高管的薪酬机制信息披露并不完全透明。而有些上市公司的高管人员的薪酬是从国资委拿到的行政工资，这一现象使得国企高管薪酬机制显得有些混乱。

第四节　十八大代表所在国有公司治理中的政治性因素分析

一　十八大代表所在国有企业中政治因素的成因

十八大代表所在的国有企业具有天然的政治因素和背景。国有企业在我国市场经济中处于支柱地位，来自国有企业的十八大代表所在的公司都足以影响我国国家安全和国民经济命脉。如十八大代表中有时任的中国核工业集团公司的董事长、党委书记孙勤；当选为十八届中央委员的蒋洁敏，即来自中国石油天然气集团公司，2012 年中石油位列世界 500 强第 6 位，营业收入达 352338 百万美元，利润达 16317 百万美元；另一位中央委员肖钢来自四大国有银行之一的中国银行，中国银行位列世界五百强第 93 位。他们都不只是公司的董事长，同时也位列国家政治中心圈的位置，所以他们具有企业家和高级干部的双重角色。不只是个人的政治背景，还可从他们在公司中的职位作为政治因素来研究。

（一）影响十八大代表所在国有企业的股权结构的政治因素

1. 国有公司的股权结构是由我国国情决定的

从表 5-9 对国有公司的股权结构的统计中，不难看出公司的股权结构中的国有股占着绝对的主导地位。关系国家安全和国有经济命脉的行业，需要国家足够的资金和资源来维持公司的正常运转，保证国有资产能够保值增值。

从职能来说，国企的职能可以归结为政治、社会和经济职能。经过改革开放后 30 多年的国有企业改革，我国建立了一系列国有大中型企业。经过企业重组，进行公司改制，我国现在组建了一批国有集团公司，十八大代表所在的国有企业都是国有大中型集团公司，其中国有独资公司就占到 2/3 的比例。经过一系列对国有企业的重组和实行现代化的公司治理机制，我国国有企业的公司治理日趋完善，其经济职能日益凸显，国有公司在不断做大做强，成为国民经济的支柱。2012 年有 79 家国企跻身世界五百强，十八大代表所在的国有企业就占 46 家，比例达到 58%。

分析十八大代表所在的国有企业公司，可以看出其股权结构仍旧比较单一，政府为第一大股东。同时无论国有企业是否盈利，政府仍旧是行政管理机构，其政治职能和社会职能不可能动摇。国企的政治职能有：一是国有企业垄断着关系国家安全的领域；二是我国社会制度的性质要求国有企业还需承担维护公有制地位的职能。政府通过国有企业及其分布的优势发挥公有制的作用。① 国有企业无论如何实行现代化的公司治理制度都离不开政府的支持和监管。所以，国有公司的政治背景是不可改变的。

2. 现行法律法规和政策对国有公司出资人的规定

根据我国《公司法》规定，我国国有独资公司不设股东会，出资人职责由国有资产监督管理机构履行。2009 年，《企业国有资产法》公布，其规定与《公司法》一致。2002 年 11 月 8 日党的十六大报告《全面建设小康社会，开创中国特色社会主义事业新局面》提出，代表国家履行出资人职责的是各级政府，并享有所有者权益。由此，在党的十六大后，国务院国资委成立。目前，国资委代表国家行使出资人职责，是国有公司（不包括银行、保险行业）的唯一股东或第一大股东，银行、保险行业按现行体制由财政部出资。

（二）十八大代表所在国有企业的董事会存在政治因素的成因

"董事会拥有代表、领导公司的权力，同时还拥有法律或章程对股东大会没有规定的剩余权力。"② 2004 年国资委下发了建立和完善国有独资公司董事会试点的通知。同时有些大型的集团公司是很难实行有效的产权多元化，所以需要以国有独资形式存在的，就可以按照《公司法》的规定，通过建立和完善董事会，来实现代企业制度要求的公司法人治理结构。根据《公司法》的规定，实现国有独资公司的董事会由国资委派驻。《企业国有资产法》也规定了国有独资企业的高管和董事会由国资委任免，同时向国有资本控股和参股的公司提出董事人选。根据法律和政策规定，我国国有企业进行公司制改造和董事会试点工作。

十八大代表中国有企业的代表大多为公司的高管人员，更多的是公司的董事长、总经理，当选党代表成为执政党的一部分，这是作为一种政治因素在公司中存在。

---

① 王红一：《我国国有企业的政策定位与若干立法问题探析》，《河北法学》2002 年第 2 期。

② 张国平：《当代企业基本法律制度研究》，法律出版社 2004 年版，第 105 页。

二 十八大代表中国有企业的负责人在公司治理中发挥的政治性作用

对于国有企业，"其内部结构的起点是委托代理制度，而在现实当中，国有企业的运行是通过多层的委托代理关系实现的，即理论上的产权所有者是人民，人民与国家之间存在第一层委托代理关系，往下依次是国家与政府之间、政府与企业法人之间、企业法人与经理人员之间的委托代理关系"①。十八大代表中，106 位来自国有企业的企业家，则是在国有企业所有权和管理权分离状态下的代理人。

这些代表有些是"出则为商，入则为仕"的"红顶商人"。他们还是党代表、政协委员、人大代表。从他们的背景也不难看出，其都是有着较高的专业素养和丰富的从业经验，作为中组部和国资委派驻到各国有大中型企业的董事长、党委书记、经理，一方面代表着国家，实现着国有资产的保值增值；另一方面要发挥自己的专长，为公司、企业的发展做出很好的贡献。他们本身就是执政党的一部分，是国有公司、企业中的政治性因素。

（一）国有公司董事是公司治理中的代表性政治因素

因我国董事会产生的独特性，国有独资和国有控股公司的董事们都有着双重的身份。从第一部分对当选为十八大代表的国有企业负责人的所在职位的划分可知，来自国有公司的董事长有 68 位，加上 7 位副董事长和 2 位公司董事。他们既是公司中的董事会成员，同时也全部是党组成员，作为公司中的政治性因素，他们为公司的治理与党和政府之间架起了一座桥梁。

从十八大代表的任职经历来看，一部分人被选任为董事长之前，也在政府工作多年，从政府中"仕而优则商"，一部分则在各国有大中型企业中"轮职"。这些董事长们都有着自己辉煌的从业经历，对其所在公司的治理和发展有着自己的贡献。

如斯泽夫，曾任中国东方电气集团有限公司副董事、党组副书记、

---

① 孙国锋：《内部人控制是问题吗——对公司治理理论有关内部人控制问题的质疑》，《生产力研究》2004 年第 5 期。

总经理，拥有清华大学工商管理硕士学位，进入企业前是四川德阳市副市长。后因其卓越的管理才能，国务院任命其为"中国东方电气集团公司副董事长、总经理、党组副书记"。当时公司中"乱投资、乱担保、乱拆借"现象严重，公司处于亏损状态。斯泽夫凭借着自己的专业知识，团结和带领班子成员顽强拼搏，加快产品结构调整，积极实施"人才强企战略"，大力推进企业文化建设，迅速提升了企业的核心竞争力。现集团成了全国机械行业之首，2005 年盈利 23 亿元。东方电气集团公司获得了"中国最具影响力企业"、东方锅炉"中国 25 家最受尊敬上市公司"等一系列荣誉。斯泽夫不仅为公司的发展作出了正确的决策，实现了国有资产的保值，更实现了国有资产的升值。当选为十八大代表即对斯泽夫的肯定，给他的政治生涯添上了浓重的一笔。

国有企业的特殊性使国企领导们可以在政府部门和公司间转任。如十八届中央委员会委员肖钢职业生涯开始于中国人民银行，36 岁时，就成了央行系统内最年轻的正局级干部。后被任命为中国银行董事长、行长。他领导了中国银行的股份制改革，并被任命为该股份公司的董事长、党委书记。因商业银行的股份制改革无论是在产权制度上、公司治理结构上，还是在内部机制上，都将产生重大的、实质性的变化，是没有现成的经验和模式可以照搬的。肖钢凭借着其银行工作 20 年的经验和专业的管理才能，完成了对中国银行的股份制改革，并进一步发展了中国银行。中国银行在世界 500 强中居第 93 位。肖钢赢得了第一财经金融价值榜"年度金融家"荣誉、"年度银行家"殊荣。而当选为十八大代表是对其政治生涯的一个肯定。2013 年 3 月 17 日，肖钢成为中国证监会党委书记、主席。这一任命又为肖钢的高管生涯增添了一笔重彩。

对这些企业家领导者来说，不能认为自己是一个只需要付出劳动、只管领取薪酬的职业经理人，他们必须牢记自己还需要承担社会责任和政治责任的使命。作为国家和政府的代理人，在管理庞大的国有资产时，他们必须是有着丰富的经验、深厚的学养、高尚的道德的人，必须有着很高的政治觉悟、思想觉悟，这样才能成为公司的领导者、政治领域的优秀人才，使得国有资产得到保值增值。当选为十八大代表，是对他们工作成绩的肯定，同时也是对其作为执政党成员的肯定，也可以说他们是政府和企业的一个桥梁。

（二）国有独资企业中经理作为政治因素对公司的影响

在 106 位国有企业代表中，有 16 位来自国有独资企业的总经理和 4 位副总经理。我国国有独资企业是按照《全民所有制企业法》建立的。总经理同时担当着战略监督者、制定者和执行者的角色。他们一般都有着相应的政治级别。这就是我们通常所说的"一把手负责制"。虽然国有企业逐步开展了公司制改革，但是在类似核工业、航天工业、化工等国家垄断的行业，仍未开展董事会改革，甚至没有按照《公司法》来对这些企业进行股份制改革，一般实行一把手由总经理担任，而党委书记由副总经理担任的"双向进入、交叉任职"的模式来约束着总经理的绝对权力。当选为十八代表的国有独资企业的总经理、党委书记在某种程度上可以说是因其所在的企业在国民经济中的地位决定的。

三　我国对国企高管实行薪酬激励和政治激励相结合机制

（一）国有企业高管的薪酬激励机制现状分析

"对经营者的激励和约束是公司治理的主要目的。"[1] 从表 5-13 对于十八大代表中国有控股企业的董事长的年薪的统计，可以看出这些高管拿着百万的年薪，但同时可以看到这些高管多来自国有银行等国家垄断行业，也就是国家中"最赚钱的行业"，他们的薪酬水平是否与其承担的责任、风险和所做的贡献相匹配，一直是一个富有争议的话题。

而对于拿到行政工资的国企高管，由于体制和历史的原因，我国对国企高管薪酬的管理一直以党的政策和行政手段为主。2013 年 1 月 1 日施行了《中央企业负责人经营业绩考核暂行办法》，即"年度考核和任期考核相结合"的制度。但由 2009 年的一项统计表明，国企高管年薪高低与企业绩效的相关系数仅为 0.4，相当多的国有上市公司高管薪酬与经营绩效无关，甚至在公司利润下降时高管薪酬还在上升。[2] 在现实中，高管会"自己给自己定工资"，国有企业的出资人（全体公民）与

---

[1]　孙光焰：《公司治理模式趋同化研究》，中国社会科学出版社 2007 年版，第 65 页。

[2]　叶青林、冷崇总：《国企高管薪酬失控及其治理》，《价格月刊》2009 年第 5 期。

出资人的代理人（政府监管部门）事实上都没有行使薪酬安排权，高管可以自己给自己定薪酬。而对于企业绩效，更是"自己给自己批卷子"。对于这些高管究竟最后能拿到手里的薪酬是多少，大多是不为所知的，这种不透明性更加让公众对国企高管的薪酬问题充满好奇。从我国现行法律来看，相关的约束机制十分不完善。现代公司法人治理机构要求，在董事会下设薪酬与专核专项委员会，对薪酬制度设计和考核负责，但这种设计不能解决我国高管"自定薪酬"和"自评考核"的问题，因为这并不能有效地进行事前干预、事后监督和事后矫正。

（二）国企高管的政治性激励机制现状分析

由于国有企业的特殊性质，我国的国企高管董事有着"双重的身份"，国有企业的管理人员同时也具有很强的政治性。他们不只是国有公司、企业中的职业经理人，同时实际上还有着相应级别的国家工作人员。他们会像公务员一样，定期接受着"轮岗"制度的安排，会按照公务员的规则进行升迁、奖励和调动。这样国有企业的领导人的业绩就与市场脱节，是由上级领导来评判的。所以国有企业的领导人所获得的激励就不只是百万元的薪酬激励，同时也有政治上的升迁。

不只是上述的斯泽夫和肖钢，中国联合网络通信集团有限公司董事长王晓初曾任浙江省杭州市电信局副局长、局长，天津市邮电管理局局长，后被国资委任命为中国电信股份有限公司董事长，之前还曾任中国移动通信集团公司的高管职位。

但是这种制度还是有悖于我国现在力求建立的现代企业制度，公司的董事、高管是公司的权力策划者和执行者，应以其业绩来评判其工作是否到位，而不是根据类似傅成玉的高管们，根据他们被派往哪家公司来决定其工资的高低。这么做的结果也会导致公司高管争相去往效益更好的国有企业，而对公司的治理不再尽心尽力。

第五节　十八大代表所在民营企业治理中的政治性因素分析

一　十八大代表所在民营企业中政治因素的成因

我国特殊的经济环境造就了中国特色社会主义的市场经济体制。目前，我国的市场经济还不成熟，发展水平不是很高，所以相应的法律法规和金融体系仍旧不健全，缺乏充分的产权保护和行业进入限制，而这是影响民营企业发展的两大重要因素。随着市场经济的发展，多种所有制形式的不断加入，党和政府有意吸纳非公经济成分的先进分子进入党内。政府和执政党会选择非公企业的董事长等高管成为党代表或者人大代表及政协委员的方式来参政议政。从表5-12的统计数据来看，7家股份制公司中的董高人员，除董事长有着政治因素外，三一重工股份有限公司中还有3位独立董事曾在政府任职，海航集团有2位，江苏洋河酒厂股份有限公司有1位。

同时，民营企业的高管也会主动想要拥有一定的政治背景。"利益集团寻求的是有利于他们的法律以及制度结构。"① 在经济学上讲，这叫寻租。企业为了取得经济租而去寻求权利拥有者的庇护。在经济活动中，政府是掌权者，市场中的资源支配权在政府手中，企业想获得所需的资源必须得到政府的支持。所以，在地方民营企业的发展中，民营企业也努力构建良好的政企关系，使公司得到良好的资源、优惠的政策和较好的经济收益。

当选为党代表，参与到政治中去，是民营企业获得政治权力的一个重要的途径。同时，34位来自民营企业的高管们，都有着众多的头衔。如红豆集团有限公司党委书记，被称为"少帅"的周海江，他获得的荣誉称号达28个之多，同时也是中国青年企业家协会副会长，被选为江苏省人大常委，被评为全球"卡内基卓越领导人奖"，当选为十七大和十八大代表。在周海江的带领下，2011年集团产销351亿元，同比增长约25%。

二　十八大代表所在民营企业中的政治因素对公司的价值的影响

能够当选为十八大代表，与其党的先进性有着密切的关系。作为公司的董事长，他们在公司中有着董事会赋予的决策权力，且民营企业有着家族性的特征，作为家族企业，自负盈亏，他们在管理公司时更加尽心尽

---

① ［美］马克·罗伊：《公司治理的政治维度：政治环境与公司影响》，陈宇峰等译，中国人民大学出版社2008年版，第164页。

力。正如梁稳根所说："企业家的感召力主要在于他的贡献，而不在于他拥有什么。"所以作为公司董事长的政府背景为公司带来了更多便利。

（一）可以获得政府的更多项目支持

政府是公共事业的管理者和规划者，取得政府的工程将给公司带来更高的收益。如东方路桥集团的董事长、党委书记丁新民，在组建东方路桥集团公司前，担任鄂尔多斯市公路工程局党委书记兼局长。后辞去局长一职，组建了鄂尔多斯东方路桥集团，担任董事长、总裁、党委书记。鄂尔多斯东方路桥集团承建了内蒙古自治区和鄂尔多斯市的多项重点公路建设和市政建设，截至 2008 年，鄂尔多斯已发展成为拥有总资产 58 亿元，净资产 25 亿元，累计向国家上缴税金 3.6 亿元的大型集团公司。鄂尔多斯有着今天的成绩，不能忽视的是丁新民的政治背景，其担任公路工程局局长和党委书记为东方路桥集团的组建和发展带来了优厚的政策支持，并为其集团发展带来了政府的支持，获得了政府的多项建设任务，为公司的壮大提供了很好的项目支持。当选为党代表势必会为公司的发展带来更多的机会。

（二）可以获得更多的资金支持

公司运营的基础是拥有足够的资本，只有足够的资本支持才能使公司的经营不断发展壮大。公司的高管有着一定的政治背景无疑会获得更多的资金支持。如十八大代表中的民营企业家陈峰，现任海航集团董事局主席、党委书记。陈峰曾在中国民航局计划司、国家空中交通管制局从事多年管理工作，曾任国家民航局、国家空中交通管制局计划处副处长等职，有着卓越的经营管理能力。在金融危机冲击下，陈峰带领的海航集团具有较强的应变能力，海航集团及其旗下四家企业获得了海南省财政厅 3 年 8 亿元新增贷款全额贴息扶持资金。这些资金可以说与陈峰作为海南省人大常委会委员，中国企业联合会副会长的政治背景不无关系。

（三）得到更加优厚的政策优惠

政府促进企业的发展是一项重要的优惠政策。公司高管的政府背景，也会使公司得到优惠的政策支持。如民营企业家、中国首富梁稳根，是三一重工股份有限公司的董事长、党委书记，曾任兵器工业部洪源机械厂计划处副处长，体改委副主任，为第八、九、十届全国人大代表，现任全国工商联常务执委，中国青年企业家协会副会长，湖南省第七、八届工商联副会长。三一集团也成为重机械领域的龙头老大。良好的政企关系，使得北京市政府为吸引三一集团进京落户，提出了各项资金、人才、税收等各方面的政策优惠。

（四）可以得到良好的经营环境

民营企业的发展是一种自负盈亏、自主经营的经营模式，如果没有良好的政治环境也就无法得到长足的发展。但是如果有着政府的大力支持，公司的运营将会更加顺利。如十八大代表李豫滇所在的贵州力帆时骏振兴集团，其所在的地方贵州毕节市有着独特的政治优势。毕节是1988年由时任贵州省委书记的胡锦涛同志亲自倡导并报经国务院批准建立的"开发扶贫、生态建设"试验区，同时也是多党合作的示范区，具有特殊的政治优势。毕节的政府非常重视企业发展，这就为企业的发展提供了优良的投资政策，使得力帆时骏振兴集团在良好的政策下发展成为现在贵州省的重点企业。

综上可知，公司、企业中的高管有着一定的政治背景可以为公司、企业的发展提供更好的环境。正如艾伦（Allen）等人认为，中国的经济在没有完善的法律保障的情况下，依然快速发展，就在于中国有替代的机制实现对投资者的保护。而政治可能就是其中一个主要的因素，政治可以为企业提供资源。而法乔（Faccio）认为，企业的政治关系并不能说是腐败，在法律层面上它可以说是完全合法的。[1] 所以，民营企业更加倾向于用政治关系来应对大的制度环境带来的困境。

第六节　十八大代表所在企业的党建工作对公司治理影响的分析

一　公司治理中镶入党组建设的法规和政策内容

"党政合一"的制度结构是国有企业的标志性结构。其反映在公司

---

① Mara Faccio, "Politically Connected Firms", *American Economic Review*, Vol. 96, Issue 1, February 2006.

中的党的核心地位，则是企业党委与董事会、监事会的关系。研究十八
大代表所在企业的政治性因素，不可避免地要研究党委会和公司治理的
关系。

（一）党委参与国有公司治理的法规和政策内容

随着公司治理理论研究的不断深入和各国公司治理所呈现出的丰富
性和复杂性，使得公司治理如同"正义"一般，似乎也"有着一张普
洛透斯似的脸（a Protogonos face）"。① 我国国有公司有着党委会的参
与，使得复杂的公司治理更加的迷惑。事实上，政党现象及政党制度，
是世界政治生活中的基本现象和制度之一。②

对于公司治理和党委的关系，不只体现在大的党的政策方针上，党
的机关对公司治理也有着具体的指导意见。中共中央办公厅下发了党建
工作意见，明确指出中央企业党委会对股东会、董事会层面决策的问
题。同时我国《公司法》第 19 条明确规定了党组织在公司中的法律
地位。

（二）党组织参与民营企业治理的现行要求

在非公有制经济组织中，只要有党员，就应当建立起党的基层组
织，这是党章的基本要求。习近平总书记在 2012 年 3 月召开的全国非
公有制企业党的建设工作会议上指出，非公有制是发展社会主义市场经
济的重要力量，要求发挥党的基层组织在非公企业职工群众中的政治核
心作用和在企业发展中的政治引领作用。③

二　党委会参与公司治理的必要性

（一）党委会参与国有企业公司治理的合理性

在国有公司中，《公司法》及《企业国有资产法》将股东会的一部
分权力赋予董事会，或者由国资委直接行使属于股东会的权力，例如公
司的合并、分立、解散。国资委下属 100 多家企业，不可能对所有的公

---

① ［美］E. 博登海默：《法理学：法律哲学与法律方法》，邓正来译，中国政法大学出
版社 1999 年版，第 261 页。

② 周淑真：《政党和政党制度比较研究》，人民出版社 2001 年版，第 165 页。

③ 《全国非公有制企业党建工作会议在京召开：习近平会见会议代表并讲话》，2012 年 3
月 22 日，人民网（http://politics.people.com.cn/GB/1024/17453873.html）。

司的运营状况做到完全了解，履行其职责则有可能流于形式。董事长可以兼任总经理的规定，也使得董事会的决策权力和经理的经营权集于一个人的身上，这容易出现个人独断的现象，导致国有资产的流失。党组织作为一种政治核心因素在国有公司、企业中是不可缺少的。有人认为，国有企业法人治理结构应以国有企业党政共管的管理体制作为制度前提，对国有资产所有者赋权不同实体、组织和个人管理监控国有企业给予支持。① 十八大代表所在的国有公司大都是国有大中型公司，由国有企业改制而来，其公司内部党建工作比较完善，如中国航天科技集团公司。分析十八大代表所在的公司治理状况，可以看出党建工作的完善跟公司达到治理目标的效果是存在着正相关关系的。中国共产党代表着先进的生产力，党组织对公司治理有着一定的约束作用。在公司的治理结构中留存党建，可以使公司的治理结构更加完善。

（二）党委会参与民营企业的必要性

作为共产党执政的社会主义国家，发展民营企业家作为执政党的内部成员，可以把党员资源和党的政治优势转变为公司良好治理的推动力。在市场经济条件下，企业是主体。公司治理是对各方利益主体之间的控制权和所有权进行协调和规范的制度安排，民营企业设立党组织，可以把其政治性、先进性作为促进和改进公司治理结构的独特优势。发挥党建工作这一政治性因素在民营企业的公司治理中的作用，主要表现在对公司治理的引导作用、促进作用和监督作用。要很好地发挥党组织的作用就要处理好党建工作和公司治理中董事会和监事会的关系。十八大代表所在的民营企业相对于其他的民营企业来说，是公司治理较好的企业。

三　十八大代表所在公司党委参与公司治理的现状分析

（一）十八大代表所在国有企业的党建工作

根据《公司法》和《中国共产党章程》，十八大代表所在国有企业均设置了党委会，公司党组是党组织的派出机构，发挥领导核心作用，以公司主体资格参与公司治理。公司治理结构大致如图5-1所示。

---

① 郑林：《国有企业治理结构研究》，河南人民出版社2002年版，第45页。

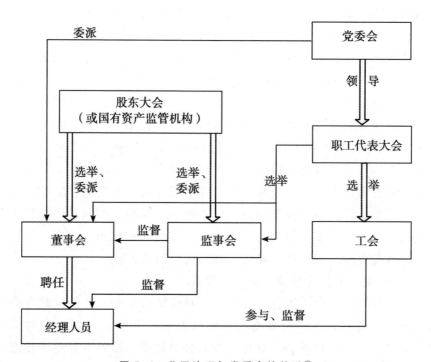

图 5-1　公司治理与党委会的关系①

　　因十八大代表所在企业大都为我国大中型国有企业集团公司，在国资委下的 116 家②国有企业中，53 家央企的党委书记由中组部任命并在集团公司董高领导班子中兼任职位，十八大代表所在企业中就有 35 家。其余的由国资委任命，遵循着"党管干部"的原则。这样十八大代表中的企业家负责人就是两套系统的领导者，所以公司采用的是"双首长制""双向进入、交叉任职"，董事长不但负责公司经营，还要负责领导党委的工作。

　　十八大代表所在的国有企业，不只是市场经济下的企业，同时也是党领导下负责国有资产保值升值的国有企业，不仅仅要考虑公司企业的

---

　　① 　为笔者根据现行法律法规整理。

　　② 　国资委成立之后，截至 2012 年 12 月 31 日，共有 116 家国有企业。数据参见国务院国资委官方网站。

经济效益，还要考虑其政治职能，所以公司的党建工作也比较完备。如中国航天科技集团公司的 28 家二级单位，只有 5 家没建立党委。中国航天科技集团公司还加强党建理论的研究，组织开展了公司党组织建设与法人治理结构融合问题、党组织管理体系建设、思想文化建设体系研究的三个重大课题的研究工作。① 一系列措施加强了公司治理和党组的联系。中国化工集团全系统共有各级党委 145 个、党总支 68 个、党支部 1437 个，党员总数高达 44181 名。

（二）十八大代表所在民营企业的党建工作

2009 年，中央高层领导作出指示，提出要在非公经济人士在的民营企业中培养和壮大一支坚决拥护党的领导的积极分子队伍。② 这一度成为全国各地工商联重要工作内容之一。正如大禹节水集团的党委书记王栋所说，民营企业只有在制定公司的发展策略时要和党的战略相一致才能长足发展。在中国特色的社会主义市场经济条件下，民营企业队伍日益壮大，但是企业的发展无法离开政府的大力支持，企业党建工作的好坏关系着企业的大政方针是否符合党的领导。34 位十八大代表所在的民营企业都建立了完善的党支部。如三一重工公司的一项报告显示，在这家股份制民营企业中，11 位董事中有 7 位是共产党员。68000 名员工中，党员就达到 5000 多人。③

第七节　政策建议

一　十八大代表所在国有公司治理存在的问题及完善建议

（一）十八大代表所在国有公司治理存在的问题

1. 国资委对国企高管监管困难

"行政级别为国企高管在政界和商界间设置了一个自由来去的平

---

① 《中国航天科工集团有限公司党组织建设》，http://www.casic.com.cn/n109/n507606/index.html.

② 王维博：《重庆私企老板中央党校受训》，《中国新闻周刊》2009 年第 43 期。

③ 耿雁冰：《红色三一重工：近一成员工为党员　成党建标杆》，http://business.sohu.com/20120619/n345956143.shtml.

台。"从上文对斯泽夫和肖钢的履历分析可以看出，国有企业的高管们的行政级别使得他们可以在政界和商界来去自如，这种制度的存在给国企高管的监管带来了一定的困难。我国国有企业受到国资委监管，可是国企高管的级别可能和当地国资委的级别一样，所以对于国企高管就无从管起。这样的结果是委托人虚置造成的，国资委的定位不明确，使得这种现象更加严重，最后的结果则是导致"内部人控制"。拥有无上权力的结果容易导致国有资产流失，滋生腐败现象。

2. 国有公司对公司高管的激励机制不完备

通过上文对国有高管们的薪酬激励和政治激励的分析，可以看出我国公司对于我国国有企业的薪酬机制还是有悖于我国现在力求建立的现代企业制度的。对于类似肖钢、姜建清、胡怀邦等的百万年薪，以及类似肖钢的政治提升，不难看出国有公司对于国有公司的高管们的激励机制是薪酬激励和政治激励相结合的。但是公司的董事、高管是公司的权力策划者和执行者，本应以其业绩来评判其工作是否到位，但是在我国是根据他被派往哪家公司来决定其工资的高低，以行政手段对其工作进行来回转换。这么做的结果也会导致公司高管争相去往效益更好的国有企业，而对公司的治理不再尽心尽力。

我国现行法律对于公司高管薪酬的规定，也只是简单地模仿美国公司的做法，将高管、董事的决定权由股东会转移给董事会，但这是不可取的。因为我国公司治理最大的特点是"所有者缺位"导致的股东会机能缺失，董事会本身就是政府委派，自己给自己定工资，自己监督自己考核结果的问题当然无法得到解决。

然而，如何确定国有企业董事的薪酬确实是一道特殊的难题。来自官方的观点认为，国有企业董事的工资偏高问题有一个发展的过程。过去国有企业没有这么大的差距，改革开放以后，特别是 20 世纪 90 年代期间大量外资企业进来，国有企业负责人的薪酬与外企负责人薪酬差距甚大，为了留住人才，理论界推崇国有企业应提高董事经理层人员的薪酬，即放权给企业自定薪酬。特别是金融机构，如果董事工资太低的话人才更加留不住。时任国务院国资委主任李荣融在 2008 年 8 月 10 日答记者问时表示，在给企业管理层制定薪酬时，如何平衡激励原则与公平原则是一个难题。"中央企业不是在'真空'中，它恰恰是在市场竞争中。"并强调，银行、保险行业的企业不归国资委管（按现行体制由财政部管），央企负责人的薪酬是适当的，央企平均每年多支出 4600 万元薪酬，换来了每年增加利润 1500 亿元，负责人与职工收入的差距正在缩小。国资委企业分配局有关负责人在答记者问时表示，中央企业负责人的薪酬激励与行政任命制存在较大的矛盾。行政任命的中央企业负责人薪酬不宜过高，但央企也参与市场竞争，如何通过薪酬激励留住人才是一个两难问题。[①]

尽管从社会直观的道义标准看，国有企业董事高薪问题很容易会成为众矢之的，但客观地讲，相比同样规模的民营企业，国有企业董事的薪水其实并不算高，甚至是远低于一般标准的。就以作为长期从事国家外汇资金投资管理业务的负责着 2000 亿美元投资资金的中国投资有限责任公司为例，该公司曾两次向全球发布招聘公告，但很多慕名而来的专业人士却选择了放弃。原因很简单，就是因为中投公司的薪酬体系和管理架构存在明显的不合理之处。按相关要求，中投公司内部所有员工待遇都必须参照国有商业银行的标准，据此测算一线人员年薪约 10 万美元。尽管这一标准在国内不乏吸引力，但是对于国际一流的投资人员而言，却仍然远低于市场平均水平。在经济学上，由此导致的结果就是所谓的"柠檬效应"，即甘愿以低于市场价格标准效力于中投的人员，其实际能力往往远低于预期，中投业务的屡屡受挫，就很难说与此无关。[②]

3. 上市公司信息披露机制不健全

根据《公司法》等的规定，上市公司应如实在股东大会上对公司治理状况进行披露。而对于公司高管的薪酬，我国国有企业，其信息都呈现一种不公开、不透明的现象。从十八大上市公司的股东大会年度报告

---

① 韩丹、陈希：《国企高管薪酬怎么定才算合理》，2008 年 8 月，《经济参考报》，http：//jjckb. xinhuanet. com/gdpd/2008-08/22/content_ 115243. htm。

② 马红漫：《国企高管薪酬困局何时能解开》，http：//finance. ifeng. com/roll/20090210/361148. shtml。

中看不到公司高管的薪酬，这就说明我国上市公司信息披露还是很不健全的，公司的薪酬激励机制也就无从得知。所以应该逐步建立完善的信息披露机制。

4. 党委会对国企高管的监督作用不明显

在国有企业中，董事会和党委会都有人事选拔权，当出现人事任免不当时，因党委会与董事会的人员高度重合，使得责任追究很难到位。在两套班子人马的重合中，十八大代表中的国有公司的董事长基本上都是党组织的书记，所以党委会的监督职能也就很难达到预期的效果。

（二）对十八大代表所在国有公司治理的完善建议

综上所述，我国十八大代表所在企业的公司治理是比较完善的，但是因为国有企业的特殊性质，公司治理中的政治因素导致国有公司的股权结构比较单一，公司董事会成员的任免权来源于各级党委和国资委。为进一步完善我国公司治理，提出以下几点建议。

1. 国资委地位需要重新定位

国资委现在依旧是双面人的身份，既是市场主体，也是市场监管者。国资委成立之初的目标并没有实现。有学者这样讲："从一个方面来说，国资委具备监管者和出资者两种身份是我国经济体制中一个最严重的问题。"[1] 国资委与国有企业的关系，应当在遵循《公司法》的框架下进行，以产权纽带而非现在的行政手段来行使国有企业股东权利。[2] 因国资委对选任国有企业的管理者实施以委任的方式，这是与现行的《公司法》的理念相违背的。

我国没有完善的"经理人市场"，国有企业的特殊地位和性质使得公司不能自主选聘自己的管理者，当董事会作出错误的决定时，就无法真正地追究董事会成员的责任。所以，国资委应改变公司高管的任用机制，由公司股东会或董事会来行使选人权。我国国有企业的改革方向是建立现代的公司制度，国资委想做一个干净的出资人，但是不能改变其

---

① 顾功耘等：《国有经济法论》，北京大学出版社 2006 年版，第 24 页。
② 吴英：《国有企业监管的国际比较及启示——国资委与国有企业的关系探讨》，《常州工学院学报》2005 年第 3 期。

监管者的地位。国资委应尽多地下放权力，将公司的决策权、管理权和监督权更多地下放给公司的董事会和监事会，同时协助党组织共同完善国有企业的公司治理，保障国有资产的保值增值。

2. 尽快转变国企高管的角色定位

国有企业应该建立规范的公司治理结构，把经营者从干部系列中抽离出来，实行"公司高管非官员化"，公司高管的行政级别予以取消，这样才能使高管来自市场。去掉国企高管的"官本位"现象，建立合理的股东大会、董事会和监事会，使得权力达到平衡，防止"内部人控制"，预防国企高管的腐败现象。在用人机制上，加大公司治理方式，使职业经理人在市场中得到合理配置，推进国企高管职业化。

3. 完善国有企业对国企高管的激励机制

首先我们应当直面确定国有企业董事薪酬水平的两个特殊因素。

第一，是国有企业本身的"混合身份"因素。面对国有商业银行近年来取得的"良好业绩"，公众则更加关注之前数万亿元的财政解困资金是否能够被收回。并且最为人们所诟病的莫过于国有金融企业最急于与国际接轨的是薪酬而非经营理念和服务，近些年来的高业绩主要来源于增加各种收费而相应的服务质量却没有得到相应的改善。

此类争议其问题症结之所在是国有企业的"多重身份"。尽管众多的大型国有企业占据了行业龙头地位，但是其龙头地位的取得在很大程度上依赖于行政性的市场准入限制，而行业垄断因素所带来的业绩显然不应该得到市场化形式的回报。中国工商银行、中国建设银行、中石油、中石化等国企经常荣膺所谓年度"最赚钱公司"称号，但是公众则普遍质疑其赚钱依靠的是行政性的行业垄断。金融行业是一个高门槛高准入标准的行业，民营资本和一般没有政府背景的资本往往被拒之于门外。矛盾的关键恰在于此，因为没有人能够去估算一家企业的经营效益所得，究竟在多大程度上是源自于行政性垄断所赐，又在多大程度上是靠董事自身的勤勉工作所致。这笔糊涂账也让行政监管部门犯了愁。①

---

① 马红漫：《国企高管薪酬困局何时能解开》，http：//finance. ifeng. com/roll/20090210/361148. shtml。

　　鉴于国有企业的特殊性，国外国有企业董事与私企尤其是上市公司董事相比均有较大差距。譬如，美国国有企业董事人员薪酬通常为10万—30万美元，而根据美国研究机构报告，2006年标准普尔500强公司总裁年平均薪酬为1506万美元，后者比前者至少高50倍；国有企业内部薪酬之间的差距也要小得多，美国国有企业董事人员与其他雇员平均薪酬之间的差距通常为4—10倍。另外，不仅要规范其与企业职工的薪酬差距，还应将其薪酬与国家工资水平挂钩。譬如，目前法国国有企业董事薪酬水平通常是同级别公务员工资的2—3倍。尽管中外国有企业在国民经济中的地位和所处行业有很大差异，但有两点必须把握：一是国有企业董事的收入应该远远低于私人企业董事的薪酬；二是国有企业董事与职工的薪酬差距不能太大。①

　　第二，是国有企业董事的"双重身份"因素。在我国，一个显著的事实就是，国有企业的董事同时也就是国家的高官。一个看似难解的谜题是，一方面金融业历来是薪酬最高的行业，单纯以市场标准看，国有金融企业董事总体薪酬状况的确不能算高。我国的外资企业或民营企业中，高级经营者与员工薪酬差距很大，但员工的士气并没有因此受影响，社会公众也没有质疑。主要原因是这些企业的薪酬水平与高级经营者所担负的责任、所承受的风险、所做的贡献相匹配。而国有企业的董事其权利责任完全不对等。问题的关键在于其"身份"，即国有企业负责人是选择公务员的身份，还是选择职业经理人的身份。不能既享受高薪，又不对企业的盈亏负责。在这个前提下来探讨董事薪酬和业绩增长才具有合理性。但是如果身份二选一，很多董事可能会不愿意，而且在现有体制下也没有办法做到这一步。在将来相当长的时期内也都不可能做到这一步。

　　目前，国有企业高层管理人员的"政府化"特征十足。在国有企业中，企业董事代表政府控制和管理企业，他们的行为方式体现着各级政府的意志。首先，国有企业董事始终隐藏着政府官员的身份。尽管"政

---

　　① 刘义昆：《规范国企高管薪酬应有刚性机制》，http://focus.cnhubei.com/original/200902/t584144.html。

企分离"的改革试图取消和弱化他们的官员身份，但 30 多年来的市场化改革经验表明，在国有企业董事的人事安排上，目前的状况与计划经济的时代并没有发生实质性的改变。从 20 世纪 80 年代末以来，中国政府曾不断尝试取消企业的行政级别，但事实上这种努力收到的效果仅仅是名义上的。在实际生活中，如果人们要想判断某家国有企业属于什么级别，很容易找到参照系。其次，企业董事的"政府化"特征还表现在他们会像公务员一样，定期接受"轮岗"的制度安排。最后，也是最重要的，国有企业董事的"政府化"特征集中表现在他们出任董事的途径仍旧没有摆脱行政任命的传统。国有企业董事本身的职业生涯也比照公务员的规则进行升迁、奖惩和调动。

作为董事，不论被选派到什么样的国有企业，他们的业绩并非主要由市场来评判，而是基本上是由上级领导来评定。因此，这类董事最看重的是上级的评价，往往把主要精力用于迎合上级领导者的偏好或揣摩领导者的意图，没有足够的动机来提高自己作为真正的企业家的素质。按照现行的人事制度，具体到某个人，他究竟会成为哪一家国有企业的董事，成为多大规模国有企业的董事，都是由外在的行政力量来决定的。如果国有企业董事的选择不与市场接轨，只将他们的薪酬与市场接轨，那么，某人有幸被选派到一家规模大且实现高额年薪制的企业，他就可以获得"超额"的待遇；但如果被选派到一家小企业，就只能获得很低的待遇。显然，这是不公平的。在这种情况下讨论什么"企业家合理的薪酬"已经失去了原来的意义。

国资委规定中央企业的董事薪酬不得超过职工平均工资的 12 倍，从表面上看，这样做的目的在于抑制国有企业董事薪酬的过度增长，其实，这里隐蔽着一个心理的承受界限。这里需要平衡的心理既来自国有企业的职工，也来自政府官员。目前国家公务员实行的是 15 级工资制度。最高级别与最低级别的月工资分别为 2846 元和 455 元（不含工龄部分），前者是后者的 6.25 倍。即使考虑地区差别也没有超过 10 倍。因此，对国有企业董事来说，12 倍的差距已经是政府能够承受的极限值了。[①]

---

① 王红领：《决定国企高管薪酬水平的制度分析》，《现代经济探讨》2006 年第 1 期。

基于以上分析，应当明确将国企董事、高管薪酬决定权列为职代会和监事会的法定职权，以取代通行的股东会和董事会的董事、高管薪酬决定权。

在推进国有企业规范公司治理的过程中，股东会、董事会、监事会、经理层等治理主体的责权利划分是至关重要的。然而，各治理主体的责权利是不可能完全绝对地切分清楚，都会存在自由裁量的空间。《公司法》对公司股东会、董事会、监事会和经理层的职权都有相应的规定，但在公司治理实践过程中董事会的职权范围相对却是比较大的。

推动现代企业制度改革以来，我国在公司治理框架构建上先后借鉴了二元制模式的监事会制度和一元制模式的董事会审计委员会制度，改制后的国企中也形成了双重监督机构并存的公司治理模式。两会都要对公司的管理层进行监督，而监督的重点又同样是财务报告。

针对国企董事会建设，坊间有这样的比喻：主管部门好比政治局，董事会好比人大，经营层好比政府，监事会类似政协。从国资委这些年来的具体运作方式和开展的一系列对国有企业的监管活动看，国资委更多地是将自己定位为国有企业"董事会"，监管国有企业的具体运行，国资委与国有企业董事会职能高度重叠。例如，对国有企业负责人的选择任命、业绩考核，公开招聘国有企业副总经理，中央国资委在央企启动了培养技能人才成长机制，等等。可以看出，国资委对国有企业事务的管理已经非常具体，超越出资者职能。国资委的人员绝大多数都有长期的党政工作背景，形成一个政绩导向的政府组织文化，而不是一个所有者利益导向的投资组织文化。可见，由一个国资委过度介入的董事会决定董事的薪酬与国资委直接决定董事的薪酬并没有实质意义上的变化。

我们建议，在国有企业中，应由职代会和监事会共同决定和考核董事、高管薪酬。这是因为，由董事会及其薪酬委员会决定董事、高管人员薪酬水平的现行公司治理架构，只有在独立董事真正独立的情况下才是有效的制度安排。但即使在像美国这样具备独立董事发挥作用的外部环境和相关的配套制度的国家，如存在比较有效率的资本市场、高度流动的独立董事市场、充分的外部独立审计制度、完备的信息披露制度及成熟的股东派生诉讼机制等责任追究制度，美国的经验告诉我们，往往也是令人失望的。如像美国的很多上市公司一样，美国国际集团（AIG）是在特拉华州注册的公司。根据该州的普通公司法以及公司章程，美国国际集团在公司董事会之下设有专门负责员工奖金事宜的"奖金与管理资源委员会"。根据委员会章程，该委员会由五名（根据纽约证券交易所规则所定义的）"独立"董事组成，并决定公司首席执行官和其他董事、高管的奖金发放。根据公司治理的规则，该委员会应当对董事会和股东大会负责。尽管如此，美国国际集团却还是失控了。特别要指出的是，在美国正在加强对董事、高管薪酬内部失控进行外部监管时，我国却正在走向其反面，大胆放权给公司董事会自定薪酬。在现行公司权力分配格局下，董事会决定薪酬无异于董事、高管自己给自己定薪酬。这是因为各国公司法一般都不禁止董事与经理人员的兼任。[①]

我们认为，由职代会和监事会共同决定和考核国企董事、高管薪酬可以有效地解决内部失控问题，其正当性、合理性和可行性至少有以下七个方面。

其一，与国有企业的社会性质相契合，充分体现了人民当家做主及其在国有企业中的"主人翁"地位。也与企业承担社会责任的法律要求相符合，是企业承担社会责任的重要保障措施之一。

其二，监事会中的股东代表可以替代股东会发挥股东薪酬决定监督权的作用，因此并没有完全剥夺股东会及股东对其代理人董事或经理人员的薪酬决定控制权。我国《公司法》第51条和第117条规定，有限责任公司和股份有限公司监事会成员不得少于3人，监事会应当包括股东代表和适当比例的公司职工代表，监事会主席由全体监事过半数选举产生。第70条规定，国有独资公司监事会成员不得少于5人，监事会中股东代表的成员由国有资产监督管理机构委派，监事会主席由国有资产监督管理机构从监事会成员中指定。

---

① 《公司法》第50条规定，（有限公司）执行董事可以兼任经理；第114条规定，（股份公司）董事会可以决定由董事会成员兼任经理，（国有独资公司）经国有资产监督管理机构同意，董事会成员可以兼任经理。

其三，可以充分发挥信息资源的优势，可以有效地避免信息不对称的发生。职代会和监事会作为国有企业的法定必设职能机构，可以列席董事会，比国资委和社会小股东更了解董事会的经营决策活动，更加便利地了解董事、高管们的经营能力和经营业绩。

其四，可以在实施过程中进行有效的监督执行。企业经营的好坏与广大职工的切身利益息息相关，他们的饭碗与企业的生存牢牢地捆在一起，相对于出资者的国资委和与企业没有利益关系的独立董事，职工最有监督的动机。

其五，可以有效地防止监督者与被监督者达成共谋，形成利益共同体。无论是在国有企业和非国有企业中，董事兼任经理，董事长与总经理两职合一的现象非常普遍。我国《公司法》明确规定董事和高级管理人员不得兼任监事。① 虽然我国《公司法》没有明确禁止职工董事兼任职代会成员，但却明确规定董事会中的职工代表由公司职工通过职工代表大会、职工大会或者其他形式民主选举产生。这些制度安排可以有效保障职代会和监事会对董事业绩进行独立公正的评判。

其六，可以更好地与现行《公司法》进行无缝接入。我国《公司法》明确规定两个以上的国有企业或者两个以上的其他国有投资主体投资设立的有限责任公司，其董事会成员中应当有公司职工代表；其他有限责任公司和股份公司董事会成员中可以有公司职工代表。监事会应当包括适当比例的公司职工代表，其比例不得低于1/3，具体比例由公司章程规定。监事会中的职工代表由公司职工通过职工代表大会、职工大会或者其他形式民主选举产生。

其七，修改《公司法》的成本最小，更加有利于完善公司治理的内部结构。我国《公司法》规定，股东会选举和更换非由职工代表担任的董事、监事，决定有关董事、监事的报酬事项；董事会决定聘任或者解聘公司经理及其报酬事项，并根据经理的提名决定聘任或解聘公司副经

---

① 《公司法》第51条、第117条规定，董事、高级管理人员不得兼任监事。第216条规定，高级管理人员是指公司的经理、副经理、财务负责人，上市公司董事会秘书和公司章程规定的其他人员。

理、财务负责人及其报酬事项。我国《公司法》明确规定监事会的职权包括检查公司财务；对董事、高级管理人员执行公司职务的行为进行监督，对违反法律、行政法规、公司章程或者股东会决议的董事、高级管理人员提出罢免的建议；当董事、高级管理人员的行为损害公司和利益时，要求董事、高级管理人员予以纠正；提议召开临时股东会；向股东会提出提案等。可见，将董事、高管人员的薪酬决定权由股东会、董事会移交给职代会和监事会与现行法律所规定的职代会与监事会的职能并不冲突，且更有利益于防止股东会的形骸化和董事会的异化，更有利于强化职代会和监事会的监督职权。

4. 加强党组织对国企高管的监督作用

在国有企业中，保证"双向进入、交叉任职"的领导体制。对于公司的稳定发展改革的议题，党委会先行讨论后，通过党委会向股东大会或董事会提出董事任免议案，使党委的工作与董事会的工作衔接起来，确保公司的决策符合党的大政方针，不偏离党的路线。党委会在选用干部时，要不断适应市场竞争环境，确保企业科学健康发展。同时，我国国有公司可以将党委会如何参与到公司治理中写入公司章程，使得公司治理中的党委会位置更加明确。加强党组织与监事会的结合，对国有公司高管进行共同监督。

二　十八大代表所在的民营企业治理存在的问题及政策建议

（一）十八大代表所在民营公司治理存在的问题

第一，十八大代表所在民营上市公司呈现个人"一股独大"的现状。在十八大代表所在的民营上市公司中，从上文中可以看到甘肃大禹节水集团股份有限公司的第一大股东即董事长兼党委书记王栋，持股比例达53%。三一重工股份公司的第一大股东三一重工集团持股比例达56%，而梁稳根对三一重工集团持股58%，同时持有三一重工股份公司4%的股份。由此可知，梁稳根直接和间接持有三一重工股份公司比例达37%。现代公司治理的基本要求就是所有权和经营权得到分离，而大禹节水集团股份有限公司和三一重工股份公司的股权如此集中，且是在董事长手中，这种个人"一股独大"的现象可能会导致董事会被架空，个人权利相对过大，出现无人对其制衡的情况，极易出现个人独断现象，从而损害公司利益。

第二，"家族化"现象导致家族控制现象出现。十八大代表所在的民营企业中存在着"家族化"现象。如十八大代表浙江海亮股份有限公司董事长冯亚丽是第一大股东海亮集团董事局主席冯海良的姐姐，红豆集团总裁周海江与红豆实业股份有限公司董事长周宏江是堂兄弟。民营企业的家族化现象会使得公司的管理权集中在一个家族手中，极易形成家族控制，使得公司决策偏向家族的经济目标，其他股东的利益被弱化。

第三，民营公司易受到地方政府的过多干预。根据表 5-6 民营企业的地区分布可知，当选为十八大代表的企业家来自 22 个省市地区，在当地都是明星企业。民营企业的发展不仅需要完善的法律，还要依靠着地方政府的扶持。为了公司的良好发展，民营企业家多选择以参政的方式进入权力圈，以期获得更加优惠的政策支持。但是，这种现象有可能导致民营企业受到地方政府的过多干预，以致地方政府干预民营公司的决策，从而有损民营企业的经营自主权。

（二）对十八大代表所在民营企业的公司治理的完善建议

为引导民营企业主动改善公司治理水平，可考虑将民营企业家所在公司治理的水平作为挑选民营企业家作为党代表的一项重要的指标。

第一，鼓励和引导民营企业家主动优化民营企业的股权结构。十八大代表所在的民营上市公司可以通过合理安排内部的股权以及积极引入外部的投资者，从而使得公司的股权结构多元化，减少个人持股比例，减弱"一股独大"带来的不利影响。还可通过引进国际战略投资者，使公司股权国际化，提高公司股权制衡度，完善公司治理的约束机制。

第二，引导民营企业完善公司激励和约束机制。积极引导民营企业主动完善公司的激励机制，如设立股权激励机制，吸引更多的管理人才加入公司中，使公司拥有更多高素质人才参与的管理层，淡化"家族化"的公司家族人员机制，使公司的决策性更加理性，充分保障其他股东的权利和公司的利益。

第三，通过间接方式引导民营企业决策，而非直接干预民营企业的经营决策。政府应通过制定政策以引导民营企业向着符合社会主义市场经济要求的方向发展。可充分发挥执政党的优势，积极引导民营企业在资本市场规范发展。党组织在参与民营企业的监督过程中，应积极向上级党组织及时汇报民营企业运行中出现的问题，以便党和政府及时出台相关政策以积极推动民营企业的发展。

第六章

中国公司企业文化与公司治理

第一节 企业文化与公司治理的关系

企业文化的概念引入中国已经有很长的时间，但是却很少有人将企业文化建设与公司治理联系起来。大多数企业提出的企业文化就是一句口号，并不会关注其对公司是否会带来什么实质上的影响。当前能够真正约束员工行为，给员工以精神上的激励，从而提高企业生产效率的企业文化还很少，就更不用说通过企业文化来约束公司股东、董事、监事与高管的行为，提高公司的治理水平了。大量实践经验告诉我们，如果不能将公司的企业文化应用到公司的具体治理机制与结构当中，那么公司的顶层治理也一定不可能做到充分有效。

虽然各国许多管理学家对企业文化的概念都有各种各样的论述，但大体上的定义还是比较趋同。企业文化是一个企业在生产经营管理过程中逐渐形成的，同时体现本企业经营特点、愿景、服务宗旨、价值观，以及这些理念下进行的企业外部形象、管理规章制度、日常运营活动和员工行为特点等总和。企业文化的根本是以人为本。企业文化为企业的前进提供有力支撑，是企业做大做强必不可少的关键因素，决定了企业能够成长的高度与极限。为什么要关注企业文化、研究企业文化？其根本目的是寻求支持企业持续增长的保障，进一步增强企业的生存能力。

企业文化在企业不断成长的过程中具有以下功能。

一是企业文化的导向功能。体现在企业的经营哲学与价值观念上，即企业与员工共同拥有的统一价值观念，能够引导员工的行为，决定企业的价值取向，指引企业走向成功。

二是企业文化的约束功能。体现在企业文化对企业自身有着自律的约束，它能够通过完善管理制度和道德风尚等来规范其成员的行为。

三是企业文化的凝聚功能。体现在通过企业员工的凝聚力，营造团结友爱、相互信任的和谐气氛，增强了团队合作精神，提升了企业的生产力。

四是企业文化的激励功能。体现在拥有一个健康、完善、积极向上的企业形象和企业精神对企业员工在工作中有着极大的鼓舞作用，会给企业员工带来强烈的自豪感与荣誉感。

五是企业文化的辐射功能。体现在企业自身形象所产生的辐射作用和企业人员对外交往时产生的辐射作用。

企业文化对公司的制度安排、战略规划以及员工的行为习惯和价值观等都会产生很大的影响，是公司治理必须面对的研究对象。为了解决公司在治理过程中产生的问题，公司的管理者会设计治理结构来解决和规避这些问题。治理结构是由各种制度安排组合而成的，一家公司的制度安排往往体现和贯彻了公司管理者的管理思想、价值观、经营理念和公司特点等，而企业文化是一个由公司成员共同拥有的对公司理念的感知系统，体现了上述制度安排的内容。因此，公司治理结构极大地影响着企业文化的形成及其表现形式。

另外，企业文化一旦形成，将会影响公司的管理思想、经营理念以及员工价值观等，当新的治理问题出现时，这些要素的改变会影响公司管理者的制度再设计，进而影响公司治理结构。因此，公司治理与企业文化之间存在作用与反作用的关系：公司治理结构影响着企业文化的形成以及外在的表现形式；在新的治理问题出现的情况下，成熟和稳定后的企业文化又会影响决策者的制度再设计，进而影响公司治理结构。

下文以中国互联网公司的企业文化特点来说明其与公司治理之间的一些关联。

第二节　我国互联网公司的发展历程及企业文化的特点

一　我国互联网公司的发展历程

所谓互联网公司，是指从事互联网运行服务、应用服务、信息服务、网络产品和网络信息资源的开发生产以及其他与互联网有关的科研、教育、服务等活动的公司的总称。当前我国互联网公司共有 8 个大类，分别为移动互联网、电子商务、社交网络、网络营销、网络媒体、网络娱乐、网络服务和数据行业。互联网公司起源于美国，1995 年 5 月我国第一家互联网公司——瀛海威在北京正式挂牌成立。经过近 20 年的发展，我国互联网行业产值已经达到万亿级别。在即时通信、电子商务、网络门户、搜索引擎、网络游戏等领域，涌现出了一批在国际上也有一定影响力的互联网公司，如阿里巴巴、腾讯、百度、京东、小米等。它们在全球的互联网行业中市值排名也是靠前的。根据北京腾云天下科技有限公司（Talking Data）调查的结果显示，2014 年，我国移动智能终端用户数达到 10.6 亿，比 2013 年增加了 231.7%，第一大上网终端地位更加稳固。从用户年龄上来看，"80 后"用户所占比例达到 38.3%，"90 后"用户占 35.7%，年轻用户占比 74%。可见，互联网市场是个相当庞大的市场。

近年来，新浪微博、猎豹移动、途牛、聚美优品、京东、阿里巴巴等互联网公司先后在美国成功上市，随着这些公司纷纷踏入资本市场，社会对互联网企业公司治理问题开始广泛关注。互联网行业是一个飞速发展的行业，只要产品能被用户接受或喜爱，市场需求环境好，不出三年就能发展为一个大型公司，甚至发展成为一个上市公司，这与传统制造业公司是完全不同的。正是公司的这种超高速发展与扩张，很容易引发出各种问题。而一家大型的互联网公司，由于客户基数大，员工众多，覆盖面广，公司经营状况的好坏会直接影响到众多人群以及政府与社区的利益。因此，做好互联网公司的治理也就极其重要。

二　我国互联网公司的企业文化特点

正因为互联网企业与传统企业相比而言，有着很大的差异性，因此，其企业文化特点也体现着行业特色。

（一）顾客导向

顾客导向是市场营销的基本原则。不论是从事什么内容的互联网企业，互联网的本质决定了其基本的企业使命都是：通过互联网让人们生活更方便。互联网的快速接触和传播的特点，也为企业接近顾客、聆听

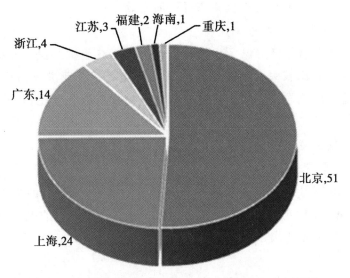

浙江,4　江苏,3　福建,2　海南,1　重庆,1

广东,14

北京,51

上海,24

图 6-1　2014 年中国互联网企业 100 强地区分布情况

顾客心声创造了条件。

（二）创新

要满足顾客的需要必须通过创新的方式实现对顾客需要的满足。互联网企业的创新除了产品、技术创新，最关键的是商业模式的创新。但是创新具有高风险性，所以企业文化中必须容忍失败，给失败者更多的宽容和理解，才能会让员工有勇气、有动力去创新。

（三）开放

开放是创新所需要的心智模式，它是对新生事物和新想法，以一种完全开放的心态去接受和聆听，始终保持学习状态，善于向别人学习。在企业内部建立起频繁的、非正式的、建设性的沟通渠道，公司各级管理层实行"开门政策"，是企业建立开放文化的核心。

（四）协作

无论从企业经营的层面还是企业内部管理来看，资源整合是一个重要的策略。互联网技术的发展使得企业越来越没有边界。跨行业、跨区域不同企业之间的协作，能够生成更大的市场与机会。由于大数据与云计算的发展，市场需求与分工可以细化到每一个客户与工人身上，人与人之间的信息交换与协作也会变得更加高效。

（五）危机意识和强调速度

企业都提倡危机意识，互联网企业尤其要有危机意识。传统型企业因为投入资金比较大，存在进入壁垒，而互联网企业进入门槛比较低，信息传播速度比较快，很容易被新的商业模式所取代。比如，淘宝网成立以后，几乎是一夜之间易趣（ebay）就退出了中国市场。所以，互联网企业的危机意识应该更强，创新速度要求更快。

（六）平等

互联网公司集聚着更多的知识型员工，按照马斯洛的需要层次理论，他们的需要处于较高的层次。因此，平等、尊重、自我实现是他们工作快乐的基本要求，所以，在公司里要能留住人才，必须给予他们平等的工作氛围。

三　我国互联网公司需要治理的几个方面

（一）多次融资危及创立者对公司的控制权

由于在传统融资方式中很难获得足够的资金，互联网公司在设立之初大都选择了天使投资。[①] 天使投资有诸多好处，但是在公司的设立之初还是要有一部分自有资金，这些资金通常是创办人和合伙人的自有资金。互联网公司和传统行业相比，发展阶段资金需求量会越来越大，天使投资很好地满足了互联网公司的这一需求。天使投资是由富人直接向企业进行投资，是互联网这样的创新型企业在创立之初的主要融资方式。天使投资以其考察和判断相对简便，很强的时效性，并且针对的是比较小的项目备受欢迎，当然如果可以发展壮大其回报率是相当高的。

我国互联网公司在处于成长期的时候，由于天使投资已经无法满足其对资金的需要，因此更多的公司选择了风险投资，是以投资基金进行股权融资的方式为主。成长期的互联网公司已经有了一定的市场，或者通过广告和推广已经开始盈利了，但是想要进一步扩大规模或者从事资本运作需要大量的资金。成长期的互联网公司有一个优势，那就是风险比较低，成长率和收益率不断攀升，这也是其受到众多投资者所偏爱的

---

① 　徐锴：《天使们飞走了》，《中国投资》2005 年第 4 期。

重要原因。从融资渠道上讲，国内外融资都是存在的，但是在现实生活中外国风险投资占据着绝对的优势。

我国互联网企业一旦走向成熟，就会把在纳斯达克上市作为融资的主要选择，这时的互联网公司已经有比较稳定的利润增长点以及成熟的商业运作方式，上市成为风投撤出的理想方式之一。就目前情况来看，中国高新技术产业可以选择沪深股市、香港创业板和美国的纳斯达克，但是总体来说我国的股票市场进入门槛过高，导致许多互联网企业望而却步。与之相反的是香港创业板和美国交易市场都是好的选择，纳斯达克是世界上最成熟的资本市场，是我国资本市场所无法比拟的。互联网公司进入国外资本市场，不仅把自己带入国际一流企业的行列，还增加了许多和国际知名企业当面交流的机会，这些因素共同导致互联网公司加入国外资本市场的行列。

（二）企业文化认同度低，人员流动性大

阿里巴巴、百度、腾讯等互联网公司的传奇历程通过各种渠道被社会大众所了解，但是在此过程中有大量的互联网公司消失掉了。互联网公司唯一不变的就是在不断地变化着，不确定性是互联网公司最大的确定性，特别是在迅速发展的中国互联网行业中。这也导致了一系列问题，如雇员和管理层的机会主义盛行、短期行为等。

世界知名的咨询服务机构韬睿惠悦发布的"2013年度中国地区整体奖酬调研报告"显示，2013年中国企业基层员工薪酬更具增长空间。而持续走高6年的员工主动离职率在2013年有所下降，从2012年的29.1%下降至19%，这是员工主动离职率自2006年以来的首次下降。

一项调查显示，在雇员的流动率方面互联网行业的排名很靠前，数据显示2013年互联网行业的自愿离职率高达25.8%。据统计，互联网企业的雇员在同一家公司工作年限不超过3年。但是让雇员认同企业的文化是需要一段相对较长的时间，阿里巴巴的掌舵人马云坦言："要成为一个真正的阿里人，至少需要三年。"

人员的流动率居高不下使互联网员工无法深入了解公司的企业文化，更谈不上对公司产生认同感。一个难题摆在所有互联网公司面前，那就是如何让自己的企业文化深入人心，真正在员工心中生根发芽。

　　有人将互联网公司人才流失归结于以下七个原因：互联网行业变幻莫测；外资企业或其他高利润行业的吸引；企业组织变革的连锁反应；企业文化和管理机制不健全；员工期望自己创业等患得患失的工作态度；工作性质原因；互联网企业员工之间信息交流过于紧密。这和互联网公司的行业特征有关，即时通讯使得互联网企业的雇员沟通十分方便，但是也使得他们更加了解公司的薪酬变化、整个行业的发展情况等，这些因素都对雇员离职有着十分重大的影响，与此同时越来越多的学者开始这方面的研究。

　　对上述原因进行分析，其中，第一、二个原因是社会层次的范畴，第三、四个原因是公司层面因素，其他则是个人因素。对互联网企业存在的问题应从这三个方面切入，深入调查研究雇员离职的内在原因，从而降低互联网企业员工的离职率。

　　在高额利润的吸引下，涌现了大量新互联网企业，同时也有大批的互联网企业也在不断消亡和被兼并，行业内人员合理流动及被迫流动变得比传统企业更为频繁，互联网企业已经成为连续多年员工流动率较高的行业之一。互联网公司的发展壮大需要明确公司的发展目标，秉承自身的原则、雇员对公司价值观的认同。如果不能做到这些，整个公司的雇员在前进的道路上会因为失去方向而迷茫，最终导致人员的大量流失。

　　（三）员工个人价值取向与公司企业文化难以短期匹配

　　现在，没有什么产业比互联网产业更有活力，技术的迅猛发展使互联网行业越发地繁荣，大量的资金涌入互联网行业，互联网公司不断建立。我国互联网产业起源于 1996 年，2000 年美国互联网产业泡沫破裂以后，我国的互联网产业日新月异，大型互联网公司不断涌现。除了新浪、搜狐、网易三大门户网站，互联网公司中的新贵也不断浮出水面，其中包括腾讯、百度、阿里巴巴等走向国际化的互联网公司。公司的迅速扩展的必要条件就是大量补充人员，不管是新成立的公司还是需新增团队的老公司，一般总愿意在同行中挖人，但各个公司的文化氛围不同，加上公司整天忙于业务而无暇顾及管理机制及文化理念的梳理，所以新团队更是难以形成新的企业文化。

人才年轻化，价值观多样化。互联网行业部分公司的员工平均年龄为 32.5 岁，制造行业部分公司高管平均年龄为 38.6 岁，明显低于其他行业员工的平均年龄。企业员工整体偏年轻化，基层员工难管理，中基层领导领导能力不足。互联网企业的雇员大多是"80后""90后"，他们张扬个性，也更加独立自主。

传统的管理理念认为，高福利可以有效地保障雇员对公司的忠诚，但是在现实生活中这套理论已经不能适应"80后""90后"雇员的职业理念，他们更乐于去不断尝试新的领域以及在同一领域不同岗位上工作，对工作体验的要求成为他们衡量是否留在现有企业的重要因素之一。"80后""90后"员工讲究公开、公平，与前辈相比，更有市场精神。另外，相对来说，互联网人才的信息处理和获得能力更强，对于外部工作机会的了解和获得会更多一些。更多的职业选择机会，更强的尝试新鲜的意愿，也加大了互联网行业人才的离职概率。

互联网企业的员工普遍属于高素质人才，有很强的自主意识，也更容易学习和接受新鲜的事物，同时也更加时尚前卫，这是互联网公司员工的真实写照。通常雇员要认同公司的价值观和企业文化及一系列的运作机制需要一个过程，如果磨合得好将能很好地融入公司中，反之将会消极怠工甚至离开公司。

综上，公司控制权危机、人员更替频繁、员工对公司缺乏认同感等业已成为世界互联网公司不能回避的问题，互联网公司在全面进入人们生活的方方面面的同时，也承担着经济建设、科技创新、文化建设、公共服务等多方面的责任。互联网公司在改变人们生活的同时，也在推进中国向信息社会发展。然而，我国互联网公司地区发展极度不均衡，根据 2014 年 5 月中国互联网协会、中国互联网络信息中心编的"中国互联网发展报告"中一项统计数据显示，2013 年中国互联网百强公司51%分布在北京、24%在上海、14%在广东，其他省市只占 11%。由于互联网行业在中国尚处于发展期，互联网公司在日常运营和建设发展过程中存在着很多问题。主要原因是企业文化建设和公司治理没有有效地结合起来。这些问题严重制约了互联网公司的发展壮大，很多大型互联网公司开始呈现发展后劲不足的现象。

第三节　我国典型互联网公司企业文化在公司治理中的具体体现

以下选取了国内六家大型互联网公司作为样本，通过对它们的股权结构、融资历程以及企业文化进行对比分析，从而分析其公司治理问题。

一　阿里巴巴——"合伙人"文化巩固创立者的控制权

（一）阿里巴巴的融资历程及股权结构

表 6-1　　　　　　　　　　　　阿里巴巴融资历程

	创立	第一轮融资	第二轮融资	第三轮融资	第四轮融资	第五轮融资	第六轮融资	第七轮融资
时间	1999 年3 月	1999 年10 月	2000 年1 月	2004 年2 月	2005 年8 月	2007 年11 月	2011 年9 月	2014 年9 月
融资额	50 万元人民币	500 万美元	2500 万美元	8200 万美元	10 亿美元	15 亿美元	20 亿美元	218 亿美元
投资者	马云、蔡崇信等创始人	高盛	软银	软银、富达	雅虎	香港上市	云峰基金、新加坡淡马锡	美国纽交所上市

表 6-2　　　　　　　　　　　阿里巴巴股权结构 *

	软银	雅虎	马云	蔡崇信	其他
IPO 前持股比例	34.1%	22.4%	8.8%	3.6%	31.1%
IPO 后持股比例	32.4%	16.3%	7.8%	3.2%	40.3%

注：* 截至 2014 年 12 月。

根据表 6-1 与表 6-2 显示，阿里巴巴经过几轮融资后股权结构发生了重大变化，特别是创始人持股比例的下降，马云在上市后只持有阿里巴巴 7.8% 的股权。而且，由于投资者成分不同，受到不同国家文化的影响，参与公司治理的情况也不同。两家比较大的控股股东分别是来自美国的雅虎与来自日本的软银，它们参与阿里巴巴公司治理的情况，可以说是有本质上的区别。软银在阿里巴巴的董事会之中，一直扮演着

"沉默者"的角色，在公司的重大决策上，一直都是跟着马云等公司管理者投的赞成票。而雅虎却恰恰相反，在公司的决策中总是有着自己的观点与立场，更是因为之后发生的支付宝事件，而与公司管理层的关系紧张。

（二）阿里巴巴的企业文化

表 6-3　　　　　　　　　　　阿里巴巴企业文化

客户第一	注意维护阿里巴巴形象，尊重他人，为客户着想
团队合作	积极融入团队，善于与团队合作，对事不对人
拥抱变化	积极与理性面对变化
诚信	敢于表达，敢于担责
激情	热爱阿里巴巴，不断自我激励
敬业	当日事当日毕，自我学习，不断提高

为了避免控股较多的风险投资机构与公司创立者争夺公司的控制权，阿里巴巴结合公司的企业文化，在与大股东软银、雅虎达成协议后，提出了"合伙人制度"（Lakeside Partners）。据阿里的招股书、公司章程及其他公开资料，阿里合伙人制度的主要内容如下。

1. 合伙人的资格要求及其产生程序

（1）合伙人必须在阿里服务满 5 年；（2）合伙人必须持有公司股份，且有限售要求；（3）由在任合伙人向合伙人委员会提名推荐，并由合伙人委员会审核同意其参加选举；（4）在一人一票的基础上，超过75%的合伙人投票同意其加入，合伙人的选举和罢免无须经过股东大会审议或通过。此外，成为合伙人还要符合两个弹性标准：一是高度认同公司文化；二是对公司发展有积极贡献。

2. 合伙人的提名权和任命权

（1）合伙人拥有提名董事的权利；（2）合伙人提名的董事占董事会人数一半以上，因任何原因董事会成员中由合伙人提名或任命的董事不足半数时，合伙人有权任命另外的董事以确保其拥有半数以上的董事控制权；（3）如果股东不同意选举合伙人提名的董事，合伙人可以任命新的临时董事，直至下一年度股东大会；（4）如果董事因任何原因离职，合伙人有权任命临时董事以填补空缺，直至下一年度股东大会。阿里合伙人的提名权和任命权可视作阿里创始人及管理层与大股东协商的结果，通过这一机制的设定，阿里合伙人拥有了超越其他股东的董事提名权和任免权，控制了董事人选，进而决定了公司的经营运作。

合伙人选任制度设计本身也反映了阿里有意识地贯彻着以合伙人治理为核心的统一且发展的企业文化。如，合伙人每年选举制度既填补了因现任合伙人转股或离职等原因可能造成的职务空缺，又为推动公司及时应变、业务拓展和长期发展提供了人事更新的基础和渠道；又如，合伙人人数不设上限，使得合伙人机构的扩张能力与公司发展同步，打通重要员工的上升通道，激发管理层工作热情；再如，合伙人选举时一人一票的投票制度，反映了合伙人之间的平等性，选举权不与股份等因素挂钩使得阿里合伙人制度更具人合性的特征。此外，对于合伙人任职期间的持股和限制转股数额的要求可以实现合伙人利益与公司利益的绑定，以减少合伙人的道德风险和代理成本。

根据公司法理论及公司治理的研究结果，对于股份有限公司，其资合性特点使其区别于以人合性为主要特征的有限责任公司和合伙企业。如果说人合性的经营实体追求股东的权利和意志，那么在资合性实体中，董事会则具有十分显著的地位。董事会作为公司具体经营运作的决策中心和管控者，决定着公司的发展路径和总体规划，而以首席执行官（CEO）、总经理等为首的高级管理层则对董事会负责，向董事会报告工作。因此，董事会作为公司治理的重要部门，直接控制着公司本身，股东则依赖于行使投票权、知情权等权利或采取"用脚投票"的方式改变或影响董事会，借以实现间接控制公司的效果。在以董事会为中心的公司治理模式下，控制董事会即意味着控制了公司。

二　百度——"创新"文化产生工程师决策制度

（一）百度的融资历程及股权结构

表6-4　　　　　　　　　　百度融资历程

	创立	第一次融资	第二次融资	第三次融资	第四次融资
时间	2000年1月	2000年2月	2000年9月	2004年6月	2005年8月

续表

	创立	第一次融资	第二次融资	第三次融资	第四次融资
融资额		120 万美元	1000 万美元	1500 万美元	1.09 亿美元
投资者	创立者李彦宏、徐勇	信诚合伙公司、半岛基金	德丰杰、美国国际数据集团	谷歌、德丰杰	美国纳斯达克上市

表 6-5　　　　　　　　　　　百度股权结构 *

名称	李彦宏	徐勇	德丰杰	信诚合伙公司	半岛基金	美国国际数据集团	谷歌	其他
持股比例	22.9%	7%	25.8%	9.7%	8.5%	4.2%	2.6%	19.3%

注：* 截至 2014 年 12 月。

从表 6-4 与表 6-5 可以看出，百度公司从创立之初到第二次的 1000 万美金融资只用了 8 个月时间，其中持股比例最高的德丰杰是一家来自美国的风险投资基金，对创立者控制公司有较大的威胁。李彦宏的持股比例只占 22.9%，他是通过双层股权结构来保证自己对公司的控制权的。

（二）百度的企业文化

表 6-6　　　　　　　　　　　百度企业文化

用户优先	一切从用户体验出发
激情	永远保持创业激情
学习	每一天都在进步
创新	容忍失败，鼓励创新
团队合作	充分信任，平等交流

百度作为中国最大的搜索引擎，"创新"是其发展的动力源泉，所有的工作都是围绕着创新而进行的。百度将每年收入的 1/3 投入技术及产品的研发，来保证自己行业领域技术上的领先地位。

将"创新"文化落实到具体的公司治理机制上，百度在公司内部实行"工程师文化"决策机制。该机制的组织架构非常简单直接，从一般的公司员工到总经理一共就五个级别。决策权由工程师掌握，公司高层并不能决定生产什么产品，而是由百度的工程师不断去摸索与尝试。在百度公司，没有谁能完全决定生产哪种新产品，李彦宏也只能像普通员工一样投出一票。而且，为了鼓励公司各个团队的创新，百度内部设立了"总裁最高奖"，奖金是 100 万美元与一定比例的公司股权，用于奖励 10 人以下团队的重要创新。

通过这种"工程师文化"决策机制，百度不但增强了员工的创新动力，让员工随着公司一起成长，减少了创造型人才的流失，而且提高了创新产品的决策效率，实现了"内行人领导内行人"。

三 腾讯——"进取"文化对经理层决策的影响

（一）腾讯的融资历程及股权结构

表 6-7　　　　　　　　　　　　腾讯融资历程

	创立	第一次融资	第二次融资	第三次融资
时间	1998 年 11 月	1999 年 12 月	2001 年 6 月	2004 年 6 月
融资额	50 元万人民币	220 万美元	3200 万美元	15.5 亿元人民币
投资者	创立者马化腾、张志东等	美国国际数据集团、盈科数码	米拉德	香港上市

表 6-8　　　　　　　　　　　　腾讯股权结构 *

名称	马化腾	张志东	米拉德	其他
持股比例	14.4%	6.4%	37.5%	41.7%

注：* 截至 2014 年 12 月。

从表 6-7 与表 6-8 可以看出，腾讯公司从创立之初到第二次融资3200 万美元，也只用了不到 3 年时间，创立者马化腾与张志东在公司上市后分别持股 14.4% 与 6.4%。在股权结构层面上，可以说他们是无法完全掌握公司的控制权的。但是腾讯最大的控股股东为来自南非的米拉德集团，在公司经营状况良好时，其并不会干涉公司的管理。即便是公司经营出现问题，米拉德集团也是倾向于"用脚投票"，采用卖掉公司股票的方式来对管理层施加影响，并不会与创立者争夺对公司的控制权。

（二）腾讯的企业文化

表 6-9　　　　　　　　　　　腾讯企业文化

正直	遵守国家法律与公司制度，坚持诚实、公正、守信的原则
进取	尽职尽责，敢于担责，不断学习
合作	能与其他团队配合与分享
创新	勇于尝试，所有人都能创新
用户优先	重视用户需求，尊重用户感受

腾讯首席执行官马化腾说过："移动互联网生死时速，就那么 3 个月，定输赢。"正因为互联网行业的特点，政策信息、行业信息瞬息万变，对经理层决策速度的要求十分之高，面对信息的变化需要快速反应，立马决定。许多老牌的互联网企业，就是市场嗅觉不灵敏，反应太慢，从而惨遭淘汰。

根据腾讯发布的 2014 年第四季度以及 2014 年年度财报，腾讯市值 1641.95 亿美元。对于这样一家巨无霸型的互联网企业，能保持敏锐的市场反应力，迅速做出正确决策，是保证其行业竞争力必不可少的因素。

腾讯将其企业文化中的"进取"精神，与经理层决策机制相结合，设计了一套自下而上的决策流程。当市场发生变化或者出现新的机会与技术信息时，首先由公司底层最先接触信息的员工自发组建团队，进行决策，成立项目组，在这个阶段并不需要管理层进行关注。而当项目组的工作取得进展，市场反应良好，就会需要加大投入。此时的项目已经进行到一个前期准备比较充分的阶段，项目负责人直接向管理层进行报告，申请资源，快速开展工作。

公司会对成功项目的员工进行期权奖励。员工获得股权后一年才能行使权力，并且每一次发放股权时都是分四年逐步发放到位，每年给予 25%。而由于每年都会伴随着奖金向公司员工发放新的股权奖励，员工所拥有的股份的数量会逐年增加。通过这种增加的方式，腾讯的员工手上总会有一部分还没有行使权力的期权，进而帮助公司留住员工。

四　小米——"参与感"文化决定企业发展方向

表 6-10　　　　　　　　　小米公司的企业文化

为发烧而生	用户参与产品的设计
激情	永远保持创业激情
专注	专注才有机会做成一件事情
极致	互联网行业不做到极致很快就会被超越
口碑	与客户交朋友
快	今天的互联网最最在乎的不是起点高，而是你成长速度多快，你反应速度多快

　　根据美国国际数据公司（IDC）在 2014 年第三季度公布的数据，小米在中国的市场占有率为 14.8%，超过三星的 11% 和联想的 12.8%，成为中国最大的智能手机生产商。同时，其全球份额由 2.1% 增至 5.6%，跃升为世界第三大智能手机生产商，目前拥有 8000 多名员工，估值超过450 亿美元。小米从无到有只花了 3 年时间，这一切都与小米的互联网思维密不可分，它将自身的企业文化与公司治理进行了良好的结合。

　　首先，"为发烧而生"，用户参与产品设计。相比工业时代，现在的互联网时代有很大的改变，产品提供者和产品使用者之间的界限已经不那么泾渭分明。现在互联网公司倡导"先进用户引导型创新"的概念，这意味着公司的组织机构需要更为密切地紧贴用户，与用户融为一体。以前的工程师更喜欢闭门造车，而在小米公司，工程师们则必须直接面对用户，通过论坛、微博、线下渠道等方式与用户进行沟通交流。小米的官网目前有会员 4500 多万人，每一位小米的员工都会从网站上接收到客户的反馈和要求。小米公司把指导公司员工行为的权力从管理层转移到用户身上，这样不仅大大提高了对市场反应的灵敏度，也降低了管理层的治理成本。

　　其次，"速度是最好的管理，少做事，管理扁平化，才能把事情做到极致，才能快速"。对互联网时代的公司来讲，要鼓动大家的积极性，要鼓励大家创新的时候，就需要扁平化的管理。如果是那种层层汇报的架构，作一个决策，要跟七八个领导作汇报，要等两三个月之后才有意见的回复，工程师就会失去创新的积极性。小米的很多用户都能够知道某个功能是某位工程师做的，当用户有反馈时，这个工程师就会说这个问题反馈我们看到了，会立刻去改。

小米公司的架构十分简单，只有 3 个级别：7 个公司创始人—部门领导—员工，架构直面用户，是一种以人为核心的扁平化管理模式。雷军将权力下放给 7 位合伙人，类似于"地方自治"，合伙人拥有较大自主权，且不互相干预。同时，业务部门内没有层级关系、职级名称，团队组成小而专，能够成功避免大企业行政决策的臃肿与低效。

最后，"用激情管理员工"。小米公司自成立以来，从来没有实行过公司范围内的绩效考核制度（KPI）。这个背后是以用户反馈来驱动开发，管理整个团队。小米认为，有玩者之心的团队，才会真正爱自己的产品，爱自己的用户。小米刚成立的时候，就实行了所有员工投资和所有员工持股的计划。小米公司最开始的 56 名公司员工，总共对公司投资了 1100 万美元——平均每个员工投资了约 20 万美元。根据小米合伙人之一的黎万强在《参与感》一书中介绍，公司客服只要工作半年以上，就会给予期权奖励。这样会给员工一种为自己打工的工作激情。

五 京东——创立者性格影响下的双层股权结构

（一）京东的融资历程及股权结构

表 6-11　　　　　　　　　　京东融资历程

	创立	第一次融资	第二次融资	第三次融资	第四次融资	第五次融资	第六次融资	第七次融资
时间	1998 年 6 月	2007 年 8 月	2009 年 1 月	2011 年 4 月	2012 年 11 月	2013 年 2 月	2014 年 3 月	2014 年 5 月
融资额		1000 万美元	2100 万美元	15 亿美元	4 亿美元	7 亿美元	7 亿美元	17.8 亿美元
投资者	刘强东等创始人	今日资本	今日资本、雄牛资本、梁伯韬私人公司	俄罗斯投资集团、老虎基金、红杉资本等 6 家基金和个人融资	加拿大安大略教师退休基金、老虎基金	加拿大安大略教师退休基金、王国控股公司等	腾讯	美国纳斯达克上市

表 6-12   京东股权结构 *

名称	刘强东	老虎基金	腾讯	俄罗斯投资集团	加拿大安大略教师退休基金	红杉资本	其他
持股比例	23.1%	18.1%	14.3%	9.2%	7.8%	1.6%	25.8%

注：* 截至 2014 年 12 月。

从表 6-11 与表 6-12 可以看出，京东在发展的过程中经历了多次融资，投资者有来自英国的今日资本、俄罗斯的投资集团（DST）、我国的腾讯、美国的老虎基金与红杉资本等。公司股权结构较为分散，上市后刘强东在京东持股 23.1%，为公司的第一大股东，但是由于许多投资者来自英国与美国，具有较大的不确定性，其并不能完全掌握公司的控制权。京东创立者刘强东充分发挥了其个人的人格魅力，通过一种强势的"双层股权结构"来解决了这个问题。

（二）京东的企业文化

表 6-13   京东企业文化

诚信	内部坦白、诚实、守信
客户为先	客户利益第一、为客户着想、为客户多做事
激情	积极、主动、勤快、向上
学习	谦虚、好学、进步、用脑
团队精神	合作、诚信、步伐一致
追求超越	创新、竞争

刘强东出生于江苏宿迁的一个农村家庭，祖辈在长江上跑运输，为人务实肯干，有拼搏精神。京东的企业文化有其很强的个人色彩。刘强东曾说过："我是什么样，这家公司就是什么样，我的个人性格深深烙在公司里。"比如说，他不能容忍腐败，京东就对腐败问题零容忍。京东内部设立内控合规部，负责监督，直接向刘强东汇报。同时，京东建立轮岗制度，核心岗位任期不超过两年。创立之初，公司员工所持的公司股份，比刘强东本人还要高 7%。只要与公司共同成长，员工自然就能分享公司的利益。正是因为投资者和公司员工对刘强东的认同，对企

业文化的认同，京东在上市之时才能推出其独特的双层股权结构。

　　传统的双重股权结构主要采用 AB 股模式，指的是将公司的股票分为 A、B 两种，对外发行的 A 类股票每股只拥有 1 票投票权，而管理层持有的 B 股每股则有 N 票（N 一般为 10）投票权。这种模式一般可以保证公司的创始人和管理层实现对公司的绝对控制。根据京东招股书披露的数字，其法定总股本为 30 亿股，截至 IPO 前已发行股份为 20.127 亿股，刘强东通过两家控股公司持有其中的 4.764 亿股，其余股东共计持有剩余的 15.363 亿股。按照京东的 A/B 股规则，刘强东所持股票属于 B 类普通股，其 1 股拥有 20 票的投票权，而除刘强东之外的其他股东所持股票属于 A 类普通股，其 1 股只有 1 票的投票权。那么据此计算，刘强东虽然持股比例仅有 23.1%，但其投票权比例却高达 86.1%。在极限情况下，只要其股权不被稀释至低于 4.8%，其就能控制总投票权超过 50%，确保企业控制权不旁落。

六　当当——企业文化难以落地的发展困境

（一）当当的融资历程及股权结构

表 6-14　　　　　　　　　　　当当融资历程

	创立	第一次融资	第二次融资	第三次融资	第四次融资
时间	1999 年 11 月	2000 年 2 月	2004 年 2 月	2006 年 7 月	2010 年 12 月
融资额	700 万元人民币	800 万美元	1100 万美元	2700 万美元	2.72 亿美元
投资者	创立者李国庆、俞渝	美国国际数据集团、卢森堡剑桥、软银	老虎基金	美国投资机构（DCM）、华登国际等	美国纽交所上市

表 6-15　　　　　　　　　　　当当股权结构*

名称	李国庆	俞渝	美国投资机构（DCM）	美国国际数据集团（IDG）	老虎基金	其他
持股比例	38.9%	4.9%	8.7%	6.8%	23.9%	16.8%

　　注：* 截至 2014 年 12 月。

　　从表 6-14 与表 6-15 可以看出，当当创始人李国庆、俞渝夫妻合计持有当当 43.8% 的股权，对公司管理权的控制可谓相当牢固。但这也产生了另外一个问题，那就是投资者缺少了对公司管理者必要的制约，在投资时就会抱有谨慎的态度，对公司的发展扩张产生不利影响。

（二）当当的企业文化

表6-16　　　　　　　　　　　　　　当当企业文化

顾客优先	顾客的声音就是利润
敢于承当	天下兴亡，我的责任。责任是诚信的核心，只有敢于负责者才有诚信
追求效率	简单、直接、有效；立刻行动，拖延是最大的敌人
重视人才	唯才是用，以才谋财；投资脑袋就是投资项目

当当成立于1999年，是中国第一家完全基于线上业务、在美国上市的"商对客"（B2C）网上商城。上市之初，股价曾长期保持在24美元左右，当当在随后的市场竞争中却先后败给了阿里巴巴与迅速崛起的京东，股价最低跌至4美元，这与它的企业文化无法落地密不可分。

从当当提出的企业文化来看，也都是一些互联网公司需要的企业文化。但是在践行过程中，当当却没有很好地将企业文化与公司发展有效结合起来。在当当的股价为5美元时，李国庆曾对公司高管做过一次股权激励。可结果却是，很多高管在股价为5.5美元之时就将公司股票卖出。公司之前的高管几乎全部离职，包括首席运营官（COO）黄若，首席技术官（CTO）戴修宪，首席财政官（CFO）杨嘉宏等。如果连一家公司的高管对公司的企业文化，对公司的管理模式都不认同，那么公司的员工与投资者又怎么能认同公司的企业文化？

七　小结

从上述六家公司的情况可以看出，互联网公司优秀的企业文化有很多，有的文化影响员工的行为，有的文化影响公司的经营，而有的文化影响公司内部的管理等，但并不是所有的企业文化都可以落到实处。

阿里巴巴、百度、腾讯、小米、京东五家公司将企业文化与公司治理相结合的制度，一方面能够很好解决互联网企业普遍存在的控制权问题、人员流动性大的问题以及员工对公司认同度低的问题；另一方面，也降低了经理层的决策成本，增加了经理层的决策效率。

第四节　企业文化建设与公司治理制度
互动平台的架构

一　通过企业文化强化创立者对公司的控制权

（一）通过企业文化提高公司的外部接管成本

企业文化作为一种非正式制度，它是由意识形态、价值观、文化习俗和道德规范等促成的。尽管没有明确写入合同，不具备法律上的可执行性，却对公司治理有着重大的影响。互联网企业在不断融资的过程中，创立者的股权不断被稀释，如何保证创立者在公司做大做强之后，不被投资者一脚踢开，这个问题一直困扰着众多互联网企业的创立者。通过构建一种独特的企业文化来增强公司与创立者的联系，强化公司上下对创立者的认同感，使得公司带上创立者的个人色彩，就是一种很好的方法。

当公司中的大部分员工以及部分管理人员都认同公司创立者的个人魅力与行为方式时，就会对公司外部的投资者或者创立者以外的大股东收购或接管公司造成阻碍。当收购或者接管发生时，许多员工也许就会因为对公司创立者个人的认同而离开公司或者消极对待工作，这在无形之中就提高了对公司收购或者接管的成本。

（二）通过企业文化构建公司控制权选举机制

我们在进行公司治理巩固创立者对公司的控制权时，阿里巴巴的"合伙人制度"是一个很好的参照。通过将企业文化贯穿到公司的组织架构中去，构建出一个与其相类似的选举机制，这样就可以保证创立者对公司的绝对控制，同时也是对公司员工与管理层的一种有效的持续激励。建立这个选举机制要做到以下几点。

1. 必须存在一种公司利益相关者一致认同的价值观

这个选举机制所贯彻的价值观必须是得到股东、高管、公司员工、客户、政府等利益相关者一致认同的。经理人员只有重视股东的利益，才会尽责尽职地善意经营公司，为公司创造最大的剩余价值；在互联网这个充分竞争的环境中，公司必须将顾客的需求摆在首位才能保持良好的经营业绩；在一个充分竞争的劳动力市场中，只有关心公司员工的利益，才可能保证公司的活力与创造力。只有各方面的利益相关者达成一种合约，这个选举机制才可以落实下去。

2. 必须具有规范性和可操作性

要把选举机制写入公司章程，作为一种正式而具体的制度来对公司的运作进行规范。选举的时间间隔、候选人的资格、投票权的分配以及会议的召开等流程都必须规定得明确而具体，具有可操作性，而不能只是泛泛而谈，流于形式。

3. 必须能够影响到公司控制权的分配

选举机制要能影响到董事会这一层级的权力分配，例如进入董事会的资格、董事的人数、董事投票的权力大小等。若是选举机制只能影响董事会之下层级的权力分配，则其对公司控制权的影响就会变得无关紧要，那么这个机制的存在也就没有任何意义了。

（三）公司融资选择投资者时在文化上差别对待

在公司进行融资扩张选择投资者之时，可以将投资者或者投资机构的国籍与文化作为一个评价指标。通过比较分析，受德国与日本文化影响的投资者，在参与公司管理时，比受英美文化影响的投资者更容易支持公司创立者的决策与方向，更习惯于在公司治理过程中做一个管理中的"沉默者"。公司创立者如果对公司的控制权有更高的期待，在选择投资者时可以更多地偏向于受德日文化影响的投资者。

二　通过企业文化提高公司的董事会治理水平

公司治理结构的核心是董事会治理，而董事会治理又相当依赖于董事会的治理文化。许多公司都拥有完善的董事会治理结构，但是大都缺少科学的、先进的董事会治理文化。有的公司的董事会议只是走过场，董事长提出的意见就是最后决策；有的公司的董事会议效率十分低下，以前讨论过的议题会在董事会上反复讨论；有的公司分不清董事会与经理层决策的内容和范围有什么差别。这些问题都说明了董事会文化建设的缺失。

互联网上市公司的公司治理结构应该重视董事会治理，要注重董事会文化的建设，要把中国传统的优秀文化与企业自身特点相结合，发掘出具有中国特色的董事会文化与治理机制。

（一）重视契约精神，将传统"人情文化"剔除出董事会

公司治理制度安排的基本出发点就是分权与制衡，董事会治理文化需要注重契约精神。董事会的决策机制就是集体决策与个人负责，注重团队合作，排斥独断专权。如果不讲契约只重人情，那董事会决策中就极可能出现董事长一言堂的情形，在形成决议时，也容易和稀泥，其他董事不能提出建设性的意见，影响董事会决策效率。

（二）将信任与和谐文化注入董事会

虽然目前公司治理中外部董事占大多数的制度安排，对于公司的治理效果起着积极的作用。但是公司的外部董事，特别是独立董事，对公司的经营状况与行业信息了解不多。尤其是在互联网企业，科技发展日新月异，产品更新换代速度快，外部董事大多是由投资机构委派的，对企业的发展趋势更是难以把握。而内部董事一直都在公司里工作，对公司经营管理的具体情况有着比较深入的了解，这样就需要外部董事对内部董事有足够的信任。在公司董事会机制的实际运行中，外部董事大都不是在实际调研后对会议的议案进行判断与决策，而是基于对内部董事与公司的信任，包括对公司文化的信任而投的赞成票，这大大加快了董事会的决策速度，从而达到互联网公司对"快"的要求。

另外，由于互联网公司扩张速度快，很容易就能发展为一个大规模的集团公司。那么在母公司对子公司进行管理之时，赋予子公司多大的自由裁量权，让子公司的管理层迅速作出决策，也是一个需要考量的问题。而且，由于受传统"等级观念"思想的影响，即使子公司有着很大的自由裁量权，公司的管理层也会习惯地向母公司进行汇报与请示，这也大大提高了决策成本。在母公司与子公司之间构建一种信任与和谐的文化氛围，转变公司管理者的思维方式，将目的导向转换为结果导向，是提高公司治理效率的一个高级方式。

（三）将开放和包容文化注入董事会

董事会机制运作的基础是集体决策。开放和包容的文化对于构建公司良好的交流与沟通环境、对于各个董事之间的信息交换都起着很积极的作用。在开放和包容的董事会文化环境下，集体决策的优势才能充分

发挥。如果董事会文化讲究"等级观念",董事之间把提出不同意见理解成不尊重对方,那么集体决策也将只会流于形式。

在开放与包容的董事会文化下,由于董事们更容易各抒己见,更容易进行思想上的碰撞与交换,从而会使通过的方案更加周全,决策失误的概率也会更低。

三　将企业文化融于公司激励机制

一种企业文化若是不能规范公司员工的行为,那便如同空中楼阁,完全不能达到公司治理的效果。富兰克林曾说过:"如果你想要说服别人,要诉诸利益,而非诉诸道理。"一般来说,优秀的企业文化大多可以引导员工的行为习惯,但是员工行为习惯的改变不是一朝一夕就可以达成的,需要进行反复的督促与强化,而在公司当中最有效的强化手段就是员工考核激励。因此,公司通过考核激励的方式来加深公司员工对公司文化的认识最为有效,这是让公司文化落地的一种有效途径。公司在设置考核指标与激励方式时,如果能加入企业文化的因素,则能快速有效地达成将企业文化融入员工的行为方式中的效果。

企业文化的建设需要根据企业的实际情况,构建相应的企业文化考评体系,通过这个体系来保障企业文化的贯彻执行。根据互联网公司企业文化的特点,构建企业文化考评体系如下。

表 6-17　　　　　　　　　互联网公司企业文化考评体系

评价指标	指标标志
顾客导向	产品或服务是否获得顾客认可
	产品或服务设计时是否以各种方式征求顾客意见
	是否安排销售人员、研发人员和顾客进行互动活动
创新	研发投入占销售收入的比例在行业平均水平以上
	鼓励多主体参与创新项目的管理机制
	招聘时将员工的创新意识和能力作为考核的一个重要方面
开放	公司组织管理者或研发人员参加相关的行业学会、技术研讨会和参观学习
	公司设立类似在线学习(e-learning)的随时学习方式

续表

评价指标	指标标志
协作	从组织结构、决策方式等方面促进员工参与管理
	以项目为单位而不是以层级结构为管理单位
	鼓励协作，同时在业绩考核上鼓励团队合作成果
	鼓励合作，同时在薪酬分配上实行先集体薪酬再个人薪酬
危机意识	在公司各层级会议或讨论中都频繁提及"企业面临的危机"
	每个员工都要树立一种"追求完美"的信念
	贯彻雷厉风行的工作作风
平等	在公司公共设施使用、晋升、培训、参与管理方面人人平等
	上下级之间关系融洽，等级秩序不明显，非正式沟通较多
	员工之间相互尊重，合作互助

　　各互联网公司可根据自身企业不同的特点，在将企业文化考评体系融入企业考核制度时，安排不同的权重占比。由于有了这样一种激励机制，那么公司员工在日常工作行为中，就会按公司企业文化所规范的那样去做，慢慢就会形成一种公司员工对公司企业文化认同的氛围，从而影响公司的顶层治理。

主要参考文献

一 中文著作

1. 《辞海》编辑委员会：《辞海》（第六版），上海辞书出版社2009年版。

2. 孙光焰：《公司治理模式趋同化研究》，中国社会科学出版社2007年版。

3. 孙光焰：《公司治理的理论分析框架与法律制度配置》，中国社会科学出版社2012年版。

4. 孙光焰等：《金融企业与企业集团公司治理法律结构实证研究》，中国社会科学出版社2016年版。

5. 孙光焰编：《公司控制权：专题案例与实训（第一辑）》，法律出版社2015年版。

6. 孙光焰编：《公司控制权：专题案例与实训（第二辑）——中国首富公司控制权之争》，法律出版社2016年版。

7. 李维安：《股份制的安定性研究》，陕西人民出版社1995年版。

8. 李维安、朱光华：《社会主义股份经济探索》，河北人民出版社1988年版。

9. 李维安等：《公司治理》，南开大学出版社2001年版。

10. 李维安主编：《中国公司治理原则与国际比较》，中国财政经济出版社2001年版。

11. 李维安等：《现代公司治理研究——资本结构、公司治理和国有企业股份制改造》，中国人民大学出版社2002年版。

12. 李维安等：《美国的公司治理：马奇诺防线》，中国财政经济出版社2003年版。

13. 李维安主编：《公司治理评价与指数研究》，高等教育出版社2005年版。

14. 李维安、薛澜等：《大型企业集团创新治理》，科学出版社2012年版。

15. 李维安主编：《中国公司治理与发展报告2012》，北京大学出版社2012年版。

16. 李维安等编：《中国公司治理：转型与完善之路》，机械工业出版社2013年版。

17. 张维迎：《企业的企业家—契约理论》，上海三联书店、上海人民出版社1995年版。

18. 张维迎：《企业理论与中国企业改革》，北京大学出版社1999年版。

19. 张维迎：《产权、政府与信誉》，生活·读书·新知三联书店2001年版。

20. 张维迎：《信息、信任与法律》，生活·读书·新知三联书店2003年版。

21. 张维迎：《博弈论与信息经济学》，上海三联书店、上海人民出版社2004年版。

22. 张维迎、盛斌：《论企业家：经济增长的国王》，生活·读书·新知三联书店2004年版。

23. 张维迎：《产权、激励与公司治理》，经济科学出版社2005年版。

24. 袁庆明：《新制度经济学教程》，中国发展出版社2011年版。

25. 范如国：《制度演化及其复杂性》，科学出版社2011年版。

26. 秦海：《制度、演化与路径依赖》，中国财政经济出版社2004年版。

27. 杨瑞龙主编：《企业理论：现代观点》，中国人民大学出版社2005年版。

28. 贾根良：《劳动分工、制度变迁与经济发展》，南开大学出版社1999年版。

29. 贾根良：《演化经济学——经济学革命的策源地》，山西人民出版社 2004 年版。

30．黄少安主编：《制度经济学》，高等教育出版社 2008 年版。

31．吴晓波：《跌荡三十年：中国企业 1978—2008》（上），中信出版社、浙江人民出版社 2007 年版。

32．吴晓波：《大败局》，浙江人民出版社 2001 年版。

33．薛有志等：《公司治理伦理研究》，南开大学出版社 2011 年版。

34．张世云、温平川：《公司治理伦理：概念模型及作用机制》，四川大学出版社 2009 年版。

二　中文译著

1．〔英〕亚当·斯密：《国富论》，唐日松等译，华夏出版社 2005 年版。

2．〔美〕保罗·萨缪尔森、威廉·诺德豪斯：《经济学》（第十六版），萧琛等译，华夏出版社 1999 年版。

3．〔美〕T. S. 库恩：《科学革命的结构》，李宝恒、纪树立译，上海科学技术出版社 1980 年版。

4．〔英〕伊·拉卡托斯：《科学研究纲领方法论》，兰征译，上海译文出版社 1986 年版。

5．〔英〕布赖恩·斯诺登、霍华德·文：《与经济学大师对话：阐释现代宏观经济学》，王曙光、来有为等译，北京大学出版社 2000 年版。

6．〔丹麦〕尼古莱·J. 福斯、克里斯第安·克努森编：《企业万能：面向企业能力理论》，李东红译，东北财经大学出版社 1998 年版。

7．〔美〕道格拉斯·诺斯、罗伯斯·托马斯：《西方世界的兴起》，厉以平、蔡磊译，华夏出版社 2009 年版。

8．〔美〕约瑟夫·熊彼特：《经济发展理论》，何畏等译，商务印书馆 1990 年版。

9．〔英〕约翰·伊特韦尔、默里·米尔盖特、彼得·纽曼编：《新帕尔格雷夫经济学大辞典》（第一卷），陈岱孙主译，经济科学出版社 1996 年版。

10．〔美〕理查德·R. 纳尔逊、悉尼·G. 温特：《经济变迁的演化理论》，胡世凯译，商务印书馆 1997 年版。

11. ［瑞士］库尔特·多普菲编：《演化经济学：纲领与范围》，贾根良等译，高等教育出版社 2004 年版。

12. ［美］科斯、哈特、斯蒂格利茨等著，［瑞典］拉斯·沃因、汉斯·韦坎德编：《契约经济学》，李风圣主译，经济科学出版社 2003 年版。

13. ［美］奥利弗·E. 威廉森：《治理机制》，王健等译，中国社会科学出版社 2001 年版。

14. ［德］埃瑞克·G. 菲吕博顿、鲁道夫·瑞切特：《新制度经济学》，孙经纬译，上海财经大学出版社 2002 年版。

15. ［英］马尔科姆·卢瑟福：《经济学中的制度：老制度主义和新制度主义》，陈建波、郁仲莉译，中国社会科学出版社 1999 年版。

16. ［美］道格拉斯·C. 诺斯：《制度、制度变迁与经济绩效》，刘守英译，上海三联书店 1994 年版。

17. ［英］布赖恩·斯诺登、霍华德·文、彼得·温纳齐克：《现代宏观经济学指南——各思想流派比较研究引论》，苏剑等译，商务印书馆 1998 年版。

18. ［冰岛］思拉恩·埃格特森：《经济行为与制度》，吴经邦等译，商务印书馆 2004 年版。

19. ［美］弗兰克·H. 奈特：《风险、不确定性与利润》，安佳译，商务印书馆 2010 年版。

20. ［美］罗纳德·哈里·科斯：《企业、市场与法律》，盛洪、陈郁译校，格致出版社、上海三联书店、上海人民出版社 1990 年版。

21. ［美］道格拉斯·C. 诺斯：《经济史中的结构与变迁》，陈郁、罗华平等译，上海三联书店 1991 年版。

22. ［美］E. 博登海默：《法理学：法律哲学与法律方法》，邓正来译，中国政法大学出版社 1999 年版。

23. ［美］马克·罗伊：《公司治理的政治维度：政治环境与公司影响》，陈宇峰等译，中国人民大学出版社 2008 年版。

24. ［美］弗朗西斯·福山：《信任：社会美德与创造经济繁荣》，

彭志华译，海南出版社 2001 年版。

25.［美］鲁思·本尼迪克特:《菊与刀》，刘锋译，当代世界出版社 2008 年版。

26. 郎咸平:《公司治理》，易宪容等译校，社会科学文献出版社 2004 年版。

27. 张五常:《经济解释——张五常经济论文选》，易宪容、张卫东译，商务印书馆 2000 年版。

三 中文论文

1. 孙光焰:《国企董事薪酬激励控制权的公司治理配置进路》，《中南民族大学学报》(人文社会科学版) 2014 年第 4 期。

2. 孙光焰:《董事证券虚假陈述职务侵权责任制度的重构——以公司治理为视角》，《法商研究》2010 年第 4 期。

3. 孙光焰:《公司治理模式演进趋势之争的方法论检视》，《法商研究》2008 年第 3 期。

4. 孙光焰:《股权分置改革对价的改革观》，《华东政法学院学报》2007 年第 1 期。

5. 孙光焰:《我国应如何引入独立董事制度》，《法学》2001 年第 7 期。

6. 孙光焰:《也论公司、股东与董事之法律关系》，《法学评论》1999 年第 6 期。

7. 孙光焰:《经济全球化背景下公司治理模式的趋同趋势》，《河南师范大学学报》(哲学社会科学版) 2009 年第 1 期。

8. 孙光焰:《公司治理演进趋势主要争论点述评》，《湖北大学学报》(哲学社会科学版) 2009 年第 1 期。

9. 孙光焰:《中日股东代表诉讼激励与约束制度安排立法比较》，《中南民族大学学报》(人文社会科学版) 2009 年第 4 期。

10. 孙光焰:《公司治理模式形成原因比较研究》，《中南民族大学学报》(人文社会科学版) 2008 年第 3 期。

11. 黄凯南、黄少安:《企业的性质:契约理论和演化理论的比较和融合》，《求索》2008 年第 4 期。

12. 黄少安:《企业理论的几个基本问题》,《社会科学战线》2012年第 1 期。

13. 薛鹏:《企业理论的起源和发展:一个时间演绎视角》,《湖北经济学院学报》2007 年第 6 期。

14. 杨立岩、王新丽:《现代企业理论评析》,《学术月刊》2003 年第 4 期。

15. 徐鸣:《现代企业理论的演变:从生产属性、交易属性到内生成长》,《当代财经》2011 年第 11 期。

16. 杨小凯:《企业理论的新发展》,《经济研究》1994 年第 7 期。

17. 唐志强、周秀兰:《一个企业理论的研究综述——从亚当·斯密到新兴古典经济学》,《北方经贸》2013 年第 3 期。

18. 吴易风:《产权理论:马克思和科斯的比较》,《中国社会科学》2007 年第 2 期。

19. 闵玉婷:《马克思产权理论与科斯产权理论比较研究》,硕士学位论文,扬州大学,2012 年。

20. 张维迎:《西方企业理论的演进与最新发展》,《经济研究》1994 年第 11 期。

21. 顾钰民:《马克思经济学与西方新制度经济学的企业理论比较》,《经济纵横》2009 年第 6 期。

22. 沈满洪、张兵兵:《交易费用理论综述》,《浙江大学学报》(人文社会科学版) 2013 年第 2 期。

23. 贾根良:《理解演化经济学》,《中国社会科学》2004 年第 2 期。

24. 聂正安、姜向阳:《演化论逻辑的企业理论述评》,《广东商学院学报》2007 年第 2 期。

25. 刘辉锋:《演化经济学中的企业理论述评》,《国外社会科学》2005 年第 5 期。

26. 王立宏:《演化经济理论与契约理论对企业边界的分析》,《黑龙江社会科学》2008 年第 3 期。

27. 马涛:《西方经济学的范式结构及其演变》,《中国社会科学》

2014 年第 10 期。

28. 简兆权、刘益：《企业理论的演进与最新前沿》，《西安交通大学学报》（社会科学版）2000 年第 1 期。

29. 符正平：《西方企业理论研究中的三大科学研究纲领》，《经济学动态》1998 年第 3 期。

30. 徐传谌、刘凌波：《从新古典厂商理论到现代企业理论：制度内化与范式转换》，《当代经济研究》2007 年第 4 期。

31. 曹阳：《论组织（企业）理论中"个人自由"的意义与价值》，《华中师范大学学报》（人文社会科学版）2014 年第 1 期。

32. 郑志刚：《新制度经济学的研究方法与交易成本范式》，《南开经济研究》2002 年第 6 期。

33. 刘志高、尹贻梅：《演化经济学的理论知识体系分析》，《外国经济与管理》2007 年第 6 期。

34. 徐鸣：《现代企业理论的演变：从生产属性、交易属性到内生成长》，《当代财经》2011 年第 11 期。

35. 刘凤义：《论企业理论中关于人的行为分析的三种范式——新制度经济学、演化经济学与马克思主义经济学的比较》，《南京社会科学》2006 年第 9 期。

36. 周清杰：《演化经济学企业理论的基本逻辑与分析框架》，《外国经济与管理》2006 年第 4 期。

37. 陈新岗、张秀娈、邱元东：《现代奥地利学派企业理论的最新进展》，《经济学动态》2011 年第 10 期。

38. 杨虎涛、魏栋：《公司治理与企业发展：创新型企业理论的创新》，《学习与实践》2014 年第 5 期。

39. 王仕军：《企业理论的新发展：基于知识的企业理论》，《湖北经济学院学报》2006 年第 4 期。

40. 白永秀、赵勇：《企业同质性假设、异质性假设与企业性质》，《财经科学》2005 年第 5 期。

41. 许晓永、张银杰：《企业异质性与公司治理》，《现代管理科学》2012 年第 2 期。

42. 陈金波：《企业进化理论的起源与发展》，《华东经济管理》2005 年第 6 期。

43. 商孟华：《新制度经济学与演化经济学比较研究》，《贵州社会科学》2006 年第 5 期。

44. 蔡继明、解树江：《公司治理结构的国际比较——兼论我国民营企业的治理结构与企业创新》，《南开经济研究》2000 年第 2 期。

45. 莽景石：《略论日本的公司治理结构及其改革趋势》，《世界经济》2000 年第 7 期。

46. 于潇：《日本主银行制度演变的路径分析》，《现代日本经济》2003 年第 6 期。

47. 张维迎：《所有制、治理结构及委托—代理关系——兼评崔之元和周其仁的一些观点》，《经济研究》1996 年第 9 期。

48. 赵璐：《文化因素对公司治理模式的影响》，《企业管理》2006 年第 2 期。

49. 顾芳：《浅谈我国实行股票期权制的障碍》，《商业经济》2005 年第 3 期。

50. 罗朝秀：《美国实用主义价值观的清教渊源》，《南京林业大学学报》（人文社会科学版）2008 年第 4 期。

51. 张义忠：《美国公司内部治理剖析》，《中国石油大学学报》（社会科学版）2003 年第 4 期。

52. 庞树奇、仇立平：《我国社会现阶段阶级阶层结构研究初探》，《社会学研究》1989 年第 3 期。

53. 范晓莉：《上市公司外部治理机制分析及对策研究》，《牡丹江师范学院学报》（哲学社会科学版）2009 年第 4 期。

54. 张子余：《美国公司治理系统的文化分析》，《池州师专学报》2004 年第 2 期。

55. 陆明、管志明：《从代理成本看市场机制对公司董事会的影响》，《企业经济》2008 年第 2 期。

56. 简建辉、何平林：《全流通下的恶意并购——一种有效的外部治理机制》，《中国流通经济》2008 年第 2 期。

57. 张林超、张新英、柴效武：《从文化的视角看国外典型公司治理模式》，《技术经济与管理研究》2005 年第 1 期。

58. 李斌、赵玉勇：《智力资本信息披露与公司治理结构实证分析》，《财经问题研究》2009 年第 6 期。

59. 舒岳：《公司治理结构对环境信息披露影响的实证研究——来自沪市上市公司 2008 年的经验证据》，《会计之友》2010 年第 1 期。

60. 钱穆：《中国文化对人类未来可有的贡献》，《中国文化》1991 年第 1 期。

61. 朱平平：《"重义轻利"与社会主义市场经济》，《首都师范大学学报》（社会科学版）1999 年第 S1 期。

62. 王红一：《我国国有企业的政策定位与若干立法问题探析》，《河北法学》2002 年第 2 期。

63. 孙国锋：《内部人控制是问题吗——对公司治理理论有关内部人控制问题的质疑》，《生产力研究》2004 年第 5 期。

64. 叶青林、冷崇总：《国企高管薪酬失控及其治理》，《价格月刊》2009 年第 5 期。

65. 吴英：《国有企业监管的国际比较及启示——国资委与国有企业的关系探讨》，《常州工学院学报》2005 年第 3 期。

66. 王红领：《决定国企高管薪酬水平的制度分析》，《现代经济探讨》2006 年第 1 期。

67. 徐锴：《天使们飞走了》，《中国投资》2005 年第 4 期。

四 外文文献

1. Richard R. Nelson and Sidney G. Winter, *An Evolutionary Theory of Economic Change*, MA: The Belknap Press of Harvard University Press, 1982.

2. Israel M. Kirzner, *Competition and Entrepreneurship*, Chicago: University of Chicago Press, 1973.

3. Richard W. England (ed.), *Evolutionary Concepts in Contemporary Economics*, Ann Arbor: University of Michigan Press, 1994.

4. Dopfer (ed.), *Evolutionary Economics: Program and Scope*, Dordrecht: Kluwer Academic Publishers, 2001.

5. L. Magnusson and J. Ottosson (eds.), *Evolutionary Economics and Path Dependence*, Camberley: Edward Elgar Publishing, 1997.

6. Tony Fu-lai Yu, "Entrepreneurial Alertness and Discovery", *Review of Austrian Economics*, Vol. 14, Issue 1, March 2001.

7. Nicolai J. Foss, "Theories of the Firm: Contractual and Competence Perspectives", *Journal of Evolutionary Economics*, Vol. 3, Issue 2, June 1993.

8. Nicolai J. Foss, "The Theory of the Firm: the Austrians as Precursors and Critics of Contemporary Theory", *The Review of Austrian Economics*, Vol. 7, Issue 1, March 1994.

9. Nicolai J. Foss, "Realism and Evolutionary Economics", *Journal of Social and Evolutionary Systems*, Vol. 17, Issue 1, December 1994.

10. Nicolai J. Foss, "Austrian Insights and the Theory of the Firm", in P. J. Boettke and Steven Horwitz, *Advances in Austrian Economics*, Bingley: Emerald Group Publishing Limited, Vol. 4, 1997.

11. Willian Dugger, "The New Institutionalism: New but Not Institutionalist", *Journal of Economic Issues*, Vol. 24, No. 2, June 1990.

12. Thorstein Veblen, "Why is Economics Not An Evolutionary Science?" *Cambridge Journal of Economics*, Vol. 22, Issue 4, July 1998.

13. Sheila C. Dow, "Prospects for the Progress of Heterodox Economics", *Journal of the History of Economic Thought*, Vol. 22, No. 2, February 2000.

14. J. S. Metcalfe, "Evolutionary Economics and Technology Policy", *Economic Journal*, Vol. 104, No. 425, July 1994.

15. Pieter W. Moerland, "Corporate Ownership and Control Structures: An International Comparison", *Review of Industrial Organization*, Vol. 10, Issur 4, August 1995.

16. G. M, Hodgson, "On the Evolution of Thorstein Veblen's Evolutionary Economics", *Cambridge Journal of Economics*, Vol. 22, No. 4, July 1998.

17. Malcolm Rutherford, "Veblen's Evolutionary Programme: a Promise Unfulfilled", *Cambridge Journal of Economics*, Vol. 22, No. 4, July 1998.

18. A. A. Alchian and H. Demsetz, "Production, Information Costs,

and Economic Organization", *The American Economic Review*, Vol. 62, No. 5, December 1972.

19. A. A. Alchian, "Uncertainty, Evolution, and Economic Theory", *Journal of Political Economy*, Vol. 58, No. 3, June 1950.

20. S. D. Prowse, "The Structure of Corporate Ownership in Japan", *Journal of Finance*, Vol. 47, Issue 3, July 1992.

21. Denis Twitchett and John K. Fairbank, *The Cambridge History of China*, Vol. 2, Cambridge: Cambridge University Press, 1980.

22. Mara Faccio, "Politically Connected Firms", *American Economic Review*, Vol. 96, Issue 1, February 2006.

23. Marco Becht et al., "Strong Blockholders, Weak Owners and the Need for European Mandatory Disclosure, in the Searation of Ownership and Control: A Survey of 7 European Countries", Preliminary Report to the European Commission, Vol. 1–4, Brussels: European Corporate Governance Network, 1997.

24. Bengt Holmstrom and Steven N. Kaplan, "Corporate Governance and Merger Activity in the United States: Making Sense of the 1980s and 1990s", *The Journal of Ecoromic Perspectires*, Vol. 15, No. 2, Spring 2001.

25. R. H. Coase, "The Nature of the Firm", *Economics*, New Series, Vol. 4, No. 16, November 1937.

26. Nicolai J. Foss, "Evolutionary Economics and the Theory of the Firm: Assessments and Proposal for Research", in J. Reijnders (ed.), *Economics and Evolution*, Chelthenam: Edward Elgar Publishing, 1997.

27. [日] 佐久間信夫:『企業統治構造の国際比較』, ミネルヴァ書房 2003 年版。

28. [日] 深尾光洋、森田泰子:《企业治理结构的国际比较》, 日本经济新闻社 1997 年版。

后　记

本书是我 2011 年 9 月获教育部人文社会科学研究一般项目"公司治理的非正式制度依赖与变迁研究"（批准号：11YJA820061）和中国法学会部级法学研究课题"公司治理的民族文化基因研究"［批准号：CLS（2011）D39］立项的最终结项成果。该成果于 2016 年 10 月通过了教育部结项评审。

在获得立项后，我作为课题负责人即着手开展课题的研究写作。由于制度学说体系的源远流长和博大精深，以至于我花费了大量的时间和功夫试图去完全弄清其学术谱系和内核精髓。随着研究的深入，我发现自己完全有点自不量力了。但由于结题时间紧迫，我只能概略地窥见其一斑。呈现于此的只是我的一知半解，诚惶诚恐，贻笑大方了，恳请大家批评指正。

将非正式制度引入公司治理的研究，是本书的一个重大尝试。本书的研究主题具有一定程度上的开创性。这方面的研究还没有过多的文献可资参酌，这无疑加大了本项目的研究难度。对公司治理与非正式制度相关性的研究至今还没有一个普遍接受的理论解释。从发展趋势来看，由于公司治理正式制度的研究范式已逐步趋于定型，我们有理由相信，公司治理非正式制度的研究正在成为公司治理研究领域最具有活力和最具有挑战性的理论前沿，也必将成为公司治理研究新的重点、热点、难点问题之一和最为亮丽的风景线之一。本书的研究正是在此方面迈出了粗略与艰涩的第一步。

感谢我的研究生勇敢地参与了本课题的研究。在我的鼓励与指导之下，他们得以大胆地接受挑战。为了将抽象的制度学说理论具象化，我要求我的研究生通过实证的方法去认识事物本质。我一直以为，学位论文的写作主要是教会学生一些思维和写作的方法和技巧以及获取知识的手段和渠道，而不是知识本身。基于此种观念，我先提出写作的思路、结构框架和具体观点，然后要求我的研究生通过收集数据去小心求证和质疑检验我所提出的观点的正确性，从而努力地去做到理论与实践的有机结合。参与这个项目研究写作的学生有经济法学 2007 级的研究生胡亚军和 2010 级的汪一雄、法律硕士（法学）2011 级的研究生李莹和张文敏、法律硕士（非法学）2012 级的研究生蒋维等共 5 位同学，其中学术型的研究生各撰写了 2 万字，专业型的研究生各撰写了 1.5 万字。感谢我的全体研究生一直以来对我的理解与无私奉献，对他们在学习和研究过程中付出的辛勤汗水致以崇高的敬意！

感谢中南民族大学党委边境书记和李金林校长给我们营造的自然宽和的学术环境，感谢白江源副书记、段超副校长、赵晓珊副校长、杨胜才副校长、李俊杰副校长、杜冬云副校长、乔俊杰总会计师等校领导的关心与支持！

感谢中南民族大学学报编辑部何海涛主任、彭建军编审长期以来给我的大力支持！

感谢法学院班子成员对我分管的科研工作的大力支持。2010 年 12 月 30 日我担任副院长后就提出出版一套法学丛书，但未能如愿。2016 年 11 月 21 日班子换届后即达成共识，并得到了老师们的积极响应，一次就征集到了 5 本专著。感谢经济法教研室和法学院全体同人在教学和科研上传授给我经验和帮助！

作为学术研究成果，本书没有对书中涉及的真实人物和事件进行任何技术性处理，希望能得到各方的谅解。由于时间仓促和获取资料的渠道有限，有些细节难免存在差错，敬请读者不吝指出。

希望本书的出版能对推动我国公司治理非正式制度的理论研究和实践探索有所助益。

终生难忘的是我的恩师漆多俊教授对我的关心和爱护。今年 9 月 14 日正好是他老人家 80 华诞。我的恩师 1938 年出生于湖南省祁阳县，1963 年 7 月法学本科毕业的他却被分配到沔阳县彭场中学做了 13 年的语文老师，1988 年底先生从武汉市司法学校调到武汉大学法学院时已经 50 岁了。1993 年 4 月先生在 55 岁时出版了《经济法基础理论》，创立了"三三学说"，由此揭开了中国经济法学发展史上崭新的一页。1999 年在武汉大学开始招收博士研究生。2000 年 3 月 62 岁时到中南大学筹办法学院。2002 年 5 月法学院正式挂牌成立，出任首任院长。2010 年 4 月 13 日获得法学一级学科博士学位授权，成为全国 38 所法学一级学科博士授权之一，创造了中国法学学科建设发展史的奇迹。恩师的励志故事一直激励着我辈砥砺前行。祝我最亲爱的导师福如东海寿比南山！

　　最后还要感谢的是，中国社会科学出版社的任明主任，这已经是他对我第四本著作的出版给予大力的帮助和支持。

孙光焰

2017 年 9 月 29 日于中南民大寓所